學校沒教過的孔子智慧

孔子（前552年10月3日或前551年9月28日—前479年），子姓孔氏，名丘，字仲尼，魯（今中國山東曲阜）人，中國春秋末期的思想家和教育家。孔子是中華文化中的核心學說儒家的首代宗師，集華夏上古文化之大成，在世時已被譽為「天縱之聖」、「天之木鐸」，是當時社會上最博學者之一，並且被後世尊為至聖（聖人之中的聖人）、至聖先師、萬世師表。孔子和他創立的儒家思想對中國和朝鮮、韓國、日本、越南等地區有深遠的影響，這些地區又被稱為儒家文化圈。

家世

孔子的六代祖叫孔父嘉，是宋國的一位大夫，做過大司馬，在內亂時被殺，其子為避難逃到魯國，從此孔氏變成了魯國人。

儀容

孔子像 宋．馬遠

司馬遷在《史記．孔子世家》中說，孔子「生而首上無頂，故因名曰丘云。字仲尼，姓孔氏」。即孔子之名「丘」的來源。唐朝司馬貞認為：清朝陳立相信此說「是孔子首形象邱，四方高，中下，故名丘焉。」史學家錢穆在《孔子傳略》中也持此說。

生命的意義就在終身學習

看了中國最偉大的教育家孔子對於教育學習的種種看法，我們可以體會到他對於學習是多麼的重視，而學習的目的即是人生的意義、即是為社會服務、即是成就自己。因此，生命的意義就在終身學習，終身學習就是終身認真對待自己，時時提昇能力，時時為更重要的社會角色扮演而做準備，將自己的生命無限地擴大延伸，讓世界愈來愈美好，無論世界變得如何，無愧於自己的人生。

孔子在曲阜孔林內的墓地，墓碑上書："大成至聖文宣王"

出生日期的考證

孔子 出生的年份按《史記・孔子世家》所記，應為魯襄公二十二年，而生月生日《史記》中未記載，按《谷梁傳》所記”十月庚子孔子生“。換算為當今之公曆應為公元前 551年9月8日生 ，並非今天一般人認為的9月28日。

十五歲立志向學

孔子早年喪父，由母親含辛茹苦扶養他長大。卑微貧困的生長環境，促成孔子思想的早熟，為了自食其力，做了很多粗工。他曾說過：「吾少也賤，故多能鄙事」。年輕時曾做過”委吏“（倉廩出納管理員）與”乘田“（替貴族管放牧牛羊）等職務。雖然生活貧苦，孔子十五歲即”志於學“。他善於取法他人，沒有固定的老師，到處向有知識、有智慧、有經驗的人請教，看到別人的優點他就努力效法學習、見賢思齊，所謂：「三人行，必有我師焉。擇其善者而從之，其不善者而改之」。對於別人的缺點，則警惕自己不要犯相同的錯誤，不斷地自我提昇與超越，活到老學到老！

平民教育的風氣

孔子飽讀詩書，嫻熟禮樂，三十歲時打破當時的階級門戶之見，開始授徒講學，讓平民老百姓也能像貴族一樣接受教育，學習禮、樂、射、御、書、數六藝。他教育的對象是「有教無類」，所以，孔門弟子當中貴賤貧富都有，例如有貴族身份的孟懿子、南恭敬叔等；而像顏回、子路、曾參等人則出身貧寒，孔子辦學聲名遐邇，造就不少的人材。

孔門四科—德行、言語、政事、文學

孔子一生中有一大半的時間，是從事傳道、授業解惑的教育工作。施教的方法採取「因材施教」，循循善誘，十分重視學生的個別差異，依據學生不同的性格來開導他們。孔子曾按照學生不同的品行和專長把他們分為四科，各科的代表人物是：

德行—顏淵、閔子騫。

言語—宰我、子貢。

政事—冉有、季路。

文學—子游、子夏。

周遊列國

直到五十一歲，孔子開始有機會從政，職位一路攀升，後來他擔任司寇（國家最高司法長官）三個月，魯國就大治，齊人聞而懼，恐魯強盛會併吞齊國，乃送十六名的樂舞女子和一百二十匹的好馬給魯定公與季桓子。季桓子受齊女樂，三日不聽政，朝綱不振，孔子難以施展自己的抱負，遂帶領顏回、子路、子貢、冉求等十餘弟子離開，開始了長達十四年之久的周遊列國的顛沛流離生涯，希望找到一個愛民如子的君主，願意實施仁政，是年孔子已五十五歲。

論語

論語一書是由孔子弟子和再傳弟子聯合編輯而成，內容以孔子和弟子之間、弟子與弟子之間應答紀錄為主。全書共二十卷〈學而第一、為政第二、八佾第三、里仁第四、公冶長第五、雍也第六、述而第七、泰伯第八、子罕第九、鄉黨第十、先進第十一、顏淵第十二、子路第十三、憲問第十四、衛靈公第十五、季氏第十六、陽貨第十七、微子第十八、子張第十九、堯曰第二十〉，每一卷的卷名由來，大多是以卷中第一篇開頭的幾個字來命名的。

溫故知新：溫習整理從前學過的東西，因而獲得新知。
《論語・為政》

過猶不及：凡事應恰到好處，超過或是不足都是不好的。
《論語・先進》

成人之美：幫助人完成好事。
《論語・顏淵》

往者不可諫，來者猶可追：過去已經無法挽回，記取教訓，未來仍有希望
《論語・微子》

色厲內荏：外貌嚴厲莊重，內在卻懦弱而無氣節。
《論語・陽貨》

既往不咎：事情已經過去，就不要再去評論其是非曲直。
《論語・八佾》

斗筲之人：氣度見識狹小的人。
《論語・子路》

不以人廢言：不因為瞧不起這個人，就認為他的話一無可取。
《論語・衛靈公》

割雞焉用牛刀：處理小事，不必用大力氣。
《論語・陽貨》

四體不勤，五穀不分：形容一個人好吃懶做，不學無術。
《論語・微子》

學習要勤勉不止息

學習是有方法的，必然是不能停止的，一定要終身學習。其言：

子曰：「溫故而知新，可以為師矣！」（為政）

所學習的知識的背後就是做人的道理，道理就是思考的原則，原則一定就可以自己推演，可以推演才是學習有效果的表現，能溫故而知新就是能理解知識背後的道理，理解通透者才可以教人，否則只能教授技藝。

孔子曰：「生而知之者，上也；學而知之者，次也；困而學之，又其次也。困而不學，民斯為下矣！」（季氏）

生而知之者少矣，若有生而知之者只是才性純厚，人都是學而知之者，學而難知則再學矣，此即困勉而學者，人都是學而知之及困而學知者，但仍有人困而不學，這就不可論矣，因為此人已喪失為人的價值，他的人生必是無所事事毫無意義的。世人多困，困而不知學，智慧總在迷惘中，做事多在困頓中，如何能不戮力學之。

隨時隨地向周圍的人學習

就學習的方法而言，只要處處用心，其實處處有可學之事及可學之人。

子曰：「見賢思齊焉，見不賢而內自省也。」（里仁）

人人各自不同，有賢於己者有不賢於己者，有好學精神的人見到自己不如人的時候，所想的並不是要去傷害他人，而是要去把自己不足的部分補充起來。若見到別人有不當的行為的時候，就要趕快反省自己有沒有同樣的過失。任何人的是非對錯都是反省自己的藉鏡，而不能抱有幸災樂禍的不良想法，幸災樂禍者也容易自己犯錯，只在乎優勝劣敗而不進行修養己德的功夫。又見：

子曰：「三人行，必有我師焉；擇其善者而從之，其不善者而改之。」（述而）

我們生活中常要與各種人接觸，不論公事或私事，我們只要用心觀察，注意自己與他人的差別，這就大有學問了，別人的優點我要注意到，要學習。別人有缺點我也要注意，也要自己警惕不要犯了同樣的過錯。而不是見了別人為惡自己就不修善，或是見了別人的好就興起忌妒之心從而思有以害之。

孔子年譜

西元前	年齡	事蹟
五五一年	1	九月八日，孔子誕生於魯國昌平鄉的陬邑。名丘字仲尼。
五四九年	3	父親叔梁紇因病去世。
五三三年	19	娶宋國亓官氏為妻。
五三二年	20	長子孔鯉出生。因家貧而出任委吏、乘田小官。
五二五年	27	學古官制於郯子。
五二三年	29	向襄學習琴藝。
五二二年	30	年三十而能自立自守。
五一七年	35	魯國三桓氏攻擊魯昭公，昭公出奔。孔子適齊。
五一六年	36	在齊國聽到優美的韶樂，立即拜師學習。
五一五年	37	齊人夫想謀害孔子，孔子自齊返魯。
五〇一年	51	孔子出任魯國中都宰。
四九九年	53	由中都宰升為司空。
四九七年	54	齊國施用美人計，獻美女給魯君，孔子見國事無望，毅然離開魯國。
四九六年	56	孔子前往衛國，居留十月。後打算到陳國，路經匡城時受困。後又重返衛國。
四九五年	57	離開衛國，經巢國到宋國，在宋國遭受桓魋的災難，便逃到鄭國去。
四八九年	63	從陳國前往蔡國時，被守城兵士所困，幾至斷糧。後又返回衛國。
四八四年	68	齊發兵攻打魯國，被冉有擊敗。孔子返回魯國。
四八三年	69	獨子孔鯉卒。
四八一年	71	魯哀公西狩獲麟。顏回病故。
四八〇年	72	衛國內亂，子路在衛國殉職。
四七九年	73	四月乙丑日，孔子病逝。葬於魯城北方的泗水邊。不少弟子為之守墓三年，子貢為之守墓六年。弟子及魯人從墓而家者上百 家，得名孔里。孔子的故居改為廟堂，孔子受到人們的奉祀。

前言

自漢代董仲舒提出獨尊儒術以來，儒家思想影響中國兩千餘年。現在，以孔子為代表的儒家文化傳播到世界各地，受到各國人民的極大重視，甚至影響到當今世界各國文化及其教育的進程。

儒家學派提倡「入世」思想，重視人倫秩序，強調修身、齊家、治國、平天下的學問。儒家講求的是仁、義、禮、智、信，強調自身的修養，教導世人「達則兼濟天下，窮則獨善其身」。儒家思想由孔子開創，孟子繼承，而後有荀子發揚光大。後世人尊稱孔子為「聖人」，歷代皇帝都要去孔廟拜祭孔子，表達對孔子這位先賢的敬仰之情。

孔子（約西元前五五一－前四七九年）名丘，字仲尼，春秋時代魯國人（現在山東省曲阜市人）。孔子一生為追求自己的理想，周遊列國，四處奔波。他自己發奮學習，還開創出私人講學的風氣，廣收門徒。據說，孔子門下弟子三千，達者七十二人。晚年的孔子專心從事古代文獻的整理工作，整理《詩經》、《尚書》等古代典籍，刪改《春秋》，還致力於教育事業。後來，孔子的學生將其言行及主要思想記錄在《論語》中。

前言

《論語》共二十章，孔子的主要思想就散見在各章之中。文章主要是孔子與其弟子的對話，生動形象，文字簡短卻是意味深長。在孔子的言行之中，自然表現出儒家的核心思想：「仁」。「己欲立而立人，己欲達而達人」，還要「己所不欲，勿施於人」。如果說儒家思想是一種詩意的哲學，那麼，《論語》便是這種哲學的最好載體。

《論語》並不注重思辨邏輯，沒有生硬的理論思想，而是以長者姿態，在充滿感情地教導我們。《論語》告訴我們如何學習，「學而時習之」；如何做人，警示「巧言令色，非仁矣」，要做到「老者安之，朋友信之，少者懷之」；如何處事，「君子之道，忠恕而已矣」；如何為政，「居敬行簡」，「里仁為美」。

在這本書裡，我們將孔子的思想化繁為簡，條分縷析。為解讀其中的微言大義，特別選取古今中外典型事例對《論語》思想作全面揭示。在事例的選取上，每篇配置三個事例，從不同的角度，將孔子的思想重新歸納、整理，選取其側重點，將其與社會現實相結合。古代事例主要講述中國歷史著名人物及其事蹟；現代事例則以商戰為主，將世界著名企業家及其為商之道或戰略思想，與孔子思想融會貫通。

當然，《論語》的精髓思想，豈是我們幾個例子就能解釋清楚的，孔子所要達到的聖人境界也不是說說而已的。我們冀望透過這些簡單的例子，引領大家走近孔子，走近博大精深的儒家哲學。這種哲學可以使我們修身養性，塑造我們溫文爾雅、坦坦蕩蕩的性情，使我們的事業與儒家思想結合，跨入更加高尚的境界。

目錄

卷一　學而

卷二　為政

卷三　八佾

卷四 里仁

卷五 公冶長

卷十二　顏淵

卷十三　子路

卷十四　憲問

卷十八　微子

卷十九　子張

卷二十　堯曰

論語智慧

卷一 學而

這是《論語》的第一篇，共十六章。把「學而」作為本篇題目，是緣於本篇的開篇第一句話——「學而時習之」，開門見山地告訴我們要好學。無論是文化知識，還是道德修養和宗教祭祀，在我們的成長和處世中都有舉足輕重的作用。因此，我們一定要時刻保持一顆進取之心，抓住一切學習的機會，以此來充實自己，鍛煉自己，並不斷的完善自己。這樣，才能不斷提高自己的能力，並在社會上擁有強大的競爭力。

【原文】

子曰①：「學②而時習③之，不亦說④乎？有朋⑤自遠方來，不亦樂乎？人不知⑥而不慍⑦，不亦君子⑧乎？」

①子：中國古代對於有地位、有學問的男子的尊稱，有時也泛稱男子。《論語》書中「子曰」的子，都是指孔子而言。

②學：孔子所講的「學」，主要是指學習西周的禮、樂、詩、書等傳統文化典籍。

③時習：在周秦時代，「時」字作副詞用，意為「在一定的時候」或「在適當的時候」。但朱熹在《論語集注》中把「時」解釋為「時常」。「習」，指溫習禮、樂、詩、書。

④說：同悅，愉快、高興的意思。

⑤有朋：一作「友朋」。同在一位老師門下學習的叫朋，即志同道合的人。

⑥人不知：此句不完整，沒有說出人不知道什麼。缺少賓語。一般而言，知，是瞭解的意思。人不知，是說別人不瞭解自己。

⑦慍：惱怒，怨恨。

⑧君子：《論語》書中的君子，有時指有德者，有時指在位者。這裡指孔子理想中具有高尚品格的人。

孔子說：「學習並時常溫習和練習，不是很愉快嗎？有志同道合的人從遠方來，不是很令人高興嗎？人家不瞭解我，我也不怨恨、惱怒，不也是一個有德的君子嗎？」

有子①曰：「其爲人也孝弟②，而好犯上者③，鮮④矣；不好犯上，而好作亂者，未之有也⑤。君子務本⑥，本立而道生⑦。孝弟也者，其爲仁之本與⑧！」

①有子：孔子的學生，姓有，名若，比孔子小三十三歲。

②弟：讀音和意義與「悌」同，即弟弟對待兄長的正確態度。

③犯上：犯，冒犯；上，指在上位的人。

④鮮：少的意思。《論語》中的「鮮」字，都是如此用法。

⑤未之有也：此為「未有之也」的倒裝句。

⑥務本：務，專心、致力於；本，根本。
⑦道：這裡的道，指孔子提倡的仁道，即以仁為本的整個道德思想體系及治國做人的基本原則。
⑧為仁之本：以孝悌作為仁的根本。

有子說：「孝順父母，順從兄長，而喜好觸犯上層統治者，這樣的人是很少見的。不喜好觸犯上層統治者，而喜好造反的人是沒有的。君子專心致力於根本的事務，根本建立了，治國做人的原則也就有了。孝順父母、順從兄長，這就是仁的根本啊！」

子曰：「巧言令色①，鮮矣仁！」

①巧言令色：巧和令都是美好的意思。但此處應解釋為裝出和顏悅色的樣子。

孔子說：「花言巧語，裝出和顏悅色的樣子，這種人的仁心就很少了。」

曾子①曰：「吾日三省②吾身：爲人謀而不忠③乎？與朋友交而不信④乎？傳⑤不習乎？」

①曾子：曾子姓曾名參，字子輿，生於西元前五〇五年，魯國人，是被魯國滅亡的鄫國貴族後代。曾參是孔子的得意門生，以孝子出名。據說《孝經》就是他撰寫的。

②省：省，檢查、察看。

③忠：此處指對人應當盡心竭力。

④信：信者，誠也。以誠實之謂信。

⑤傳：傳，受之於師謂之傳。

曾子說：「我每天多次反省自己，為別人辦事是不是盡心竭力了？與朋友交往是不是做到誠實可信了？老師傳授給我的學業是不是複習了呢？」

子曰：「道①千乘之國②，敬事③而信，節用而愛人④，使民以時⑤。」

①道：作動詞用。這裡是治理的意思。

②千乘之國：乘，意為輛。這裡指古代軍隊的基本單位。千乘之國，指擁有一千輛戰車的國家，即諸侯國。

③敬事：敬字一般用於表示個人的態度，尤其是對待所從事的事務要謹慎專一、兢兢業業。

④愛人：廣義的「人」，指一切人群；狹義的「人」，僅指士大夫以上各個階層的人。這裡的「人」與「民」相對而言，可見為狹義用法。

⑤使民以時：時指農時。古代百姓以農業為主，此句是說要役使百姓按照農時耕作與收穫。

孔子說：「治理一個擁有一千輛兵車的國家，就要嚴謹認真地辦理國家大事且恪守信用，誠實無欺，節約財政開支與愛護官吏臣子，役使百姓不誤農時。」

子曰：「弟子①入②則孝，出③則弟，謹④而信，泛愛眾，而親仁。行有餘力⑤，則以學文⑥。」

①弟子：一指年紀較小為人弟和為人子的人；二是指學生。
②入：入是入父宮，指進到父親住處，或說在家。
③出：與「入」相對而言，指外出拜師學習。出則弟，是說要用弟道對待師長，也泛指年長於自己的人。
④謹：寡言少語。
⑤行有餘力：指有閒暇時間。
⑥文：古代文獻。主要有詩、書、禮、樂等文化知識。

孔子說：「弟子們在父母跟前，要孝順父母；出門在外，要順從師長，言行要謹慎、誠實可信、寡言少語，要廣泛地去愛眾人，親近那些有仁德的人。這樣躬行實踐之後，還有餘力的話，就再去學習文獻知識。」

子夏[①]曰：「賢賢[②]，易[③]色；事父母，能竭其力；事君，能致其身[④]；與朋友交，言而有信。雖曰未學，吾必謂之學矣。」

① 子夏：姓卜，名商，字子夏，孔子的學生，比孔子小四十四歲，生於西元前五〇七年。孔子死後，他在魏國宣傳孔子的思想主張。
② 賢賢：第一個「賢」字作動詞用，尊重的意思。賢賢即尊重賢者。
③ 易：輕視的意思，即看重賢德而輕視女色。
④ 致其身：致，意為獻納、盡力。即把生命奉獻給君主。

子夏說：「一個人能夠看重賢德而不以女色為重；侍奉父母，能夠竭盡全力；服侍君主，能夠獻出自己的生命；與朋友交往，說話誠實，恪守信用。這樣的人，儘管他自己說沒有學習過，我一定說他已經學習過了。」

子曰：「君子不重①，則不威；學則不固②。主忠信③。無④友不如⑤己者。過⑥，則勿憚⑦改。」

①重：莊重、自持。
②學則不固：固，作固陋解，喻人見聞少，學習後就可以不固陋。
③主忠信：以忠信為主。
④無：通毋，「不要」的意思。
⑤如：類似。
⑥過：過錯、過失。
⑦憚：害怕、畏懼。

孔子說：「君子，不莊重就沒有威嚴；學習可以使人不閉塞；要以忠信為主，不要與自己不同道的人交朋友；有了過錯，不要怕改正。」

曾子曰：「慎終①追遠②，民德歸厚矣。」

① 慎終：人死為終。這裡指父母的去世。

② 追遠：遠，指祖先。

曾子說：「謹慎地對待父母的去世，追念久遠的祖先，自然能使老百姓日趨忠厚老實了。」

子禽①問於子貢②曰：「夫子③至於是邦④也，必聞其政，求之與？⑤與之與？」子貢曰：「夫子溫、良、恭、儉、讓⑥以得之。夫子之求之也，其諸⑦異乎人之求之與！」

① 子禽：姓陳名亢，字子禽。有一說子禽非孔子學生。

② 子貢：姓端木名賜，字子貢，衛國人，比孔子小三十一歲，是孔子的學生，生於西元前五二〇年。子貢善辯，孔子認為他可以做大國的宰相。據《史記》記載，子貢

在衛國做了商人，家有財產千金，成為有名的商業家。

③夫子：古代的一種敬稱，凡是做過大夫的人都可以取得這一稱謂。孔子曾擔任過魯國的司寇，所以他的學生們稱他為「夫子」。後來，因此而沿襲以稱呼老師。

④邦：指當時割據的諸侯國家。

⑤抑：選擇，有「還是」的意思。

⑥溫、良、恭、儉、讓：溫順、善良、恭敬、儉樸、謙讓。

⑦其諸：語氣詞，有大概、或者的意思。

子禽問子貢說：「老師到了一個國家，總是預聞這個國家的政事。這種資格是他自己求得呢，還是它國君主動給他的呢？」

子貢說：「老師溫良恭儉讓，所以才得到這樣的資格，但他所求的方法，或許與別人的求法不同吧？」

子曰：「父在觀其①志；父沒觀其行②；三年無改於父之道③，可謂孝矣。」

①其：指兒子，不是指父親。

②行：指行為舉止等。

③道：合理內容。

孔子說：「當他父親在世的時候，要觀察他的志向；在他父親死後，要考察他的行為；若是他對其父親的合理部分長期沒有改變，這樣的人可以說是盡到孝了。」

有子曰：「禮①之用，和②爲貴。先王之道③，斯④爲美，小大由之。有所不行，知和而和，不以禮節之，亦不可行也。」

①禮：在春秋時代，「禮」泛指封建社會的典章制度和道德規範。孔子的「禮」，既指「周禮」，禮節、儀式，也指人們的道德規範。

②和：調和、和諧、協調。

③先王之道：指堯、舜、禹、湯、文、武，周公等古代帝王的治世之道。

④斯：這、此等意。

子貢曰：「《詩》云：『如切如磋，如琢如磨①。』其斯之謂與？」子曰：「賜②也，始可與言《詩》已矣！告諸往而知來者③。」

①如切如磋，如琢如磨：此二句見《詩經・衛風・淇澳》。指加工象牙和骨，切了還要磋，加工玉石，琢了還要磨，有精益求精之意。
②賜：子貢名，孔子對學生都稱其名。
③告諸往而知來者：諸，同之；往，過去的事情；來，未來的事情。

子貢說：「《詩經》上說，『要像對待骨、角、象牙、玉石一樣，切磋它，琢磨它』，就是講這個意思吧？」

孔子說：「賜呀，你能從我已經講過的話中領會到我還沒有說到的意思，舉一反三，我可以同你談論《詩經》了。」

有子說：「禮的應用，以和諧為貴。古代君主的治國方法，可寶貴的地方就在這裡。但不論大小事只按和諧的辦法去做，有時候是行不通的。為和諧而和諧，不以禮來節制和諧，也是不可行的。」

有子曰：「信近①於義②，言可復③也；恭近於禮，遠④恥辱也；因⑤不失其親，亦可宗⑥也。」

①近：接近、符合的意思。

②義：義是儒家的倫理範疇。是指思想和行為符合一定的標準。

③復：實踐的意思。

④遠：動詞，使之遠離的意思，此外亦可以譯為避免。

⑤因：依靠、憑藉。

⑥宗：主、可靠。

有子說：「講信用要符合於義，符合於義的話才能實行；恭敬要符合於禮，這樣才能遠離恥辱；所依靠的都是可靠的人，也就值得尊敬了。」

子曰：「君子食無求飽，居無求安，敏於事而慎於言，就①有道②而正③焉，可謂好學也已。」

①就：靠近、看齊。
②有道：指有道德的人。
③正：匡正、端正。

孔子說：「君子，飲食不求飽足，居住不要求舒適，對工作勤勞敏捷，說話卻小心謹慎，到有道的人那裡去匡正自己，這樣可以說是好學了。」

子貢曰：「貧而無諂①，富而無驕，何如②？」
子曰：「可也。未若貧而樂③，富而好禮者也。」

①諂：意為巴結、奉承。
②何如：《論語》中的「何如」，一般譯為「怎麼樣」。
③貧而樂：一本作「貧而樂道」。

子貢說：「貧窮而能不諂媚，富有而能不驕傲自大，怎麼樣？」
孔子說：「這也算可以了。但是還不如雖貧窮卻樂於道，雖富裕而又好禮之人。」

子貢曰：「《詩》云：『如切如磋，如琢如磨①。』其斯之謂與？」
子曰：「賜②也，始可與言《詩》已矣！告諸往而知來者③。」

①如切如磋，如琢如磨：此二句見《詩經・衛風・淇澳》。指加工象牙和骨，切了還

要磋，加工玉石，琢了還要磨，有精益求精之意。

②　賜：子貢名，孔子對學生都稱其名。

③　告諸往而知來者：諸，同之；往，過去的事情；來，未來的事情。

子貢說：「《詩經》上說，『要像對待骨、角、象牙、玉石一樣，切磋它，琢磨它』，就是講這個意思吧？」

孔子說：「賜呀，你能從我已經講過的話中領會到我還沒有說到的意思，舉一反三，我可以同你談論《詩經》了。」

子曰：「不患①人②之不己知，患不知人也。」

①　患：憂慮、怕。

②　人：指有教養、有知識的人，而非民。

孔子說：「不怕他人不瞭解自己，只怕自己不瞭解他人。」

學無常師的孔子

開篇，孔子就提出「學而時習之」的觀點，認為「三人行，必有我師」，認為每個人都有值得學習的地方。因此，孔子雖然聰慧，卻一生都在實踐著自己的準則，「不恥下問」，時時不忘向他人學習，真正做到學無常師，學無止境。

孔子是儒家的創始人，同時也是中國古代私人教育事業的開山祖師。他一生虛懷若谷，廣泛取法，無論是名流大夫還是周官小吏，抑或是七歲孩童，他都會不恥下問，以之為師。

孔子出生在一個沒落的貴族家庭。在他三歲時，父親就去世了。母親顏氏帶著孔子兄弟回到曲阜。孔子的母親粗通文墨，於是便對孔子兄弟進行言傳身教，成為孔子的啟蒙老師。由於孔子聰慧好學，在母親的教導之下，很快就學會讀書寫字，並養成好學勤思的習慣。

孔子十七歲時，母親去世，生活的重擔壓在孔子身上。為謀取生存，孔子曾擔任管理倉庫和管理牛羊的小官。生活雖艱辛，但並未消磨掉孔子對知識的渴求。一有空餘，孔子就會專心讀書，自己的書讀完，就四處去借。遨遊在知識海洋中的孔子，感到無比的快樂，生活和工作的辛勞都一掃而空。孔子雖然未曾接受正規教育，但由於他刻苦自學、博覽群書，很早就掌握貴族子弟必修的「六藝」，並以博學和知禮而聞名。

為擴大自己的知識領域和視野，孔子四處遊學。有一天，他來到日夜嚮往的京師洛邑，並開始拜師學藝，他首先拜見大夫萇弘，向他請教古代歌舞和音樂理論。在萇弘老師面前，孔子畢恭畢敬，認真傾聽他的講解，並且經常提出自己獨到的見解和看法。孔子視野的廣闊、知識的豐富以及卓越的見識，博得萇弘的高度讚賞，從此之後，孔子在京師洛邑也成為小有名氣的人物，當時的一些學者也紛紛前來拜訪，向孔子討教。

後來，孔子又在洛邑拜見周王室的守藏吏老子——當時最偉大的思想家。這次拜見，讓孔子更是受益匪淺。孔子虛心向老子請教「禮」。

老子說：「你所要問的那些人，他們自身以及他們的骨頭早已腐爛，只剩下他們的言論而已。君子遇到好的政治時機，應該出世，出來做一番事業；遇到不好的政治時機，就像蓬草一樣，隨風飄轉。我聽說，真正會做生意的商人，會深藏錢財，嚴密保藏寶貨，不讓別人看見，好像一無所有一樣；有勝德的君子，往往都很謙遜，他們外表看起來就像很愚笨的人一樣。你要把所有的驕氣、想入非非、裝模作樣和不切實際的奢望都去掉。因為這些東西對你都沒有什麼好處。我要對你說的就是這些。」老子的一番話，對孔子而言，真可謂是如醍醐灌頂，又使孔子領悟到很多做人的道理。

離開洛邑之前，孔子向老子辭別，老子又對孔子說：「我聽說富貴的人送人錢財，仁義的人送人良言，我不富貴，也不能竊仁者的名聲，但還是要告訴你：觀察問題很透徹、言辭犀利善辯的人，卻經常遇到危及自身生命的事，這主要是因為他好議論人，揭人的短處。作為子女，應該心存父母；作為人臣，應該心存君主，所有的言語和行動都不能只考慮到自己。」聽完老子的這一席話，孔子對老子更加佩服。

孔子後來曾對自己的學生說：「鳥，我知道牠能飛行，但可以用弓箭對付；魚，我知道牠能游水，但可以用釣絲對付；野獸，我知道牠能跑，但可用網對付。而對於龍，我卻無法瞭解，因為它乘風駕雲直上青天。我見到的這位老子，就是像龍一樣的人物。他知識淵博，讓我受益匪淺啊！」

孔子不僅拜訪當時的大師，向他們求學，也向當時生活在社會底層的人們學習，甚至還向七歲的兒童求教，真正做到不恥下問，學無常師。

司馬遷在《史記・仲尼弟子列傳》中這樣記載：「有一天，陳子禽問孔子的學生子貢：

『仲尼從哪裡學到這麼廣博的知識呢？』子貢回答說：『文王和武王的治國之道沒有完全沒落，賢人記住重要部分，而不賢的人只記住很少的一部分，這些都表現文王和武王的道，我的老師怎麼會不學呢？他沒有固定的老師啊！』」

✡解析

「活到老，學到老」，是我們中華民族的傳統美德。孔子虛懷若谷，一生遊學，終成一代宗師。而生活在國際化、知識化社會中的我們，更應該不斷努力學習各種知識，才能跟上時代的步伐，與時俱進，並在激烈的市場競爭中立於不敗之地。

塑造「本田王國」的宗一郎

孔子學無常師，在不斷的學習中成就了自己的滿腹經綸。在當今這個知識大爆炸的時代，無論你做什麼，都要不斷的學習、充電，只有這樣才能夠不被時代淘汰。汽車領域的本田宗一郎，正是因為他不斷的學習，不斷地汲取新知識才最終走向成功，使得「本田」車成功走進世界千家萬戶。

提到汽車領域，「本田」這個品牌應該是很多人都比較熟悉的，而提到「本田」，也定然會想到它的創始人——本田宗一郎。本田宗一郎從一個不起眼的小鐵匠，到一個全世界汽車製造王國的「國王」。他的一生，充滿傳奇色彩。而他的一切成就，都跟他不向命運低頭，並不斷學習，勇於拼搏緊密的聯繫在一起。

本田宗一郎於一九〇七年十一月七日出生在日本靜岡縣的一個窮苦家庭。父親是一個鐵匠，在鎮上開著一個小鐵匠鋪，維持著一家人簡單而又清苦的生活。受父親的影響，宗一郎自幼便對機械表現出一種特殊的偏好，對摩托車、汽車、飛機等機械製品有著濃厚的興趣。有時候，宗一郎為探尋飛機的起飛和降落，就偷偷地騎著父親的自行車狂追，而且往往一追就追出幾十公里之外。

小學畢業後，宗一郎就開始跟父親學打鐵，父親希望宗一郎以後能夠繼承自己的「事業」，把鐵匠鋪繼續維持下去。然而，事情並沒有依父親的意願發展。宗一郎十五歲時，有一天，他在雜誌上看到東京汽車修理廠刊登招收學徒的廣告，就背著父親偷偷地去面試。雖然父親堅決反對，但是宗一郎還是在東京一家汽車修理廠當上學徒。但宗一郎上班的第一年，所做的工作卻不是修理汽車，而是為廠主照看小孩。於是，宗一郎便把小孩背在身後，癡迷地看修理廠裡所有關於汽車修理的書籍。宗一郎的好學終於打動廠主，第二年，廠主便讓宗一郎真正穿上修理汽車的工作服，正式成為一名修理工。

六年之後，本田宗一郎回到家鄉，開設一家名叫「技術商會濱松支店」的修理廠，自己當上老闆。他一面營業，一面試驗鑄造鐵質的汽車配件，來替代原有的木制產品。為研製新型的活塞環，他決定去一家高等工業學校讀書，專修科技知識，以此來彌補自己在專業知識方面的不足。從學校出來，他成立東海精機公司並牛刀小試，生產出三萬隻活塞環，但結果令人失望，這些活塞環品質無一過關。為研製合格產品，本田宗一郎又一次走進高等工業學校，以旁聽生的身份，鍥而不捨地鑽研和改進工藝方法，終於研製出高品質的活塞環。面對已經取得的成就，他並未滿足，而是繼續改進生產機器。宗一郎的認真鑽研和精益求精，使得東海公司很快成為當時同行中的佼佼者。但是，宗一郎並不滿足於僅僅製造零件，不久他就把東海公司的全部股票賣給豐田，而著手把自行車改裝成機動車——當時被稱為「蹦蹦車」，這種車輕便、快捷，一上市就受到廣大消費者的青睞。後來，宗一郎在蹦蹦車的基礎上再次進行技術革新，開發出真正的摩托車。不久，他把企業改名為「本田技研工業公司」，又經過不斷地學習和鑽研，終於研製出「本田——夢幻D型」發動機，成為日本國內很有實力的摩托車製造商。

為了能在本國四十多家製造商的競爭中脫穎而出和對抗歐美各國的吞噬，本田宗一郎毅然決定花費四億日元鉅資，引進瑞士、美國的先進機器，並進一步改進生產技術。此外，他還遠赴英國考察，看到先進的摩托車，就下定決心迎頭趕上。一回到日本，他就發表宣言，要參加世界高水準的「T・T摩托車大賽」，並立志奪標，以此來提高本田摩托車生產技術。這樣，本田公司一方面儘量吸收外來先進技術，一方面刻苦鑽研和提高生產技術，經過四年的拼搏，終於研製出集英國、義大利兩國之長的「超級小狼」摩托車，不僅擊敗國內同行，還遠渡大洋，打進歐美市場。

在摩托車領域獲得成功之後，本田宗一郎又開始涉足汽車製造業。在仔細分析汽車製造業的競爭形勢和研究現有汽車的缺點後，他獨具慧眼，開發出價廉、省油又低公害的輕型轎車。當石油危機來臨的時候，本田公司迅速搶佔日本汽車市場，一舉打進前三名。本田公司再接再厲，又著手開拓美國市場。面對美國的抵制，宗一郎顯得不急不躁，他首先在美國的一個州設立汽車裝配廠，後來又建立汽車製造廠，逐漸打破美國福特一統天下的局面，成功打進美國市場。本田宗一郎的成功引起美國機械工程師學會的注意，他們頒給他「荷利獎章」。「荷利獎章」專門用來獎勵那些在機械工程領域做出傑出貢獻的人，一共只頒發過兩次。一次是一九三六年，獎勵有「汽車大王」之美稱的美國人亨利・福特，再就是一九八〇年獎勵宗一郎。自此，宗一郎就被稱為「日本的福特」，成為日本汽車製造業的驕傲。

✫解　析

從鐵匠的兒子而成為世界汽車製造業巨頭，本田宗一郎的一生，充滿傳奇色彩，他人生的巨變，都是源於他那顆好好學不倦、精益求精的心。王侯將相，寧有種乎？人的一生充滿變數，本田宗一郎的經歷告訴我們，知識創造財富，學習改變命運，只要我們認真學習，勇於探索，抓住時機，說不定也能打造自己的「本田王國」。

學無止境的新加坡富豪孫炳炎

孔子一生都在不斷地學習，因為學習並非一朝一夕之事。「學而不厭」，方能進步無限，新加坡有位富豪，就實踐並證明了孔子的這個理論。隨著自身在學習中不斷提高，他的事業也正蒸蒸日上，最終由一介布衣而成名副其實的大富豪。這個人，就是森林大王孫炳炎。

在東南亞，提起新加坡的森林企業集團，幾乎無人不知。一九五〇年時，這家集團還只擁有小小的作坊，資金不超過兩千新元，而如今卻成為擁有十九家下屬公司，經營建築、貿易等多種行業的綜合性集團。而憑藉這片「森林」，集團董事主席孫炳炎先生，也是由一個學徒，最後成為大富豪。那麼，他是如何走上成功之路的呢？

在企業刊物《森林五十年》特刊發刊詞中，孫炳炎說自己成功的原因之一，是「憑藉自己的勤學好問，不怕失敗」。他主張不恥下問，更強調學而不厭，他的座右銘就是「學無止境」。

孫炳炎是福建人，兄弟五個，全靠著父親的一家小雜貨鋪維持生活。但因生意難做，全家先後來到新加坡。十五歲時，他就開始在一家雜貨店當學徒，早出晚歸，什麼雜活都做。父親怕他太勞累，又送他到同鄉開的酒店當店員。後來，他又曾到一家公司當職員。無論做什麼工作，孫炳炎都在工作之餘努力學習，求知的迫切心情讓他忘記工作的勞累。另外，他還上夜校，學英文，並且自學寫作，曾經發表過一些雜文和小品文。後來，他又學習馬來文和商業知識，瞭解社會形勢和市場行情。所有的這些努力，都為他日後創業成功奠定堅實的基礎。

二十歲時，孫炳炎在哥哥的幫助下創建森林木材公司。後來，他與哥哥分家，開始單槍匹馬獨立創業。那個時候，他既是老闆又是售貨員，忙得幾乎沒有時間，但他仍然不忘學習，開拓自己的視野。隨著世界形勢的轉變，他也及時學習新知識，瞭解世界市場新動向，在經營木材之外，漸漸地他還經營水泥等建築材料。由於他的公司信譽好，逐漸獲得各廠商的信任，開始擁有穩定的客戶。他又與木材廠、建材廠等發展良好的業務關係，到太平洋戰爭爆發時，他的企業已經初具規模，擁有職員二十餘人，資本額十萬。戰爭期間，建築行業興盛，孫炳炎乘機擴大公司規模，到一九四九年，公司的資產增至五十萬元。

為進一步發展企業，孫炳炎把部分股份賣給員工，以提高員工的積極性。另外，他還在百忙之中，為自己聘請一位英文老師，進一步提高自己的英文水準。幾年後，他已經能夠用英語與外商洽談生意，能夠看懂英文帳目及合約，還可以處理英文報告及檔案。

憑著「學無止境」的精神和精明的商業頭腦，孫炳炎把握時機，逐漸擴大自己的企業，在東南亞各地設立分公司，逐漸享有盛名。而且，孫炳炎緊跟時代的腳步，不斷進行改革和創新，讓企業始終保持著旺盛的生命力。

✡解　析

孔子曰：「學而不厭」，「三人行，必有我師」，講的就是好學不倦的精神。孫炳炎學無止境，從一個學徒而成為身價億萬的大富豪，就是一個振奮人心的例子。凡是皆有不懂到懂的過程，認真學習，增加自身的素質可以在商場上自由馳騁，反之則會捉襟見肘，貽笑大方。無論是政治、經濟、文化還是商業知識都需要虛心學習，有備無患。

論語智慧

卷二 為政

本篇內容涉及孔子的政治、道德理念及個人修養觀念等。孔子主張泛愛大眾，「為政以德」，用仁義和道德去教化人民，人民自然歸善，而用嚴刑峻法強行彈壓，只會適得其反。關於做人，孔子認為君子應德才兼備，當仁不讓，特別是要誠實守信，不偏不倚，一視同仁。這些言論和觀點在今天，仍然具有很正確的意義，無論是理政還是經商，都需要從「仁」出發，以人為本。愛護自己的子民和員工，自然會得到他們的擁護。

【原文】

子曰：「爲政以德①，譬如北辰②，居其所③而眾星共④之。」

① 為政以德：以，用的意思。此句是說統治者應以道德進行統治，即「德治」。

② 北辰：北極星。

③ 所：處所，位置。

④ 共：同拱，環繞的意思。

孔子說：「君王以道德教化來治理政事，就會像北極星那樣，自己居於一定的方位，而群星都會環繞在它的周圍。」

子曰：「《詩》三百①，一言以蔽②之，曰：『思無邪③』。」

① 詩三百：詩，指《詩經》，此書實有三百零五篇，三百只是舉其整數。

②蔽：概括的意思。

③思無邪：此為《詩經・魯頌》上的一句，此處的「思」作思想解。無邪，一解為「直」。

孔子說：「《詩經》三百篇，可以用一句話來概括它，就是『思想純正』。」

子曰：「道①之以政，齊②之以刑，民免③而無恥④；道之以德，齊之以禮，有恥且格⑤。」

①道：引導。

②齊：整齊、約束。

③免：避免、躲避。

④恥：羞恥之心。

⑤格：正。

孔子說：「用法制禁令去引導百姓，使用刑法來約束他們，老百姓只是求得免於犯罪受懲，卻失去了廉恥之心；用道德教化引導百姓，使用禮制去統一百姓的言行，百姓不僅會有羞恥之心，也就守規矩了。」

子曰：「吾十有①五而志於學，三十而立②，四十而不惑③，五十而知天命④，六十而耳順⑤，七十而從心所欲，不踰矩⑥。」

①有：同「又」。
②立：站得住的意思。
③不惑：掌握了知識，不被外界事物所迷惑。
④天命：指不能為人力所支配的事情。
⑤耳順：一般而言，指對那些於己不利的意見也能正確對待。
⑥從心所欲不逾矩：從，遵從的意思；逾，越過；矩，規矩。

孔子說：「我十五歲立志於學習；三十歲能夠自立；四十歲能不被外界事物所迷惑；

五十歲懂得天命；六十歲能正確對待各種言論，不覺得不順；七十歲能隨心所欲而不超過規矩。」

孟懿子①問孝。子曰：「無違②。」

樊遲③御④，子告之曰：「孟孫⑤問孝於我，我對曰，『無違。』」

樊遲曰：「何謂也？」

子曰：「生，事之以禮；死，葬之以禮，祭之以禮。」

①孟懿子：魯國大夫，三家之一，姓仲孫，名何忌，「懿」是謚號。其父臨終前要他向孔子學禮。

②無違：不要違背。

③樊遲：姓樊名須，字子遲。孔子的弟子，比孔子小四十六歲。他曾和冉求一起幫助季康子進行革新。

④御：駕馭馬車。

⑤孟孫：指孟懿子。

孟懿子問什麼是孝，孔子說：「孝就是不要違背禮。」後來樊遲給孔子駕車，孔子告訴他：「孟孫問我什麼是孝，我回答他說不要違背禮。」樊遲說：「不要違背禮是什麼意思呢？」孔子說：「父母活著的時候，要按禮侍奉他們；父母去世後，要按禮埋葬他們、祭祀他們。」

孟武伯①問孝。子曰：「父母唯其疾之憂②。」

①孟武伯：孟懿子的兒子，名彘。武是他的謚號。

②父母唯其疾之憂：其，代詞，指父母。疾，病。

孟武伯向孔子請教孝道。孔子說：「對父母，要特別為他們的疾病擔憂，這樣做就可以算是盡孝了。」

子游①問孝。子曰：「今之孝者，是謂能養。至於犬馬，皆能有養；不敬，何以別乎？」

①子游：姓言名偃，字子游，吳人，比孔子小四十五歲。

子游問什麼是孝，孔子說：「如今所謂的孝，只能算是贍養父母吧了。然而，就是犬馬都能夠得到飼養。如果不存心孝敬父母，那麼贍養父母與飼養犬馬又有什麼區別呢？」

子夏問孝。子曰：「色難①。有事，弟子服②其勞；有酒食，先生③饌④，曾是以爲孝乎？」

①色難：色，臉色。難，不容易的意思。

②服：服，從事、擔負。

③先生：先生指長者或父母；前面說的弟子，指晚輩、兒女等。

④饌：意為飲食、吃喝。

子夏問什麼是孝，孔子說：「最難的就是對父母和顏悅色，僅僅是有了事情，兒女需要替父母去做，有了酒飯，讓父母吃，難道能認為這樣就可以算是孝了嗎？」

子曰：「吾與回①言，終日不違②，如愚。退而省其私③，亦足以發，回也不愚。」

①回：姓顏名回，字子淵，生於西元前五二一年，比孔子小三十歲，魯國人，孔子的得意門生。

②不違：不提相反的意見和問題。

③退而省其私：考察顏回私下裡與其他學生討論學問的言行。

孔子說：「我整天給顏回講學，他從來不提反對意見和疑問，像個蠢人。等他退下之後，我考察他私下的言論，發現他對我所講授的內容有所發揮，可見顏回其實並不蠢。」

子曰：「視其所以①，觀其所由②，察其所安③。人焉廋④哉？人焉廋哉？」

①所以：所做的事情。
②所由：所走過的道路。
③所安：所安的心境。
④廋：隱藏、藏匿。

孔子說：「要瞭解一個人，應看他言行的動機，觀察他所走的道路，考察他安心做什麼，如此，一個人怎樣能隱藏得了呢？這個人如何能隱藏得了呢？」

子曰：「溫故而知新①，可以爲師矣。」

①溫故而知新：故，已經過去的。新，剛剛學到的知識。

孔子說：「在溫習舊知識時，能有新體會、新發現、就可以當老師了。」

子曰：「君子不器①。」

①器：器具。

孔子說：「君子不像器具那樣，只有某一方面的用途。」

子貢問君子。子曰：「先行其言，而後從之。」

子貢問怎樣做一個君子。孔子說：「對於你要說的話，先實行了，再說出來，這就可算是一個君子了。」

子曰：「君子周①而不比②，小人比而不周。」

①周：合群。
②比：勾結。

孔子說：「君子合群而不與人勾結，小人與人勾結而不合群。」

子曰：「學而不思則罔①，思而不學則殆②。」

①罔：迷惑、糊塗。
②殆：疑惑、危險。

孔子說：「只讀書學習，而不思考問題，就會惘然無知而沒有收穫；只空想而不讀書學習，就會疑惑而不能肯定。」

子曰：「攻①乎異端②，斯③害也已④。」

①攻：攻擊。
②異端：不正確的言論。
③斯：代詞，這。

④也已：這裡用作語氣詞。

孔子說：「攻擊那些不正確的言論，禍害就可以消除了。」

子曰：「由①！誨女②知之乎！知之爲知之，不知爲不知，是知也。」

①由：姓仲名由，字子路。生於西元前五四二年，孔子的學生，長期追隨孔子。
②女：同汝，你。

孔子說：「由，我教給你怎樣做的話，你明白了嗎？知道的就是知道，不知道就是不知道，這就是智慧啊！」

子張①學干祿②。子曰：「多聞闕③疑④，愼言其餘，則寡尤⑤。多見闕殆，愼行其餘，則寡悔。言寡尤，行寡悔，祿在其中矣。」

①子張：姓顓孫名師，字子張，生於西元前五〇三年，比孔子小四十八歲，孔子的學生。

②干祿：干，求的意思。祿，即古代官吏的俸祿。干祿就是求取官職。

③闕：缺。此處意為放置在一旁。

④疑：懷疑。

⑤寡尤：寡，少的意思。尤，過錯。

子張要學謀取官職的辦法。孔子說：「要多聽，有懷疑的地方先放在一旁，其餘有把握的，要謹慎地說出來，這樣就可以少犯錯誤；要多看，有懷疑的地方先放在一旁不做，其餘有把握的，要謹慎地去做，就能減少後悔。說話少過失，做事少後悔，官職俸祿就在這裡了。」

哀公①問曰：「何爲則民服？」

孔子對曰②：「舉直錯諸枉③，則民服；舉枉錯諸直，則民不服。」

①哀公：姓姬名蔣，哀是其謚號，魯國國君，西元前四九四—前四六八年在位。
②對曰：《論語》中記載對國君及在上位者問話的回答都用「對曰」，以表示尊敬。
③舉直錯諸枉：舉，選拔的意思。直，正直公平。錯，同措，放置。枉，不正直。

魯哀公問：「怎樣才能使百姓服從呢？」
孔子回答說：「提拔正直無私的人，置邪惡不正的人於一旁，老百姓就會服從了；提拔邪惡不正的人，而把正直無私的人置於一旁，老百姓就不會服從統治了。」

季康子[①]問：「使民敬、忠以[②]勸[③]，如之何？」
子曰：「臨[④]之以莊，則敬；孝慈[⑤]，則忠；舉善而教不能，則勸。」

①季康子：姓季孫名肥，康是他的謚號，魯哀公時任正卿，是當時政治上最有權勢的人。
②以：連接詞，與「而」同。
③勸：勉勵。這裡是自勉努力的意思。

④臨：對待。

⑤孝慈：當政者引導老百姓孝慈。

季康子問道：「要使老百姓對當政的人尊敬、盡忠而努力工作，該怎樣去做呢？」

孔子說：「您用莊重的態度對待老百姓，他們就會尊敬您；您對父母孝順、對晚輩慈祥，百姓就會盡忠於您；您選用善良的人，又教育能力差的人，百姓就會互相勉勵，加倍努力了。」

或①謂孔子曰：「子奚②不爲政？」

子曰：「《書》③云：『孝乎惟孝，友於兄弟。』施④於有政，是亦爲政，奚其爲爲政？」

①或：有人。不定代詞。

②奚：疑問詞，相當於「為什麼」。

③《書》：指《尚書》。

④施：施行。

有人對孔子說：「你為什麼不從事政治呢？」孔子回答說：「《尚書》上說，『孝就是孝敬父母，友愛兄弟。』把這孝悌的道理施於政事，也就是從事政治，又要怎樣才能算是為政呢？」

子曰：「人而無信，不知其可也。大車無輗①，小車無軏②，其何以行之哉？」

①輗：古代大車車轅與橫木相連接的插銷。

②軏：小車轅頭上連接橫木的關鍵。

孔子說：「一個人不講信用，是根本不可以的。就好像大車沒有輗、小車沒有軏一樣，靠什麼行走呢？」

子張問：「十世①可知也？」

子曰：「殷因②於夏禮，所損益③，可知也；周因於殷禮，所損益，可知也。其或繼周者，雖百世，可知也。」

①世：古時稱三十年為一世。

②因：因襲：沿用、繼承。

③損益：減少和增加。

子張問孔子：「今後十世的禮儀制度，可以預先知道嗎？」

孔子回答說：「商朝繼承了夏朝的禮儀制度，所減少和增加的內容是可以知道的；周朝又繼承商朝的禮儀制度，所廢除的和增加的內容也是可以知道的。將來有繼承周朝的，就是一百世以後的情況，也是可以預先知道的。」

子曰：「非其鬼①而祭之，諂也。見義②不為，無勇也。」

①鬼：此指鬼神。

②義：人應該做的事就是義。

孔子說：「不是你應該祭拜的鬼神，你卻去祭拜它，這就是諂媚。見到應該挺身而出的事情，卻袖手旁觀，就是怯懦。」

湯顯祖釋囚賞燈

本篇提到孔子的核心思想：「仁」。仁者仁心，為政以德，以「仁」心愛人。仁者愛人，必得人之愛。以現在的說法，就是人道主義。湯顯祖就是一位以仁者之心對待百姓，獲得百姓尊敬的好官。他的故事，真正詮釋了什麼是「人心所向」。

明朝年間，江西臨川（今江西省撫州市）出生一位偉大的戲劇作家湯顯祖。一般人知道湯顯祖，是因為其千古名著《牡丹亭》，而他「釋囚賞燈」的故事卻鮮為人知。

湯顯祖不僅僅在文學上有所建樹，還做過官，不過由於剛正不阿，得罪不少權貴，於是在萬曆二十一年（西元一五九三年），被貶到遂昌（今浙江遂昌縣）做七品縣令。雖然官職卑微，但他還是兢兢業業，希望能夠造福百姓，不敢有絲毫的懈怠。他懲豪強，除虎害，重農辦學，政績顯著，贏得當地百姓的稱讚。在他的政績中，有一件是一般官員所不敢做的，那就是除夕及正月十五「釋囚賞燈」，這一「仁義」舉措贏得百姓的衷心敬仰。

除夕之夜，湯顯祖一家團圓，盡情享受天倫之樂，但他突然想到監獄的犯人們，自己能和家人團圓、熱熱鬧鬧，那些犯人們卻只能孤獨度過新年。同樣是人，他們也應該享有和家人團圓的權利。他們之中，有的因為無法按時交納賦稅入獄；有的是激於義憤動手打人致傷入獄；更有的是為生活所迫，一時失足而走錯路。雖說法不容情，但人非聖賢，孰能無過，應該給他們悔改的機會。於是，湯顯祖經過深思熟慮，下令把那些家在遂昌的囚犯放回家，讓他們和家人一起過年，只要在初四之前回來就可以。這一舉措讓下屬們很擔心：「如果有人乘機逃走，豈不是好心辦壞事？」湯顯祖說：「他們大都本性善良，放他們回家和家人團圓，他們會心生感激，今後定會奉公守法。即使有些頑劣之人，但仍有俠義之心，我誠心待他，他們豈會讓我難堪？」

話雖如此，但湯顯祖也是提心吊膽。到大年初四那一天，回家過年的犯人都陸續回到獄中，竟無一人乘機逃脫。其中不少人還是由家人送來，犯人及其家屬都對湯顯祖感激涕零，有的家屬叮囑獄中親人要好好改過，不要愧對大人一片苦心，還有的定要當面感謝湯大人方才回去。湯顯祖十分欣慰。

還有一年的元宵節，遂昌縣人民安居樂業，收入頗豐，元宵節辦得尤其熱鬧。湯顯祖又想到服刑的犯人們，於是命令犯人們梳洗乾淨，換上新衣，讓人帶著到上河橋欣賞花燈。

上河橋旁邊已是燈火初綻，流光溢彩，各式各樣的花燈爭奇鬥豔，讓人眼花繚亂。還有不時傳來的笛聲、嘯聲、鑼鼓聲，還有歡笑聲，小販的叫賣聲，這是多麼熱鬧的景象啊！那些囚犯們看著這種場面，個個痛哭流涕，既感激大人讓他們與常人一起觀賞花燈，更為自己的罪過深深懺悔。其中一位囚犯的父親，看到自己的兒子也來觀燈，特意為湯顯祖表演獅子搶繡球的絕活，只見他上翻下滾，把花燈舞得出神入化，贏得陣陣喝彩。

就這樣，遂昌縣人為有這樣一個好知縣而感恩戴德，犯罪的人愈來愈少，遂昌縣大治。湯顯祖除夕之夜釋囚，元宵節賞囚觀燈的舉措也成為千古佳話，流傳至今。

✡ 解析

湯顯祖釋囚賞燈，的確是大仁大義，故民心向善，縣城大治。在這裡，湯顯祖的仁者風範，表現得淋漓盡致。明朝後期，官員和百姓互不信任，湯顯祖卻能同百姓魚水情深，當真如清風拂面。投之以桃，報之以李，湯顯祖雖已離去，他的故事卻給我們一個永恆的真理。以仁待人，故人以仁待我；以誠待人，故人以誠待我。

馬克斯—斯潘塞公司的員工管理

孔子之「仁者愛人」，是不分尊卑貴賤，泛愛大眾。只有以仁心待人，才會贏得人民的真正愛戴。經商如理政，只有實行人道主義，將心比心，才能換取對方真心奉獻。人不能逞個人英雄，需要有朋友的幫助；一個領導也不能一意孤行，同樣需要公司員工的鼎力協助。馬克斯—斯潘塞公司就是一家「以人為本」的企業，正是這樣的公司文化才引導這家企業走向最後的成功。

說起零售業，就不能不提到英國的馬克斯—斯潘塞公司。這家公司創建至今已逾百年，分佈遍及歐美各國，其中在美國就擁有近三百家分店，年營業額在三十億英鎊以上。是什麼讓馬克斯—斯潘塞公司取得這樣顯著的成就？

現在的英國早已沒有當年「日不落帝國」的風光，然而在商業管理方面，卻擁有著最優秀的管理模式。市場競爭如此激烈，很多企業早已經意識到，只有對外堅持信譽，奉行顧客至上的原則，對內則堅持人性化的管理模式，才能立於不敗之地。英國的馬克斯—斯潘塞公司，在這兩方面都遙遙領先，其人性化的管理模式尤為人所稱道。馬克斯—斯潘塞公司「以人為本」，這裡最缺少的就是官僚習氣。公司的各個階層，在身份上都是平等的，員工和管理者平起平坐，許多公司的官僚習氣在這裡幾乎看不到。

作為公司總裁的馬庫斯・西夫曾經在一次經理會議上宣稱：「現在，你們讓我講工業關係，我不會講，也沒有辦法講。我只懂得一點，那就是人際關係。」在他眼裡，工業關係就是人際關係，而他尤其注重經理和員工的人際關係，致力於人性化的管理。最人性化的管理就是建立上下級之間的平等關係，時時為員工著想。公司管理者存有一個理念：「公司不是老大，員工也不是最小，沒有員工的積極奉獻，就不會有公司的成功。」因此，對待員工，斯潘塞公司只有一個信念，每個員工都是有個性的人，應該讓他們能夠靠自己的努力獲得更多的利益。要讓員工們精力充沛地工作，斯潘塞公司設立員工餐廳，員工只需花上六十五美分就可以享有咖啡早餐、午餐三道菜以及下午茶的待遇。公司關注每個人，對四萬五千名員工的福利、發展全面負責，而這些責任被分派到各個經理手中，使經理和員工組成一個類似家庭的模式，經理可以不慷慨，但絕不能吝嗇。曾有一位連鎖店的女經理，離開公司已經五十年，因為她當年有創見的工作、出色的成績，公司依舊代她購置住宅和發放養老金。公司的做法使員工們深切體會到，公司就是自己的家，能為這樣的公司效勞實在是莫大的榮幸，因此，必然對公司忠心耿耿，工作不餘遺力。

一個週末的晚上，恐怖分子在斯潘塞公司的一個連鎖店外，放置並引爆一枚炸彈，炸壞連鎖店的櫥窗，也殃及周圍的商店。周日一大早，斯潘賽的員工就自動趕到商店，清理店面，保證週一商店可以正常營業。在這些員工中，有經理，也有店員，更有臨時工。而周圍的幾家商店，直到週一上午才開始清理店面，工作的也都是普通員工。這時他們就只能眼巴巴看著斯潘塞的商店顧客盈門，財源滾滾。兩相對照，其他商店的老闆不得不佩服西夫管理有方。

以誠待人，人以誠待我。人性化的管理帶來員工們的忠心和熱誠，馬克斯─斯潘塞公司因此成為英國最大的鞋商，成為男子服裝及服裝出口最大的百貨公司，年營業額達七十多億美元。並且，斯潘塞公司在倫敦的連鎖店增長之快，以「世界上銷售最快的百貨店」而榮登金氏世界紀錄大全。一九九八年，馬克斯─斯潘塞公司又被英國《金融時報》評為世界聲望最佳公司中的第三十五名。

✡解析

我為人人，人人為我。斯潘塞公司的人性化管理，使得無論是領導者還是員工，都有家的感覺，並把自己看作是公司的一分子，因而對公司赤膽忠心，對工作盡心竭力。公司內部團結一心，努力創造最大的價值，有福同享，一旦公司遇到困難，也不離不棄，同舟共濟。總之，人性化管理成為斯潘塞公司迅速發展的利器。

李維公司「雇傭平等」

孔子提出「泛愛」的思想，要求君子「一視同仁」。無論是官員對待百姓，還是領導對待員工，都應該本著一碗水端平的原則，決不能厚此薄彼。但是，在企業招聘和人事提拔方面，卻往往存在著一些歧視現象，有悖於平等的原則。而我們將要說到的列維公司，卻能做到「一視同仁，雇傭平等」，贏得了良好的社會聲譽。

在市場上，存在著各種各樣的就業歧視，如性別歧視、種族歧視、犯罪前科歧視等。即使對已經聘僱的員工，也可能因為種族、性別等關係而厚此薄彼。而我們所要說到的李維公司，卻是一個「一視同仁，雇傭平等」的企業。

李維公司是由牛仔褲設計者、牛仔褲大王李維・斯特勞斯創立的，已經成為世界上最大的服裝公司。同大多數成功的企業一樣，李維公司的成功，在於對市場訊息的靈活捕捉，對消費者需求的注重，而與眾不同的是，李維公司對平等的追求近乎執著。

現任李維公司董事長李維・哈斯，在經營上有一個信條，那就是公司部分負責人必須是三十幾歲的年輕人。許多公司看重資歷和年齡，但李維公司更樂意給年輕人機會，他們認為年輕人能跟上時代步伐，不斷改進產品樣式和提高產品品質，更能迎合顧客的需要。

另外，李維公司招聘員工時，實行「一視同仁，雇傭平等」的原則，這使得李維公司贏得特殊好感。公司規定，不論是殘疾人、黑人、還是少數民族，或是有犯罪前科的人，也不論男女，都可以作為「李維」的員工。這些在就業中飽受歧視的人，一旦在李維公司找到工作，必然會心存感激，以公司為家，全心全意，與公司同舟共濟。據統計，在李維的從業人員中，有百分之三十八就屬於上述情況。不但雇傭平等，進入李維公司後，每個人都擁有平等的競爭機會，只要你有能力，就能獲得升遷。公司裡面就有不少殘疾人士擔任主要部門的經理職務。而董事長李維•哈斯的兒子、孫子，即使有哈佛文憑，也不一定可以擔任經理的職務。

一視同仁，雇傭平等，「李維」的這種用人策略，被人稱為「李維精神」，成為李維公司與眾不同的「企業文化」。這種精神，既增強員工的自豪還加強企業的凝聚力，而這海納百川的胸懷，也吸引著更多有才華的人效力李維公司。

✡解析

平等，是一個響亮而華麗的口號，但又有幾人能做到真正的平等？李維公司排除萬難，推行「雇傭平等，真是可敬可佩。企業的財富源自於社會和民眾，而李維公司的「雇傭平等，一視同仁」，正是企業回報社會的一種方式。企業內部公正平等，在社會上樹立的良好企業形象，更是無價之寶，比花費巨額廣告費宣傳更直接，更有效。

卷三　八佾

本篇共二十六章，主要涉及「禮」的思想，重點在於「禮」的維護。對此，孔子提出要正名分，認為名正則言順，言順則政令施。在孔子看來，君臣之道就是「君使臣以禮，臣事君以忠」。國家、社會或企業的良性發展，需要有效的管理來保駕護航。而保持有效管理的訣竅，在於正名定分，讓每個人各安其職，在其位而謀其政。如果「越俎代庖」，職責不明，就會相互干擾，造成管理混亂。如果尸位素餐，在其位而不謀其政，浪費資源不說，更會造成辦事效率的低下。

【原文】

孔子謂季氏①：「八佾②舞於庭，是可忍③，孰不可忍也？」

①季氏：魯國正卿季孫氏，即季平子。

②八佾：佾，行列的意思。古時一佾八人，八佾就是六十四人，據《周禮》規定，只有周天子才可以使用八佾，諸侯為六佾，卿大夫為四佾，士用二佾。季氏是正卿，只能用四佾。

③可忍：可以忍心。

孔子談到季氏，說，「他用六十四人在自己的庭院中奏樂舞蹈，這樣的事他都忍心去做，還有什麼事情不會狠心做出來呢？」

三家①者以《雍》徹②。
子曰：「『相維辟公，天子穆穆』③，奚取於三家之堂④？」

①三家：魯國當政的三家：孟孫氏、叔孫氏、季孫氏。他們都是魯桓公的後代，又稱「三桓」。
②《雍》：《詩經‧周頌》中的一篇。古代天子祭祀宗廟完畢撤去祭品時唱這首詩。
③相維辟公，天子穆穆：《雍》詩中的兩句。相，助。維，語助詞，無意義。辟公，指諸侯。穆穆：莊嚴肅穆。
④堂：接客祭祖的地方。

孟孫氏、叔孫氏、季孫氏三家在祭祖完畢撤去祭品時，命樂工唱《雍》這篇詩。孔子說：「《雍》詩上這兩句：『助祭的是諸侯，天子嚴肅靜穆地在那裡主祭。』這樣的意思，如何能用在這三家的廟堂裡呢？」

子曰：「人而不仁，如禮何？人而不仁，如樂何？」

孔子說：「一個人沒有仁德，如何能實行禮呢？一個人沒有仁德，如何能運用樂呢？」

林放①問禮之本。子曰：「大哉問！禮，與齊奢也，寧儉；喪，與其易②也，寧戚③。」

①林放：魯國人。

②易：治理。這裡指有關喪葬的禮節儀式辦理得很周到。

③戚：心中悲哀的意思。

林放問什麼是禮的根本。

孔子回答說：「你問的問題意義重大，就禮節儀式的一般情況而言，與其奢侈，不如節儉；就喪事而言，與其儀式上治辦周備，不如內心真正哀傷。」

子曰：「夷狄①之有君，不如諸夏②之亡③也。」

①夷狄：古代中原地區的人對周邊地區的貶稱，謂之不開化，缺乏教養，不知書達禮。

②諸夏：古代中原地區華夏族的自稱。

③亡：同無。古書中的「無」字多寫作「亡」。

孔子說：「夷狄雖然有君主，還不如中原諸國沒有君主呢。」

季氏旅①於泰山。

子謂冉有②曰：「女弗能救③與？」

對曰：「不能。」

子曰：「嗚呼！曾謂泰山不如林放乎？」

①旅：祭名。祭祀山川為旅。當時，只有天子和諸侯才有祭祀名山大川的資格。

②冉有：姓冉名求，字子有，生於西元前五二二年，孔子的弟子，比孔子小二十九歲。當時是季氏的家臣，所以孔子責備他。

③救：挽求、勸阻的意思。這裡指諫止。

季孫氏去祭祀泰山。

孔子對冉有說：「你難道不能勸阻他嗎？」

冉有說：「不能。」

孔子說：「唉！難道說泰山神還不如林放知禮嗎？」

子曰：「君子無所爭。必也射①乎！揖②讓而升，下而飲。其爭也君子。」

①射：原意為射箭。此處指古代的射禮。

②揖：拱手行禮，表示尊敬。

孔子說：「君子沒有什麼可與別人爭的事情。如果有的話，那就是射箭比賽了。比賽時，先相互作揖謙讓，然後上場。射完後，又相互作揖再退下來，然後登堂喝酒。這就是君子之爭。」

子夏問曰：「『巧笑倩兮，美目盼兮，素以爲絢兮。』①何謂也？」

子曰：「繪事後素②。」

曰：「禮後乎？」

子曰：「起予者商也③！始可與言《詩》已矣。」

① 巧笑倩兮，美目盼兮，素以為絢兮：前兩句見《詩經・衛風・碩人》篇。倩，笑得好看。兮，語助詞，相當於「啊」。盼：眼睛黑白分明。絢，有文采。

② 繪事後素：繪，畫。素，白底。

③ 起予者商也：起，啟發。予，我，孔子自指。商，子夏名商。

子夏問孔子：「『笑得真好看啊，美麗的眼睛真明亮啊，用素粉來打扮啊。』這幾句話是什麼意思呢？」

孔子說：「這是說先有白底然後畫畫。」

子夏又問：「那麼，是不是說禮也是後起的事呢？」

孔子說：「商，你真是能啟發我的人，現在可以同你討論《詩經》了。」

子曰：「夏禮，吾能言之，杞①不足徵②也；殷禮，吾能言之，宋③不足徵也。文獻④不足故也。足，則吾能徵之矣。」

① 杞：春秋時國名，是夏禹的後裔。在今河南杞縣一帶。

② 徵：證明。

③ 宋：春秋時國名，是商湯的後裔，在今河南商丘一帶。

④ 文獻：文，指歷史典籍；獻，指賢人。

孔子說：「夏朝的禮，我能說出來，但是它的後代—杞國不足以證明我的話；殷朝的禮，我能說出來，但它的後代—宋國不足以證明我的話。這都是由於文字資料和熟悉夏禮和殷禮的人不足的緣故。如果足夠的話，我就可以得到證明了。」

子曰：「禘①，自既灌②而往者，吾不欲觀之矣③。」

①禘：古代只有天子才可以舉行祭祀祖先的非常隆重典禮。
②灌：禘禮中第一次獻酒。
③吾不欲觀之矣：我不願意看了。

孔子說：「對於行禘禮的儀式，從第一次獻酒以後，我就不願意看了。」

或問禘之說①。子曰：「不知也，知其說者之於天下也，其如示諸斯②乎！」指其掌。

①禘之說：「說」，理論、道理、規定。禘之說，意為關於禘祭的規定。
②示諸斯：「斯」指後面的「掌」字。

有人問孔子關於舉行禘祭的規定。孔子說：「我不知道。知道這種規定的人，對治理天下的事，就會像把這東西擺在這裡一樣容易吧！」一面說，一面指著他的手掌。

祭如在，祭神如神在。子曰：「吾不與祭，如不祭。」

祭祀祖先就像祖先真在面前，祭神就像神真的在面前。孔子說：「我如果不親自參加祭祀，那就和沒有舉行祭祀一樣。」

王孫賈①問曰：「與其媚②於奧③，寧媚於灶④，何謂也？」子曰：「不然。獲罪於天⑤，吾所禱也。」

①王孫賈：衛靈公的大臣，時任大夫。
②媚：諂媚、巴結、奉承。
③奧：這裡指屋內位居西南角的神。

④灶：這裡指灶旁管烹飪做飯的神。
⑤天：以天喻君，一說天即理。

王孫賈問道：「與其奉承奧神，不如奉承灶神。這話是什麼意思？」
孔子說：「不是這樣的。如果得罪了天，那就沒有地方可以禱告了。」

子曰：「周監①於二代②，鬱鬱③乎文哉！吾從周。」

①監：同鑒，借鑒的意思。
②二代：這裡指夏朝和商朝。
③鬱鬱：文采盛貌。豐富、濃郁之意。

孔子說：「周朝的禮儀制度借鑒於夏、商二代，是多麼豐富多彩啊。我遵從周朝的制度。」

子入太廟①，每事問。
或曰：「孰謂鄹②人之子知禮乎？入太廟，每事問。」
子聞之，曰：「是禮也。」

① 太廟：君主的祖廟。魯國太廟，即周公旦的廟，供魯國祭祀周公。
② 鄹：春秋時魯國地名，又寫作「陬」，在今山東曲阜附近。「鄹人之子」指孔子。

孔子到了太廟，每件事都要問。
有人說：「誰說此人懂得禮呀，他到了太廟裡，什麼事都要問別人。」
孔子聽到此話後說：「這就是禮呀！」

子曰：「射不主皮①，為力不同科②，古之道也。」

① 皮：用善皮做成的箭靶子。
② 科：等級。

孔子說：「比賽射箭，不在於穿透靶子，因為各人的力氣大小不同。自古以來就是這樣。」

子貢欲去告朔①之餼羊②。子曰：「賜也！爾愛③其羊，我愛其禮。」

①告朔：朔，農曆每月初一為朔日。告朔，古代制度，天子每年秋冬之際，把第二年的曆書頒發給諸侯，告知每個月的初一日。
②餼羊：祭祀用的活羊。
③愛：愛惜的意思。

子貢提出去掉每月初一告祭祖廟用的活羊。孔子說：「賜，你愛惜那隻羊，我卻愛惜那種禮。」

子曰：「事君盡禮，人以爲諂也。」

孔子說：「我完完全全按照周禮的規定去事奉君主，別人卻以為這是諂媚呢。」

定公①問：「君使臣，臣事君，如之何？」
孔子對曰：「君使臣以禮，臣事君以忠。」

①定公：魯國國君，姓姬名宋，定是謚號。西元前五〇九—前四九五年在位。

魯定公問孔子：「君主怎樣使喚臣下，臣子怎樣事奉君主呢？」
孔子回答說：「君主應該按照禮的要求去使喚臣子，臣子應該以忠來事奉君主。」

子曰：「《關雎》①，樂而不淫，哀而不傷。」

①《關雎》：是《詩經》的第一篇。此篇寫君子「追求」淑女，思念時輾轉反側，寤寐思之的憂思，以及結婚時鐘鼓樂之、琴瑟友之的歡樂。

孔子說：「《關雎》這篇詩，快樂而不放蕩，憂愁而不哀傷。」

哀公問社①於宰我②。
宰我對曰：「夏后氏以松，殷人以柏，周人以栗，曰：使民戰慄③。」
子聞之，曰：「成事不說，遂事不諫，既往不咎。」

①社：土地神，祭祀土神的廟也稱社。
②宰我：名予，字子我，孔子的學生。
③戰慄：恐懼，發抖。

魯哀公問宰我，關於土地神的神主應該用什麼樹木，宰我回答：「夏朝用松樹，商朝用柏樹，周朝用栗子樹。用栗子樹的意思是說：使老百姓戰慄。」

孔子聽到後說：「已經做過的事不用提了，已經完成的事不用再去勸阻了，已經過去的事也不必再追究了。」

子曰：「管仲①之器小哉！」
或曰：「管仲儉乎？」
曰：「管氏有三歸②，官事不攝③，焉得儉？」
曰：「然則管仲知禮乎？」
曰：「邦君樹塞門④，管氏亦樹塞門。邦君為兩君之好，有反坫⑤，管氏亦有反坫。管氏而知禮，孰不知禮？」

① 管仲：姓管名夷吾，齊國人，春秋時期的法家先驅。齊桓公的宰相，輔助齊桓公成為諸侯的霸主，西元前六四五年死。
② 三歸：相傳是三處藏錢幣的府庫。
③ 攝：兼任。
④ 樹塞門：樹，樹立。塞門，屏蔽內外的門。
⑤ 反坫：宴樂嘉賓時置空酒杯的設備，用土製成。

孔子說：「管仲這個人的器量真是狹小呀！」

有人說：「管仲節儉嗎？」

孔子說：「他有三處豪華的藏金府庫，他家裡的管事也是一人一職而不兼任，怎麼談得上節儉呢？」

那人又問：「那麼管仲知禮嗎？」

孔子回答：「國君大門口設立塞門，管仲在大門口也設立塞門。國君同別國國君舉行會見時在堂上有放空酒杯的設備，管仲也有這樣的設備。如果說管仲知禮，那麼還有誰不知禮呢？」

子語①魯大師②樂，曰：「樂其可知也：始作，翕③如也；從④之，純⑤如也，皦如⑥也，繹⑦如也，以成。」

①語：告訴，動詞用法。
②大師：大師是樂官名。
③翕：意為合、聚、協調。

④從：意為放縱、展開。

⑤純：美好、和諧。

⑥皦如：音節分明。

⑦繹：連續不斷。

孔子對魯國樂官談論演奏音樂的道理說：「奏樂的道理是可以知道的：開始演奏，各種樂器合奏，聲音繁美；繼續展開下去，悠揚悅耳，音節分明，連續不斷，最後完成。」

儀封人①請見，曰：「君子之至於斯也，吾未嘗不得見也。」從者見之②。出曰：「二三子何患於喪③乎？天下之無道也久矣，天將以夫子爲木鐸④。」

①儀封人：儀為地名，在今河南蘭考縣境內。封人，係鎮守邊疆的官。

②從者見之：隨行的人見了他。

③喪：失去，這裡指失去官職。

④木鐸：木舌的銅鈴。古代天子發佈政令時搖動它以召集聽眾。

儀這個地方的長官請求見孔子，他說：「凡是君子到這裡來，我從沒有見不到的。」孔子的隨從引他去見了孔子。他出來後，對孔子的學生們說：「你們幾位何必為沒有官位而發愁呢？天下無道已經很久了，上天將以孔夫子為聖人來號令天下。」

子謂《韶》①：「盡美②矣，又盡善③也。」謂《武》：「盡美④矣，未盡善也。」

①韶：相傳是古代歌頌虞舜的一種樂舞。
②美：指樂曲的音調、舞蹈的形式而言。
③善：指樂舞的思想內容而言。
④武：相傳是歌頌周武王的一種樂舞。

孔子講到「韶」這一樂舞時說：「藝術形式美極了，內容也很好。」談到「武」這一樂舞時說：「藝術形式很美，但內容卻差一些。」

子曰：「居上不寬，爲禮不敬，臨喪不哀，吾何以觀之哉？」

孔子說：「居於執政地位的人，不能寬厚待人，行禮的時候不嚴肅，參加喪禮時也不悲傷，這種情況我怎麼能看得下去呢？」

贏家策略

唐朝「驅驢宰相」貽笑萬年

孔子講求名正言順，身正則令行，身不正則雖令不從。他指出，君臣、父子各安其命，各負其責，社會才能夠和諧、有序地發展。每個人都是社會這部機器的零件，各自有各自的作用。如果身處其中卻不能發生作用，甚至阻礙這部機器的正常運轉，則勢必會被丟棄。中國歷史上有一位元宰相，身居高位，卻不能辦實事，最後只能被遺棄在歷史的垃圾堆，落得遺臭萬年的下場。

「相」字的本意，是領著盲人走路，在此基礎上引申，有幫助、輔佐之義，而「宰相」之「相」就取自此義，而「宰」，是「主持」的意思。「宰相」合起來，就是「主持，輔助」。主持什麼？主持政務。輔助誰？自然是輔助皇帝。從「宰相」的字面含義，我們已經可以認識到宰相的職責。在中國歷史上，許多知名宰相，他們盡忠職守，兢兢業業，政績卓著，比如輔助秦始皇一統天下的李斯、西漢論功第一的開國名相蕭何、輔佐唐太宗開創「貞觀之治」的房玄齡、宋代變法拯救天下的名相王安石、明朝濟世救國的宰相張居正……當然，因為宰相位高權重，既可以經天緯地流芳百世，也能禍國殃民遺臭萬年，例如唐朝口蜜腹劍的李林甫，南宋賣國求榮的秦檜……在這，我們說到的是唐朝尸位素餐的宰相王及善，他被人稱為「驅驢宰相」，這是怎麼回事？

唐朝初期武則天當政，曾經任用王及善做內史。內史是中書省（中央朝廷起草政令的機構）的最高長官，與宰相無異，位高權重。但王及善何許人也？他不僅才學平庸，為人還很刻薄。他能成為內史，當時就有人在背後說成是「鳩集鳳池」。因為中書省掌管國家決策，最接近皇帝，魏晉時就稱中書省為「鳳凰池」。平凡的斑鳩麻雀竟然佔據顯貴的鳳凰池，可見時人對王及善的嗤之以鼻。王及善擔任宰相，沒有什麼政績值得稱道，倒是他制定的一條規定，使得他名揚天下。到底是什麼規定呢？原來宰相有監督百官的權力，王及善為顯示權位，就大做文章，作出規定，不允許官員們騎驢上班。為這事他還每天都要關照下屬，不讓驢進入官署。為嚴格實施這條規定，王及善還派人終日驅逐官員的驢子，有時甚至放著正事不做，親自驅趕。當時的人們感到又好氣又好笑，於是就送他一個外號：「驅驢宰相」。這實在是對宰相職位的莫大諷刺。

宰相位高權重，何等重要，這個「驅驢宰相」佔據宰相高位，每天不幫皇帝處理國家大事，卻忙著驅趕驢子，白白拿著國家俸祿。尸位素餐，徒然遺笑世人。

✡解析

王及善雖貴為宰相，卻如跳樑小丑。「驅驢宰相」的故事姑且可以一笑置之，其背後的深意卻需要嚴肅看待。孔子曾經斥責弟子冉有，作為季氏的家宰，卻不能糾正季氏的過失，其中說道：「周任有言曰：『陳力就列，不能者止。』危而不持，顛而不扶，則將焉用彼相矣？」佔據高位，卻不能盡忠職守，為國為家為企業謀取利益，反而不務正業，這不但是一種資源浪費，更會阻礙國家和企業的發展。

奧斯本電腦的消失

「陳力就列，不能者止」，能者居其位，才能發揮最大的作用。現代企業分工明確，各司其職，力能勝任，才能有效運轉。一旦一個部門、一位領導、或一位員工不能承擔職責，勢必會影響公司的整個發展趨勢。術業有專攻，奧斯本能力所限，不能勝任總裁的職位，才導致一家很有希望的公司從興盛走向最終的失敗。

奧斯本（Osborne）電腦曾經盛行一時，它以神話般不可思議的速度誕生，走向興盛，卻又以同樣速度走向毀滅，讓人感慨萬千。這其中的原因是什麼？

奧斯本電腦公司的創始人亞當・奧斯本（Adam Osborne），自青年時代始就以特立獨行而知名，自從踏入電腦行業，他同樣以其獨特的思維方式很快成為這個行業的風雲人物。他是筆記型電腦的發明者，這項發明帶來電腦業的技術革命。他的奧斯本電腦公司創建於一九八一年，由於他們生產的筆記型電腦結實耐用，方便攜帶，深受顧客歡迎，第一年的銷售額就高達一億美元，兩年內公司就成為擁有四億美元的大企業。但是在一九八三年，奧斯本電腦公司就陷入破產的境地。

打江山容易，守江山難，奧斯本就是一個善於創業卻不善於守業的人。他自己也承認在管理公司方面力不從心，自己是個成功的創業者，卻不能勝任經理的職務，因為不管是在財務還是在商業管理方面，他都是一個外行。事實證明，奧斯本確實沒有管理大公司的能力，在沒有打好堅實根基的情況下，他就不斷擴展業務，企業內部也沒有建立合適的管理制度，顯得混亂。他的管理不當，導致產品品質下滑，財務吃緊，交貨延誤更是家常便飯，他又常常錯估市場形勢，結果短短幾年，奧斯本公司就由發展的頂峰瞬間跌至谷底，經營失控，產品積壓，幾近倒閉。

為挽救公司，奧斯本任用羅伯特・喬內齊。喬內齊當時是芝加哥團結食品公司的管理人員，他本以為來到奧斯本公司，可以更好地施展自己的才能，殊不知，等待他的幾乎是一場災難。奧斯本公司組織鬆散，管理渙散，決策幼稚，責任不明，各項規章制度朝令夕改，這都讓喬內齊焦頭爛額。為更好地組織管理階層，他開始解雇部分高層領導人，卻又因此影響員工士氣。當他查閱公司賬目時，又發現公司莫名其妙短少一千萬美元。庫存加上無法回收的資金，喬內齊無奈之下只能取消讓奧斯本公司股票公開上市的計畫。

面臨這樣的情況，奧斯本依舊我行我素，絲毫不反省自己的錯誤，反而對喬內齊的管理橫加指責。在奧斯本電腦公司破產以後，奧斯本又多次開發新軟體，建立新公司，但與奧斯本電腦公司的發展軌跡一樣，這些新的公司都曇花一現，經過短暫的輝煌之後又很快走向毀滅。

✡解析

奧斯本電腦公司是一個失敗的傳奇，它的直線墜落，清楚說明，管理，就是公司的生命。好的管理者和秩序，將公司帶向輝煌，反之，則難免失敗的命運。好的管理，可以調動各部門互相合作，共同進步。管理貴在嚴明，決策重在執行。不管是高層管理者還是基層生產者，只要按部就班做好自己的事情，企業才會興盛。

▼總裁辭職，摩托羅拉正常運行

「各安其責」，有序運行，方能處變不驚，平穩過渡。無論國家、企業出現什麼樣的變故，只要每個人堅守自己的職責，國家、企業就不會混亂，就會正常運行下去，而不會成為無頭蒼蠅。總裁辭職，摩托羅拉正常運行就是這個道理。

一九九四年，喬治・費希爾辭去摩托羅拉公司的總裁職務，跳槽到柯達公司。高層的變動引起外界極大震驚，人們紛紛表示擔憂，摩托羅拉將會走向何處？然而，摩托羅拉並沒有如人們擔心的那樣出現大波動。

二〇〇三年一月十三日，摩托羅拉美國總部又傳來令人震驚的消息，上任才兩年半、五十一歲的摩托羅拉全球總裁兼首席運營長麥克・紮菲洛夫斯基決定辭職。又一次高層變動！摩托羅拉能經受得起嗎？事實證明，儘管總裁突然辭職，但摩托羅拉內部卻未受到影響。據消息聲稱，總裁辭職的當日，紐約證券交易所裡摩托羅拉的股價也僅僅下跌十四美分。

二〇〇三年九月二十五日，又一條使業界震驚的消息傳出：摩托羅拉公司董事會主席兼任首席執行官高爾文宣佈退休！短短一年之內，摩托羅拉公司高層接二連三的變動！摩托羅拉還能夠正常運行嗎？

答案依然是肯定的。雖然幾經變動，摩托羅拉公司還是堅持下來，正常運行！原因何在？

據摩托羅拉官方聲稱，總裁辭職將不會影響到公司的正常運行。摩托羅拉公司能夠取得今天的業績，並不依賴於某一位高層領導的某一決策，而是一個團隊的集體智慧在領導著公司前進。這個優秀管理團隊為公司所制定的方向性策略不會輕易改變。公司也不會因為任何的高層變動而動搖公司發展的方向，無論何時，公司都會堅持走在既定的軌道上，並在最合適的時機進行最合適的轉型。

按照哈佛大學商學院教授肖那•佐伯夫的說法，摩托羅拉公司之所以沒有因為高層變動而發生大的波動，最根本的原因就是公司的職權分散。他說，職權分散，也就是職權分擔。摩托羅拉有著優秀的管理團隊，職權又被分散到各個獨立的單位，甚至分散到個人。只要大家都能做好正確的工作，摩托羅拉就會正常運行。同時，摩托羅拉鼓勵每個員工都參與公司的管理，員工可以參加經理座談會、業績報告會，可以在公司網頁上反映問題，提出建議，也可以直接找管理層。

完善的管理制度，讓摩托羅拉的員工、經理和總裁，同時成為公司管理團隊的一員。總裁辭職，還有大家在。就是靠著這些，摩托羅拉以驚人的承受能力度過高層變動的打擊。

✯解析

國不可一日無君，家不可一日無主，一個有效的管理者，無論是對國家還是企業，都至關重要，但過分依賴這個管理者，一旦遇到突發情況又往往會措手不及，損失慘重。摩托羅拉的例子清楚表明，建立完善的企業管理制度和組建優秀的領導團隊，使人們各司其職，有條不紊，可以增強企業的抗壓性，使企業走上穩定、健康的發展軌道。

論語智慧

卷四　里仁

本篇主要談及君子的為人處世之道，尤其強調「仁」。孔子告誡人們，「里仁為美」，要慎重選擇自己的合作夥伴和生活環境，須知「近朱者赤，近墨者黑」。孔子還教誨人們做仁者，「仁者安仁，智者利仁」，以仁義待人，人則以仁義待我，雙方共求利益的最大化。

【原文】

子曰：「里仁爲美①。擇不處仁②，焉得知③？」

①里仁為美：里，住處，作動詞用。住在有仁者的地方才好。
②處：居住。
③知：同智。

孔子說：「跟有仁德的人住在一起，才是好的。如果選擇的住處不是跟有仁德的人在一起，怎麼能說是明智的呢？」

子曰：「不仁者，不可以久處約①，不可以長處樂。仁者安仁②，知者利仁。」

①約：窮困、困窘。
②安仁、利仁：安仁是安於仁道；利仁，認為仁有利自己才去行仁。

孔子說：「沒有仁德的人無法長久地處在貧困中，也無法長久地處在安樂中。仁人是安於仁道的，有智慧的人則是知道仁對自己有利才去行仁的。」

子曰：「唯仁者，能好①人，能惡②人。」

①好：喜愛的意思。作動詞用。
②惡：憎惡、討厭。作動詞用。

孔子說：「只有那些有仁德的人，才能愛人和恨人。」

子曰：「苟志於仁矣，無惡也。」

孔子說：「如果立志於仁，就不會做壞事了。」

子曰：「富與貴，是人之所欲也；不以其道得之，不處也。貧與賤，是人之惡也；不以其道得之，不去也。君子去仁，惡乎成名。君子無終食之間違仁，造次必於是，顛沛必於是。」

孔子說：「富裕和顯貴是人人都想要得到的，但不用正當的方法得到它，就無法享受；貧窮與低賤是人人都厭惡的，但不用正當的方法去擺脫它，就無法擺脫掉。君子如果離開了仁德，又怎麼能叫君子呢？君子沒有一頓飯的時間背離仁德的，就是在最緊迫的時刻也必須按照仁德辦事，就是在顛沛流離的時候，也一定會按仁德去辦事的。」

子曰：「我未見好仁者，惡不仁者。好仁者，無以尙之；惡不仁者，其爲仁矣，不使不仁者加乎其身。有能一日用其力於仁矣乎？我未見力不足者。蓋有之矣，我未之見也。」

孔子說：「我沒有見過愛好仁德的人，也沒有見過厭惡不仁的人。愛好仁德的人，是不能再好的了；厭惡不仁的人，在實行仁德的時候，不讓不仁德的人影響自己。有一整天把自己的力量用在實行仁德上嗎？我還沒有看見力量不夠的。這種人可能還是有的，但我沒見過。」

子曰：「人之過也，各於其黨。觀過，斯知仁矣。」

孔子說：「人們的錯誤，總是與他身邊的人所犯錯誤性質是一樣的。所以，考察一個人所犯的錯誤，就可以知道他沒有仁德了。」

子曰：「朝聞道，夕死可矣。」

孔子說：「早晨得知了道，就是當天晚上死去也甘心。」

子曰：「士志於道，而恥惡衣惡食者，未足與議也。」

孔子說：「士有志於學習和實行聖人的道理，但又以自己吃穿得不好為恥辱，這種人，是不值得與他談論道的。」

子曰：「君子之於天下也，無適①也，無莫②也，義③之於比④。」

①適：意為親近、厚待。

②莫：疏遠、冷淡。

③義：適宜、妥當。

④比：親近、相近、靠近。

孔子說：「君子對於天下的人和事，沒有固定的厚薄親疏，只是按照義去做。」

子曰：「君子懷①德，小人懷土②；君子懷刑③，小人懷惠。」

①懷：思念。

②土：鄉土。

③刑：法制懲罰。

孔子說：「君子思念的是道德，小人思念的是鄉土；君子想的是法制，小人想的是恩惠。」

子曰：「放①於利而行，多怨②。」

①放：同仿，傚法，引申為追求。

②怨：別人的怨恨。

孔子說：「為追求利益而行動，就會招致更多的怨恨。」

子曰：「能以禮讓爲國乎，何有①？不能以禮讓爲國，如禮何②？」

①何有：全意為「何難之有」，即不難的意思。

②如禮何：把禮怎麼辦？

孔子說：「能夠用禮讓原則來治理國家，那還有什麼困難呢？不能用禮讓原則來治理國家，如何能實行禮呢？」

子曰：「不患無位，患所以立；不患莫己知，求爲可知也。」

孔子說：「不怕沒有官位，就怕自己沒有學到賴以站得住腳的東西。不怕沒有人知道自己，只求自己成為有真才實學值得為人們知道的人。」

子曰：「參乎！吾道一以貫之。」
曾子曰：「唯。」
子出。門人問曰：「何謂也？」
曾子曰：「夫子之道，忠恕而已矣。」

孔子說：「參啊，我講的道是由一個基本的思想貫徹始終的。」
曾子說：「是。」

孔子出去之後，同學便問曾子：「這是什麼意思？」曾子說：「老師的道，就是忠恕吧了。」

子曰：「君子喻於義，小人喻於利。」

孔子說：「君子明白大義，小人只知道小利。」

子曰：「見賢思齊焉；見不賢而內自省也。」

孔子說：「見到賢人，就應該向他學習、看齊；見到不賢的人，就應該自我反省自己是否有與他相類似的錯誤。」

子曰：「事父母幾①諫，見志不從，又敬不違，勞②而不怨。」

①幾：輕微、婉轉的意思。

②勞：憂愁、煩勞的意思。

孔子說：「事奉父母，若父母有不對的地方，要委婉地勸說他們。若見父母心裡不願聽從，還是要對他們恭恭敬敬，不違抗，替他們操勞而不怨恨。」

子曰：「父母在，不遠遊①，遊必有方②。」

①遊：指遊學、經商等外出活動。

②方：一定的地方。

孔子說：「父母在世，不遠離家鄉；如果不得已要出遠門，也必須有一定的地方。」

子曰：「父母之年，不可不知也。一則以喜，一則以懼。」

孔子說：「父母的年紀，不可不知且需常常記在心裡。一方面為他們的長壽而高興，一方面又為他們的衰老而恐懼。」

子曰：「古者言之不出，恥躬之不逮也。」

孔子說：「古代人不輕易把話說出口，因為他們以自己做不到為可恥啊。」

子曰：「以約①失之者鮮矣。」

①約：約束。這裡指「約之以禮」。

孔子說：「用禮來約束自己，再犯錯誤的人就少了。」

子曰：「君子欲訥①於言而敏②於行。」

①訥：遲鈍。這裡指說話要謹慎。

②敏：敏捷、快速的意思。

孔子說：「君子說話要謹慎，而行動要敏捷。」

子曰：「德不孤，必有鄰。」

孔子說：「有道德的人是不會孤立的，一定會有思想一致的人與他相處。」

子游曰：「事君數①，斯②辱矣；朋友數，斯疏矣。」

①數：屢次、多次，引申為煩瑣的意思。

②斯：就。

子游說：「事奉君主太過煩瑣，就會受到侮辱；對待朋友太煩瑣，就會被疏遠了。」

贏家策略

鮑叔牙提攜朋友管仲

孔子的處事之道強調「裡仁為美」，要依靠這個條件選擇自己的生活環境、合作夥伴。與善人為友，如入蘭花之園，不聞卻香。選擇好的朋友會提升自己，否則會損害自己。蘇軾因為擇友不慎，才會有「烏台之案」，而管仲正是因為擁有好友鮑叔牙，才成就自己的一生。

管仲，是春秋時期霸主齊桓公的宰相，他非常有政治才能，得到齊桓公的重用。他的成功，與他的好友鮑叔牙密不可分。

管仲和鮑叔牙是同鄉，從小就十分要好。他們都勤奮好學，胸懷大志。但當時管仲家裡比較窮，又有老母親要侍奉，而管仲十分好強，不肯開口向比較富裕的鮑叔牙借錢。鮑叔牙知道後，就主動找到管仲，請他合夥做生意，且不需要管仲投入金錢，只要好好操持生意就可以了。可是由於偶然的天氣情況，他們的一批貨遭受巨大損失，沒有賺到什麼錢。到分紅的時候，鮑叔牙分給管仲的比自己的還多。管仲當時特別感動，認定像鮑叔牙這麼宅心仁厚的朋友，才是真正的朋友。

後來，兩人又一起參加戰爭，每次發起進攻，管仲都不勇猛衝擊，戰友們就說他是貪生怕死之徒。鮑叔牙卻對旁人的議論不以為然，因為他知道管仲不是怕死，而是想活著回家照顧老母。於是他經常替管仲辯解，管仲聽說後不禁感歎，鮑叔牙對我的瞭解，超過了我的生身父母啊！又一次從內心認定，像鮑叔牙這樣體諒朋友的人，才是真正可交的朋友。

兩人才華出眾，引起國君的兩位弟弟公子糾和公子小白的注意，管仲成為公子糾的老師，鮑叔牙則追隨公子小白。後來國君被殺，兩位公子爭奪王位，結果公子糾失敗，公子小白繼位，就是齊桓公。為治理好國家，桓公向鮑叔牙諮詢良方。鮑叔牙告訴他，需要才幹過人的賢才輔助他。桓公說：「您的才能不足以輔助我嗎？」鮑叔牙便說管仲比自己更有才幹，更能輔助桓公。桓公一聽就生氣了，因為在和公子糾爭奪王位時，管仲為讓公子糾獲勝，曾經射過他一箭，還好射偏沒有危及性命。桓公對此事一直耿耿於懷，對管仲也恨之入骨。但鮑叔牙極力勸說桓公，桓公終於被鮑叔牙一片至誠之心所打動，最後請管仲作宰相，並代替鮑叔牙的位子。管仲聽說此事後，再次認定鮑叔牙這樣正直、不嫉妒朋友的人，才可作生死之交。

管鮑二人同心協力輔助桓公，把齊國治理得井井有條，國富兵強。不久，齊國就成為當時的霸主。沒有鮑叔牙，就沒有管仲的成功！

✡解　析

韓信一生，成也蕭何，敗也蕭何，可見一個人對另一個人的影響有多大。管仲一生，有友鮑叔牙是他的福氣，他無疑是幸運的。而在現實生活中，有多少人交到損友！近朱者赤，近墨者黑。判斷一個人的品質，透視一個人的前景，從他的朋友或者競爭對手身上，往往可看出端倪。兩千多年以前，孟母三遷，故孟子能成「亞聖」。今天，我們在商場、官場上，也要慎重選擇合作夥伴，也許成敗就孕育其中。

日本的「同仁企業」——虎牌公司的崛起

獨木不成林，單兵不成軍。個人力量是渺小的，要想獲得更大的成績，就需要來自各個方面的幫助。這種幫助，可以來自其他國家或者企業，也可以來自內部百姓和員工。虎牌公司，就是和員工共同成長的企業。

日本ASICS體育用品公司，成立於二戰後的廢墟上，最初只是一家小運動鞋公司，主要產品是虎牌運動鞋。但是在創始人鬼塚喜八郎的苦心經營下，這家公司逐漸成為一家世界級體育用品公司。它的崛起，是鬼塚喜八郎以仁義待人的結果。

一九五〇年，鬼塚喜八郎還只是一個小商人，由於身體很差，長期臥病在床，他把企業發展的希望寄託在公司同仁身上。但當時公司還沒有起色，要找到能夠任勞任怨工作的員工，有很大的困難。喜八郎於是精心挑選出一、二十名大學剛剛畢業的年輕人，誠心誠意許下自己的承諾：「等到事業有所成就，所有員工將共享成果！」喜八郎的真誠和熱切，讓這些年輕人既感激又振奮，他們不遺餘力地工作，把公司的事業當作自己的事業。後來證明，喜八郎沒有看錯他的員工，他的員工也沒有看錯這位老闆。

己欲立而立人，己欲達而達人，大病過後，喜八郎暫時放棄擴建廠房的計畫，投入巨額資金建立專門的職工培訓場所——虎字學校，用來培訓員工。這種培訓讓低學歷員工得到與高學歷員工一樣的待遇資格。而高學歷員工通過再學習，百尺竿頭，更進一步。就這樣，團結進取的企業氛圍和高素質的企業員工，一步步把虎牌運動鞋公司推向成功。

在創業的第十年，公司已經穩定壯大，喜八郎在慶祝會上做出一個驚人的決定。把公司百分之七十的股權利益分給所有員工！這一決定遭到喜八郎家人的反強烈對，但是他堅持人要有誠信，堅決兌現自己當初的承諾。

面對如此守信的老闆，員工們熱淚盈眶，精神振奮，他們精誠團結，以公司為家，願意為公司付出一切。當公司遇到困難的時候，他們忘我地維護公司利益。一九七二年，第四次中東戰爭爆發，能源缺乏導致日本經濟陷入危機，喜八郎的公司也減產一半。但是在這種情況下，喜八郎堅持，員工工資不會少一分錢！公司陷入危機，員工們也憂心忡忡，有五十名職員自願申請提前退休，以減輕公司的負擔。很多職工要求減發工資，停發年終獎金，與公司共渡難關。危機並沒有打垮喜八郎和他的員工們，反而讓他們更加團結。一年後，能源危機解除，市場走向穩定，虎牌運動鞋也恢復往昔的生機和活力。

喜八郎仁義待人，員工們投桃報李，眾志成城之下，鬼氏虎牌運動鞋公司漸漸發展成為今天的ASICS國際體育用品公司，走進了世界著名跨國公司的行列。

✵解析

「一個籬笆三個樁，一個好漢三個幫。」，個人的力量是渺小的，成功往往是精誠合作的結果，選擇值得信賴的合作夥伴，至關重要。但信賴是雙向的，而仁義就是這雙向的橋樑。喜八郎的故事告訴我們，一個企業的發展壯大，離不開老闆和員工的相互信賴，精誠團結。投之以桃，報之以李，如果老闆把員工的發展看作是公司的發展，那麼員工也會把公司的發展看作是自己的發展，則這個企業必將所向無敵。我以仁義待人，人以仁義待我，這是喜八郎給我們的啟示。

時代公司：娛樂業的合作之路

人們易受外部事物的影響，所以孔子要求「勿友不如己者」，慎重選擇自己的朋友、生活環境、甚至是自己的競爭對手。做人希望有好友，上班希望有好的同事，經商當然要選擇適合自己的夥伴。時代－華納在娛樂業裡的合作美談，也許會給予我們很好的啟迪。

一九二四年，亨利・路絲和佈雷頓・哈登辭去在《巴爾的摩新聞》的新聞報導工作，成立時代公司並編輯出版新的雜誌——《時代》。在之後的三十五年中，時代公司經由一系列的收購活動，鞏固公司在市場中的地位，並使公司的業務多樣化。

現在，時代公司已經成為全球新聞和娛樂行業的領導者，不但出版書籍和雜誌，還發送有線電視節目，並擁有經營地方有線電視的特許權。

實際上，早在一九八三和一九八四年，時代公司的執行董事會就已經開始重新審視公司的長期目標。時代公司的管理層覺得，雖然公司的雜誌仍然可以繼續盈利，但是增長速度卻不夠快。一九八八年初，時代公司董事會意識到，想要保持公司在新聞和娛樂業的卓越地位，就必須與占主導地位的電視產業進行合作，於是他們開始尋求合作對象。一九八八年七月，時代的兩個投資銀行西爾斯萊門・哈頓和瓦塞斯德恩・帕瑞拉公司，交給董事會一份有助於實現其長期戰略的合併名單：華納、派拉蒙、哥倫比亞、迪士尼、二十世紀福斯和MCA。緊接著，董事會開始對這幾個潛在的合作夥伴進行考察、分析與審核。

哥倫比亞國際影業主要經營電影、電視和展示會業務。在娛樂業方面具有重要地位和凝聚力，但是他缺少地方有線特許業務。

迪士尼是一家從事家庭娛樂業的多元化國際公司。它經營遊樂園和度假場所的電影娛樂和消費品。但同樣，迪士尼缺少地方有線特許業務，而主要依賴度假場所帶來的百分之七十的利潤。

二十世紀福斯是一個完全為新聞公司擁有的子公司。它涉及電影娛樂業、製作和播放電影和電視節目。它同樣缺少主要的有線特許業務。

MCA的業務包括電影娛樂、音樂娛樂、零售和郵件訂貨、書籍出版、玩具製造、廣播和其他經營活動。但如果收購MCA，還是無法獲得地方有線特許權。另外，即使MCA在影音娛樂界佔有重要地位，但房地產才是MCA的主要業務。

這樣，剩下的華納和派拉蒙公司就引起董事會的注意。而由於華納公司的業務遍及全世界，同時具有強大的發行能力。因此，董事會認為，與華納合作，將會使時代公司具有廣闊的發展空間。

隨後，時代和華納開始進行合併的商討。一九九〇年，兩個公司的董事會一致通過建立新公司的決議，新公司被命名為時代—華納股份有限公司。新公司建立後，時代公司仍然保留《時代》雜誌在編輯上的獨立性。

這次合併明顯加強時代的發送特許權，因為它與世界上最成功的節目製作者——華納兄弟聯合在一起。合併後，公司的經營多樣化，將使它成為更富生命力的競爭者。同時還擁有大量資源——既有財務資源又有富有創造性的資源。而這個結果，正是時代公司和華納公司所希望看到的雙贏的結果。

✡解　析

商場如戰場，孤軍奮戰難免力不從心，而且風險大。為追求利潤最大化，公司之間的收購、合併或合作屢見不鮮，而如何選擇合作夥伴，就非常重要。知己知彼，百戰不殆，在選擇合作夥伴前，一定要充分調查。時代公司明智地選擇合作夥伴，使得時代的地位更加穩固，時代—華納的合併已經成為娛樂界的美談。

論語智慧

卷五　公冶長

本篇內容涉及孔子對弟子的評價，處處閃耀著孔子「仁」的光輝。孔子稱讚公冶長的善良，南容的謹慎，子賤是個君子，子路有理政才能，當然，他也批評宰予「朽木不可雕也」。孔子評價人，以「仁」為基本準則，教導弟子德才兼備，認為「巧言、令色、足恭，匿怨而友其人」是可恥的。另外，他「老者安之，朋友信之，少者懷之」的願望，又表明自己的博愛、誠信和無私。

【原文】

子謂公冶長①：「可妻也。雖在縲絏②之中，非其罪也。」以其子③妻之。

①公冶長：姓公冶名長，齊國人，孔子的弟子。
②縲紲：捆綁犯人用的繩索，這裡借指牢獄。
③子：古時無論兒、女均稱子。

孔子評論公冶長說：「可以把女兒嫁給他，他雖然被關在牢獄裡，但這並不是他的罪過呀。」於是，孔子就把自己的女兒嫁給了他。

子謂南容①：「邦有道②，不廢③；邦無道，免於刑戮④。」以其兄之子妻之。

①南容：姓南宮名適，字子容。孔子的學生，通稱他為南容。
②道：孔子這裡所講的道，是說國家的政治符合最高的和最好的原則。

③ 廢：廢置，不任用。
④ 刑戮：刑罰。

孔子評論南容說：「國家有道時，他有官做；國家無道時，他也可以免去刑戮。」於是把自己的侄女嫁給了他。

子謂子賤①：「君子哉若人②！魯無君子者，斯焉取斯③？」

① 子賤：姓宓，名不齊，字子賤。生於西元前五二一年，比孔子小四十九歲。
② 若人：這個，此人。
③ 斯焉取斯：斯，此。第一個「斯」指子賤，第二個「斯」字指子賤的品德。

孔子評論子賤說：「這個人真是個君子呀。如果魯國沒有君子的話，他是從哪裡學到這種品德的呢？」

子貢問曰：「賜也何如？」
子曰：「女，器也。」
曰：「何器也？」
曰：「瑚璉①也。」

①瑚璉：古代祭祀時盛糧食用的器具。

子貢問孔子：「我這個人怎麼樣？」
孔子說：「你呀，好比一個器具。」
子貢又問：「是什麼器具呢？」
孔子說：「是瑚璉。」

或曰：「雍①也仁而不佞②。」
子曰：「焉用佞？御人以口給③，屢憎於人。不知其仁④，焉用佞？」

①雍：姓冉名雍，字仲弓，生於西元前五二二年，孔子的學生。
②佞：能言善辯，有口才。
③口給：言語便捷、嘴快話多。
④不知其仁：指有口才者有仁與否不可知。

有人說：「冉雍這個人有仁德但不善辯。」
孔子說：「何必要能言善辯呢？靠伶牙利齒和人辯論，常常招致別人的討厭，這樣的人我不知道他是不是做到仁了，但何必要能言善辯呢？」

子使漆雕開①仕。對曰：「吾斯之未能信。」子說②。

①漆雕開：姓漆雕名開，字子開，一說字子若，生於西元前五四〇年，孔子的門徒。
②說：同「悅」。

與。

孔子讓漆雕開去做官。漆雕開回答說：「我對做官這件事還沒有信心。」孔子聽了很高興。

子曰：「道不行，乘桴①浮於海。從②我者，其由與？」
子路聞之喜。
子曰：「由也好勇過我，無所取材。」

①桴：用來過河的木筏。
②從：跟隨、隨從。

孔子說：「如果我的主張行不通，我就乘上木筏到海外去。能跟從我的大概只有仲由吧！」
子路聽到這話很高興。
孔子說：「仲由啊，好勇超過了我，其它沒有什麼可取的才能。」

孟武伯問子路仁乎？

子曰：「不知也。」

又問。

子曰：「由也，千乘之國，可使治其賦①也，不知其仁也。」

「求也何如？」

子曰：「求也，千室之邑②，百乘之家③，可使爲之宰④也，不知其仁也。」

「赤⑤也何如？」

子曰：「赤也，束帶立於朝⑥，可使與賓客⑦言也，不知其仁也。」

①賦：兵賦，向居民徵收的軍事費用。

②千室之邑，邑是古代居民的聚居點，大致相當於後來城鎮。有一千戶人家的大邑。

③百乘之家：指卿大夫的采地，當時大夫有車百乘，是采地中的較大者。

④宰：家臣、總管。

⑤赤：姓公西名赤，字子華，生於西元前五〇九年，孔子的學生。

⑥束帶立於朝：指穿著禮服立於朝廷。

⑦ 賓客：指一般客人和來賓。

孟武伯問孔子：「子路做到了仁吧？」

孔子說：「我不知道。」

孟武伯又問。

孔子說：「仲由嘛，在擁有一千輛兵車的國家裡，可以讓他管理軍事，但我不知道他是不是做到了仁。」

孟武伯又問：「冉求這個人怎麼樣？」

孔子說：「冉求這個人，可以讓他在一個有千戶人家的公邑或有一百輛兵車的采邑裡當總管，但我也不知道他是不是做到了仁。」

孟武伯又問：「公西赤又怎麼樣呢？」

孔子說：「公西赤嘛，可以讓他穿著禮服，站在朝廷上，接待貴賓，我也不知道他是不是做到了仁。」

子謂子貢曰：「女與回也，孰愈①？」對曰：「賜也，何敢望回？回也，聞一以知十；賜也，聞一知二。」子曰：「弗如也；吾與②女，弗如也。」

①愈：勝過、超過。
②與：贊同、同意。

孔子對子貢說：「你和顏回兩個相比，誰更好一些呢？」子貢回答說：「我怎麼敢和顏回相比呢？顏回他聽到一件事就可以推知十件事；我呢，知道一件事，只能推知兩件事。」孔子說：「是不如他呀，我同意你說的，是不如他。」

宰予晝寢。子曰：「朽木不可雕也，糞土①之牆不可杇②也。於予與何誅③？」子曰：「始吾於人也，聽其言而信其行；今吾於人也，聽其言而觀其行。於予與④改是。」

①糞土：腐土、髒土。
②杇：抹牆用的抹子。這裡指用抹子粉刷牆壁。
③誅：意為責備、批評。
④與：語氣詞。

宰予白天睡覺。孔子說：「腐朽的木頭無法雕刻，糞土壘的牆壁無法粉刷。對於宰予這個人，責備還有什麼用呢？」

孔子說：「起初我對於人，是聽了他說的話便相信他的行為；現在我對於人，聽了他講的話還要觀察他的行為。在宰予這裡我改變了觀察人的方法。」

子曰：「吾未見剛者。」
或對曰：「申棖①。」
子曰：「棖也慾，焉得剛？」

① 申棖：姓申名棖，字周，孔子的學生。

孔子說：「我沒有見過剛強的人。」
有人回答說：「申棖就是剛強的。」
孔子說：「申棖這個人慾望太多，怎麼能剛強呢？」

子貢曰：「我不欲人之加諸我也，吾亦欲無加諸人。」
子曰：「賜也，非爾所及也。」

子貢說：「我不願別人強加於我的事，我也不願強加在別人身上。」
孔子說：「賜呀，這就不是你所能做到的了。」

子貢曰：「夫子之文章①，可得而聞也；夫子之言性②與天道③，不可得而聞也。」

① 文章：這裡指孔子傳授的詩書禮樂等。

② 性：人性。

③ 天道：天命。

子貢說：「老師講授的禮、樂、詩、書的知識，依靠耳聞是能夠學到的；老師講授的人性和天道的理論，依靠耳聞是不能夠學到的。」

子路有聞，未之能行，唯恐有聞。

子路在聽到一條道理但未能親自實行的時候，惟恐又聽到新的道理。

子貢問曰：「孔文子①何以謂之『文』也？」子曰：「敏②而好學，不恥下問，是以謂之『文』也。」

①孔文子：衛國大夫孔圉，「文」是謚號，「子」是尊稱。

②敏：敏捷、勤勉。

子貢問道：「為什麼給孔文子一個『文』的謚號呢？」孔子說：「他聰敏勤勉而好學，不以向地位卑下的人請教為恥，所以給他謚號叫『文』。」

子謂子產①有君子之道四焉：「其行己也恭，其事上也敬，其養民也惠，其使民也義。」

①子產：姓公孫名僑，字子產，鄭國大夫，做過正卿，是鄭穆公的孫子，為春秋時鄭國的賢相。

孔子評論子產有君子的四種道德：「他自己行為莊重，他事奉君主恭敬，他養護百姓有恩惠，他役使百姓有法度。」

子曰：「晏平仲①善與人交，久而敬之②。」

①晏平仲：齊國的賢大夫，名嬰。「平」是他的謚號。

②久而敬之：「之」在這裡代指晏平仲。

孔子說：「晏平仲善於與人交朋友，相識久了，別人仍然尊敬他。」

子曰：「臧文仲①居蔡②，山節藻棁③，何如其知也？」

①臧文仲：姓臧孫名辰，「文」是他的謚號。因不遵守周禮，被孔子指責為不仁、不智。

②蔡：國君用以占卜的大龜。蔡這個地方產龜，所以把大龜叫做蔡。

③山節藻棁：節，柱上的斗拱。棁，房樑上的短柱。把斗拱雕成山形，在棁上繪以水

草花紋。這是古時裝飾天子宗廟的做法。

孔子說：「臧文仲藏了一隻大龜，藏龜的屋子斗拱雕成山的形狀，短柱上畫以水草花紋，他這個人怎麼能算是有智慧呢？」

子張問曰：「令尹子文①三仕爲令尹，無喜色；三已②之，無慍色。舊令尹之政，必以告新令尹。何如？」

子曰：「忠矣。」

曰：「仁矣乎？」

曰：「未知，焉得仁？」

「崔子③弒④齊君⑤，陳文子⑥有馬十乘，棄而違之。至於他邦，則曰，『猶吾大夫崔子也。』違之；之一邦，則又曰：『猶吾大夫崔子也。』違之。何如？」

子曰：「清矣。」

曰：「仁矣乎？」

曰：「未知，焉得仁？」

①令尹子文：令尹，楚國的官名，相當於宰相。子文是楚國的著名宰相。
②三已：三，指多次。已，罷免。
③崔子：齊國大夫崔杼，曾殺死齊莊公，在當時引起極大震撼。
④弒：地位在下的人殺了地位在上的人。
⑤齊君：即指被崔杼所殺的齊莊公。
⑥陳文子：陳國的大夫，名須無。

子張問孔子說：「令尹子文幾次做楚國宰相，沒有顯出高興的樣子，幾次被免職，也沒有顯出怨恨的樣子。他每一次被免職時，一定把自己的一切政事全部告訴給來接任的新宰相。你看這個人怎麼樣？」

孔子說：「可算得是忠了。」

子張問：「算得上仁了嗎？」

孔子說：「不知道。這怎麼能算得上仁呢？」

子張又問：「崔杼殺了他的君主齊莊公，陳文子家有四十匹馬，都捨棄不要了，離開齊國，到另一個國家，他說，這裡的執政者也和我們齊國的大夫崔子差不多，就離開了。到了另一個國家，又說，這裡的執政者也和我們的大夫崔子一樣，又離開了。這個人你看怎麼樣？」

孔子說：「可算得上清高了。」

子張說：「可說是仁了嗎？」

孔子說：「不知道。這怎麼能算得上仁呢？」

季文子①三思而後行。子聞之，曰：「再，斯②可矣。」

①季文子：即季孫行父，魯成公、魯襄公時任正卿，「文」是他的謚號。

②斯：就。

季文子每做一件事都要考慮多次。孔子聽到了，說：「考慮兩次也就行了。」

子曰：「寧武子①，邦有道，則知；邦無道，則愚②。其知可及也，其愚不可及也。」

①寧武子：姓寧名俞，衛國大夫，「武」是他的謚號。

②愚：這裡是裝傻的意思。

孔子說：「寧武子這個人，當國家有道時，他就顯得聰明，當國家無道時，他就裝傻。他的那種聰明別人可以做得到，他的那種裝傻別人就做不到了。」

子在陳①曰：「歸與！歸與！吾黨之小子②狂簡③，斐然④成章，不知所以裁⑤之。」

①陳：古國名，大約在今河南東部和安徽北部一帶。

②吾黨之小子：古代以五百家為一黨。吾黨意即我的故鄉。小子，指孔子在魯國的學生。

③狂簡：志向遠大但行為粗率簡單。

④斐然：有文彩的樣子。

⑤裁：裁剪，節制。

孔子在陳國說：「回去吧！回去吧！家鄉的學生有遠大志向，但行為粗率簡單；有文彩但還不知道怎樣來節制自己。」

子曰：「伯夷、叔齊①不念舊惡，怨是用希②。」

①伯夷、叔齊：殷朝末年孤竹君的兩個兒子。父親死後，二人互相讓位，都逃到周文王那裡。周武王起兵伐紂，他們認為這是以臣弒君，是不忠不孝的行為，曾加以攔阻。周滅商統一天下後，他們以吃周朝的糧食為恥，逃進深山中以野草充飢，餓死在首陽山中。

②希：同稀。

孔子說：「伯夷、叔齊兩個人不記人家過去的仇恨，因此，別人對他們的怨恨因此也就少了。」

子曰：「孰謂微生高①直？或乞醯②焉，乞諸其鄰而與之。」

①微生高：姓微生名高，魯國人。當時人認為他為直率。

②醯：即醋。

孔子說：「誰說微生高這個人直率？有人向他討點醋，他不直說沒有，卻暗地到他鄰居家裡討了點給人家。」

子曰：「巧言、令色、足恭①，左丘明②恥之，丘亦恥之。匿怨而友其人，左丘明恥之，丘亦恥之。」

①足恭：過分恭敬。

②左丘明：姓左丘名明，魯國人，相傳是《左傳》一書的作者。

孔子說：「花言巧語，裝出好看的臉色，擺出逢迎的姿態，低三下四地過分恭敬，左丘明認為這種人可恥，我也認為可恥。把怨恨裝在心裡，表面上卻裝出友好的樣子，左丘明認為這種人可恥，我也認為可恥。」

顏淵、季路侍①。子曰：「盍②各言爾志？」子路曰：「願車馬、衣輕裘，與朋友共，蔽之而無憾。」顏淵曰：「願無伐③善，無施勞④。」子路曰：「願聞子之志。」子曰：「老者安之，朋友信之，少者懷之⑤。」

①侍：服侍，站在旁邊陪著尊貴者叫侍。

②盍：何不。

③伐：誇耀。
④施勞：施，表白。勞，功勞。
⑤少者懷之：讓少者得到關懷。

顏淵、子路兩人侍立在孔子身邊。
孔子說：「你們何不各自說說自己的志向？」
子路說：「願意拿出自己的車馬、衣服、皮袍，同我的朋友共同使用，用壞了也不抱怨。」
顏淵說：「我願意不誇耀自己的長處，不表白自己的功勞。」
子路向孔子說：「願意聽聽老師的志向。」
孔子說：「我的志向是讓年老的人安心，讓朋友們信任我，讓年輕的子弟們得到關懷。」

子曰：「已矣乎！吾未見能見其過，而自訟者也。」

孔子說：「完了，我還沒有看見過能夠看到自己的錯誤而又能從內心責備自己的人。」

子曰：「十室之邑，必有忠信如丘者焉，不如丘之好學也。」

孔子說：「即使只有十戶人家的小村子，也一定有像我這樣講忠信的人，只是不如我那樣好學罷了。」

于謙「留得清白在人間」

孔子評價別人，處處體現著他「仁」的思想。「仁」，又常常表現為誠實、無私、敢於擔當。巧言令色非仁者之為，問心無愧方可稱為仁者。於謙就不愧是一個「仁者」，不愧為一個英雄，他的壯烈事蹟，在中國歷史上寫下濃重一筆。

「千錘萬鑿出深山，烈火焚燒若等閒。粉身碎骨渾不怕，要留清白在人間。」這首著名的《石灰吟》，托物言志，通過讚美石灰，表明自己願為天下蒼生奉獻一生的情懷和不怕困難考驗的堅強意志，以及不為世俗所污染的高尚情操。而這首詩的作者于謙也正是如此，他為國為家盡忠職守，鞠躬盡瘁，死而後已，千古流芳。

于謙是浙江錢塘縣（今浙江杭州）人，自小勤奮好學，為人處世光明磊落。據說，在于謙七歲的時候，有個得道的老和尚見到他，既欣喜又吃驚，連聲說道：「這就是將來救萬民於水火的宰相啊！」

老和尚的確獨具慧眼，成人後的于謙德才兼備。明朝永樂年間，于謙考中進士，擔任御史，其剛正不阿深受皇帝喜愛，也贏得同僚們的敬佩。後來，因皇帝的信任，他被派遣在江西、河南、山西等地巡按。其間，于謙為官清正廉明，審冤判獄，救濟災荒，深受百姓愛戴。據說，在江西任職期間，幾年時間他就為數百冤案昭雪，人們發自內心地稱他為「于青天」。在河南、山西出巡時，他改革弊政，體恤民生，政績卓著，深得人們信賴。于謙離任之日，百姓們沿街相送，還有數千人上書請求于謙留任。

明英宗正統十四年（西元一四四九年），發生土木堡之變，英宗皇帝被俘，明王朝處於萬分危急之中。正當此時，于謙臨危受命，改任兵部尚書。土木堡之變，明朝的精銳部隊已經全軍覆沒，北京城的軍事力量相當薄弱，許多大臣懼怕蒙古軍攻入北京，要求遷都南京，于謙則提出「社稷為重君為輕」的觀點，說明利害，力排眾議，力阻都城南遷。同時，國不可一日無君，為保持國家穩定，他又擁立英宗的弟弟做皇帝，這就為他後來被殺埋下禍根。另外，他一腔熱誠，親自指揮數十萬軍民進行艱苦的北京保衛戰，終於擊退蒙古入侵，力挽狂瀾。關鍵時刻，于謙猶如定海神針，挽救朝廷、黎民百姓於水火之中。他的赤膽忠心和雄才大略，在中國歷史上留下壯烈的篇章。但是，因為于謙另立皇帝，被俘的英宗對于謙恨之入骨。後來英宗獲釋，發動政變復辟，竟誣陷于謙「謀逆」，將他殺死。四十餘年後，于謙終於得以平反昭雪，實現「要留清白在人間」的誓言。

于謙愛國為民的熱血情懷，他不朽的民族魂，也將永遠沁潤著中華大地。

✫解析

人如其名，于謙確可稱為德才兼備的謙謙君子，他的剛正不阿、赤膽忠心，確可作為楷模。于謙又何嘗不知道，就當時的形勢來看，阻止南遷，擁立新皇帝，開展北京保衛戰，是相當冒險的？稍有差池，不但會葬送國家，更有可能帶來殺身之禍。孔子說，君子「當仁不讓」，為國家和民族，于謙拋棄個人榮辱，而在當代中國，就缺乏這種敢於擔當的血性。

巴菲特正直成就「股神」

孔子希望弟子們能夠做到誠實、正直，成為一個名副其實的仁者，獲得人們的愛戴。擴而大之，不管你屬於什麼民族，屬於什麼行業，能夠做到誠實、正直，才會贏得愛戴。不管你做什麼工作，是高貴還是低賤，堅持誠實、正直的準則都會給你帶來意想不到的收穫。巴菲特就是因為正直而成就「股神」的奇跡，這不是神話，這是現實。

二〇〇七年，在《富比士》公佈的全球富豪排行榜上，「股神」巴菲特以五百二十億美元的資產，僅排在比爾·蓋茲之後，位居第二。巴菲特為人所稱道的，不僅僅在於他非凡的投資頭腦，以及由此得來的巨額利潤，還在於巴菲特的正直、理性和善良。在投資的過程中，他沒有用任何違法手段，相反，他的投資哲學完全堅守著誠實、正直的原則。另外，在處理生活等其他各種問題時，巴菲特都表現出高尚的情結。

商場如戰場，商業秘密價值連城，但巴菲特的投資理念一直都向世人公開。概括起來，就是理性和正直。巴菲特的投資理性，不僅僅指人類追求自身利益，趨利避害的本性，還在於他長期投資的理念，看清之後才出手。所以巴菲特早年來到華爾街時，儘管股票投資家們說得讓人蠢蠢欲動，他卻選擇止步，因為他如實地回答自己的疑問：「自己瞭解公司的盈利內容嗎？」正是因為自己的理性，他逃過華爾街股市崩盤的大劫，並且從中吸取經驗，這為他以後在股市叱詫風雲奠定基礎。

巴菲特的正直，不僅在於他忠實於自己的內心，也在於他忠實於他人和社會。巴菲特不能忍受外表掩蓋本質，也不能忍受欲望控制理智，更不能容忍人與人之間的互相欺瞞。他是一個真實的人，一個善良的人，而與其打交道的也必須是正直的人。他選擇哪個公司的股票進行投資，不是看這一時期該公司股票的升降趨勢，而是去瞭解該公司管理階層的道德品質，直到確信自己可以信任他們，確信他們的精明能幹可以為企業帶來高額利潤，才果斷出手。

巴菲特不但正直，而且善良。他謀求更多利潤，並不為個人享受，他盡自己的最大努力，幫助那些需要幫助的人。他給蓋茲基金會的捐款達到史無前例的三百億美元，數額之大，令人乍舌。同樣，就像投資，巴菲特選擇捐贈對象，也顯得極為理性，正是因為瞭解蓋茨和自己一樣，都是願意為慈善事業奉獻自己的人，他才果斷向蓋茨基金會捐贈。巴菲特自己也說：「我認為最應當捐贈的就是慈善協會，捐贈也是一種投資，只有感情是不行的，如何才能讓這筆捐款發揮它應有的作用才是最重要的。」另外，針對共和黨提出的逐漸取消遺產稅的方案，巴菲特和蓋茲等百餘位美國巨富都持強烈的反對態度。雖然取消遺產稅，他們將是最大的受益者，但他們都選擇反對。蓋茲說取消遺產稅將使富豪的孩子不勞而獲，最終傷害到窮人的利益。巴菲特則認為蓋茲的批判力度遠遠不夠。他告誡自己的孩子，不要指望會得到他的遺產，他會將這些遺產全部捐贈公益協會。巴菲特自己的幾個子女，都是自食其力。

這就是理性、正直和善良的巴菲特，他忠於內心，忠於他人，忠於社會，贏得所有人的尊敬和愛戴。

✡解　析

巴菲特靠著理性和正直，在華爾街獲得成功，在此基礎上，他的善良，又促使他將幾乎所有資產投入慈善事業。巴菲特留給人們的，不在於他的「股神」神話，也不在於他給社會留下巨額財富，而在於他的君子謙謙，在於他的紳士風度。人們常說「為富不仁」，巴菲特卻是「為富且仁」，讓我們為這位超級慈善家喝彩吧！

日本的「銀座猶太商人」

誠信，可以換取別人的信任，擁有誠信，才會獲得機遇的垂青。做到一次誠信容易，難得終生以誠信為本。商人沒有誠信則無法立足，但現在誠信卻極度缺失，「無商不奸」已經成為共識。然而，日本商人藤田田卻因為堅持誠信而贏得「銀座猶太商人」的美譽。當然，這個美譽同樣成就他的事業。

經商之人，要想獲得成功，就必須講究誠信，誠信帶來商機，商機帶來利潤。世界上最善於經商的民族，莫過於猶太人，而他們成功的秘訣就是講究誠信。他們在簽約之前，會考慮每項細節，簽約之後，則會誓死守約。不講信用者，會被商界排斥，生意愈做愈小；守信用者，則樂意與之交往的人接踵而至，生意會愈做愈大。「猶太商人」是因為猶太人特別遵守契約，這是對猶太人誠信度的高度讚譽。然而，在日本，也有一個「銀座猶太商人」。

日本的『銀座猶太商人』，說的是日本商人藤田田。他努力學習猶太人的經商之術，並寫下《猶太人賺錢絕招》一書，書中藤田田特別提到猶太人對信用的重視，也披露自己因為遵守契約獲得信任，被稱為是「銀座的猶太商人」的經過。

一九六八年，藤田田與美國油料公司簽訂合約，要定製餐具刀叉三百萬個，交貨日期是九月一號，交貨地點是芝加哥。他心裡計算著，現在接受定貨還不算太晚，於是立即委託日本刀叉的集中產地——岐阜縣關市製造，他認為，只要八月一日能在橫濱裝船，九月一日就能到芝加哥按時交貨。可是，中途他去工廠察看，發現事情沒有預想的那麼順利，那些工人因為插秧太忙，根本無法顧及刀叉的製造。他十分惱火，一再強調對方是猶太商人，講究的就是信譽。可是，這些工人卻表現得毫不在乎。他們以為，只要跟對方說一聲無法按期交貨，他們是不會生氣的，再說無法按期交貨的事情也是常有的，更何況現在太忙。

就這樣，出貨的日期一直延誤到八月二十七日。八月二十七日到九月一日只有幾天的時間，除非空運，否則無法按期交貨。但是，從芝加哥到東京之間的空運費就需要大約三萬美元，用三萬美元來運送三百萬個刀叉實在是太不合算。考慮再三，藤田田還是決定空運刀叉。因為藤田田知道，訂約的對方是美國燃料公司，是猶太人支配的公司。無論損失有多大都要按期交貨，一旦失約，對方就絕對不會再信任他，而且再怎麼解釋也無濟於事。藤田田花費三萬美元把刀叉空運到芝加哥，終於在九月一日如期交貨。如果在日本或是其他國家，這樣的事情可能成為美談。可是，對方是猶太人，他們只是淡淡地說，「能夠按期交貨，不錯，聽說是空運過來的，不錯。」這一次，藤田田大約損失一千萬日元，卻也因此而贏得猶太人的信任。第二年，美國燃料公司又要訂貨，這次是六百萬個刀叉。同樣，製造者又一次延誤日期，他不得不又一次租用飛機空運。對方非常欣賞藤田田的做法，稱他為「守信用的日本人」，還贈給他「銀座猶太商人」的美譽，這個美譽很快在猶太人中間傳遍。從此，猶太人的訂單源源不斷地湧來，藤田田大發其財。

藤田田在書中說道：「兩次租用飛機空運交貨，使我損失不少，可是，我也因此贏得猶太人的信任。」這就是「銀座猶太商人」藤田田的成功秘訣。

✡ 解　析

眾所周知，現代商戰，沒有誠信就無法立足，無怪乎商家們都高呼「誠信第一」。誠然，一次兩次講誠信並不難，難的是次次都講誠信，難的是為講誠信不惜犧牲自己的利益。藤田田正是憑藉著自己的商業誠信，贏得猶太人的信任，因此被譽為「銀座猶太商人」。誠信，不僅僅是一種商業品質，還是一種道德。曾子每天反省三次，其中一條，就是「與朋友交而無信乎」，誠信待人，才會獲得別人的信任，才有可能走向成功。

論語智慧

卷六　雍也

本篇中論及處事之態度，應「居敬而行簡」，考慮周密、嚴肅，行事則要簡單有效，要抓重點而不繁瑣。這種主張對我們的學習和工作有很大的啟發。人的精力是有限的，要做到事無巨細，全面把握，顯然不可能，也沒有必要。「有所為，有所不為」，這樣才能真正做到「有為」。事必親躬，抓住每一個細節，反倒會徒勞而無功。

【原文】

子曰：「雍也可使南面。」

孔子說：「冉雍這個人，可以讓他去做官。」

仲弓問子桑伯子①。
子曰：「可也簡②。」
仲弓曰：「居敬③而行簡④，以臨⑤其民，不亦可乎？居簡而行簡，無乃⑥大⑦簡乎？」
子曰：「雍之言然。」

①桑伯子：人名，此人生平不可考。
②簡：簡要，不煩瑣。
③居敬：為人嚴肅認真，依禮嚴格要求自己。

④行簡：指推行政事簡而不繁。
⑤臨：面臨、面對。此處有「治理」的意思。
⑥無乃：豈不是。
⑦大：同「太」。

仲弓問孔子：子桑伯子這個人怎麼樣。
孔子說：「此人還可以，辦事簡要而不煩瑣。」
仲弓說：「居心恭敬嚴肅而行事簡要，這樣來治理百姓，不是也可以嗎？但是，自己馬馬虎虎，又以簡要的方法辦事，這豈不是太簡單了嗎？」
孔子說：「冉雍，這話你說得對。」

哀公問：「弟子孰爲好學？」
孔子對曰：「有顏回者好學，不遷怒①，不貳過②。不幸短命死矣③，今也則亡④，未聞好學者也。」

①不遷怒：不把對某人的怒氣發洩到別人身上。

②不貳過：「貳」是重複、一再的意思。這是說不犯同樣的錯誤。

③短命死矣：顏回死時年僅三十一歲。

④亡：同「無」。

魯哀公問孔子：「你的學生中誰是最好學的呢？」

孔子回答說：「有一個叫顏回的學生好學，他從不遷怒於別人，也從不犯相同的過錯。不幸短命死了，現在沒有那樣的人，沒有聽說誰是好學的。」

子華①使於齊，冉子②爲其母請粟③。

子曰：「與之釜④。」

請益。曰：「與之庾⑤。」

冉子與之粟五秉。子曰：「赤之適齊也，乘肥馬，衣輕裘。吾聞之也：君子周⑥急不濟富。」

①子華：姓公西名赤，字子華，孔子的學生，比孔子小四十二歲。
②冉子：冉有，在《論語》書中被孔子弟子稱為「子」的只有四、五個人，冉有即其中之一。
③粟：在古文中，粟與米連用時，粟指帶殼的穀粒，去殼以後叫做米；粟字單用時，就是指米了。
④釜：古代量詞名，一釜約等於六斗四升。
⑤庾：古代量詞名，一庾等於二斗四升。
⑥周：周濟、救濟。

子華出使齊國，冉求替他的母親向孔子請求補助一些穀米。孔子說：「給他六斗四升。」冉求請求再增加一些。孔子說：「再給他二斗四升。」冉求卻給他八十斛。孔子說：「公西赤到齊國去，乘坐著肥馬駕的車子，穿著又暖又輕便的皮袍。我聽說過，君子只是周濟急需救濟的人，而不是周濟富人。」

原思①爲之宰②，與之粟九百，辭。子曰：「毋！以與爾鄰里鄉黨③乎！」

① 原思：姓原名憲，字子思，魯國人。孔子的學生，生於西元前五一五年。孔子在魯國任司法官的時候，原思曾做過他家的總管。

② 宰：家宰，管家。

③ 鄰里鄉黨：相傳古代以五家為鄰，二十五家為里，一萬二千五百家為鄉，五百家為黨。此處指原思的同鄉，或家鄉周圍的百姓。

原思在孔子家當總管，孔子給他俸米九百，原思推辭不要。孔子說：「不要推辭。如果有多餘的，給你的鄉親們吧。」

子謂仲弓，曰：「犁牛①之子騂②且角，雖欲勿用③，山川④其舍諸⑤？」

① 犛牛：即耕牛。古代祭祀用的牛不能以耕農代替，繫紅毛長角，單獨飼養的。

② 騂且角：騂，紅色。祭祀用的牛，毛色為紅，角長得端正。

③用：用於祭祀。
④山川：山川之神。比喻上層統治者。
⑤其捨諸：其，「怎麼會」的意思。捨，捨棄。諸，「之於」二字的合音。

孔子在評論仲弓的時候說：「耕牛產下的牛犢長著紅色的毛，角也長得整齊端正，人們雖不想用牠做祭品，但山川之神難道會捨棄牠嗎？」

子曰：「回也，其心三月①不違仁，其餘則日月②至焉而已矣。」

①三月：指較長的時間。
②日月：指較短的時間。

孔子說：「顏回這個人，他的心可以在長時間內不離開仁德，其餘的學生則只能在短時間內做到仁而已。」

季康子①問：「仲由可使從政也與？」
子曰：「由也果②，於從政乎何有？」
曰：「賜也可使從政也與？」
曰：「賜也達③，於從政乎何有？」
曰：「求也可使從政也與？」
曰：「求也藝④，於從政乎何有？」

①季康子：他在西元前四九二年繼承父職為魯國正卿，此時孔子正在各地遊說。八年後，孔子返回魯國，冉求正在幫助季康子推行革新措施。孔子於是對此三人做出評價。

②果：果斷、決斷。

③達：通達、順暢。

④藝：有才能技藝。

季康子問孔子：「仲由這個人，可以讓他管理國家政事嗎？」

孔子說：「仲由做事果斷，對於管理國家政事有什麼困難呢？」

季康子又問：「端木賜這個人，可以讓他管理國家政事嗎？」

孔子說：「端木賜通達事理，對於管理政事有什麼困難呢？」

又問：「冉求這個人，可以讓他管理國家政事嗎？」

孔子說：「冉求有才能，對於管理國家政事有什麼困難呢？」

季氏使閔子騫①爲費②宰。閔子騫曰：「善爲我辭焉！如有復我③者，則吾必在汶上④矣。」

①閔子騫：姓閔名損，字子騫，魯國人，孔子的學生，比孔子小十五歲。

②費：季氏的封邑，在今山東費縣西北一帶。

③復我：再來召我。

④汶上：汶，水名，即今山東大汶河，當時流經齊、魯兩國之間。在汶上，是說要離開魯國到齊國去。

季氏派人請閔子騫去做費邑的長官，閔子騫對來請他的人說：「請你好好替我推辭吧！

如果再來召我，那我一定跑到汶水那邊去。」

伯牛①有疾，子問之，自牖②執其手，曰：「亡之③，命矣夫④！斯人也有斯疾也！斯人也有斯疾也！」

① 伯牛：姓冉名耕，字伯牛，魯國人，孔子的學生。孔子認為他的「德行」較好。

② 牖：窗戶。

③ 亡之：一作喪夫解，一作死亡解。

④ 夫：語氣詞，相當於「吧」。

伯牛病了，孔子前去探望他，從窗戶外面握著他的手說：「喪失了這個人，這是命裡注定的吧！這樣的人竟會得這樣的病啊，這樣的人竟會得這樣的病啊！」

子曰：「賢哉，回也！一簞①食，一瓢飲，在陋巷②，人不堪其憂，回也不改其樂③。賢哉，回也！」

① 簞：古代盛飯用的竹器。
② 巷：此處指顏回的住處。
③ 樂：樂於學。

孔子說：「顏回的品德是多麼高尚啊！一簞飯，一瓢水，住在簡陋的小屋裡，別人都忍受不了這種窮困清苦，顏回卻沒有改變他好學的樂趣。顏回的品德是多麼高尚啊！」

冉求曰：「非不說①子之道，力不足也。」子曰：「力不足者，中道而廢。今女畫②。」

① 說：同悅。
② 畫：劃定界限，停止前進。

冉求說：「我不是不喜歡老師您所講的道，而是我的能力不夠呀。」

孔子說：「能力不夠而在半路才停下來，現在你是給自己劃了界限不想前進。」

子謂子夏曰：「女爲君子儒！無爲小人儒！」

孔子對子夏說：「你要做君子儒，不要做小人儒。」

子游爲武城①宰。子曰：「女得人焉爾②乎？」曰：「有澹臺滅明③者，行不由徑④，非公事，未嘗至於偃⑤之室也。」

①武城：魯國的小城邑，在今山東費縣境內。

②焉爾乎：此三個字都是語助詞。

③澹臺滅明：姓澹臺名滅明，字子羽，武城人，孔子弟子。

④徑：小路，引申為邪路。

⑤偃：言偃，即子游，這是他自稱的名。

子游做了武城的長官。孔子說：「你在那裡是到了人才沒有？」。子游回答說：「有一個叫澹台滅明的人，從來不走邪路，沒有公事從不到我屋子裡來。」

子曰：「孟之反①不伐②，奔③而殿④，將入門，策其馬，曰：『非敢後也，馬不進也。』」

①孟之反：名側，魯國大夫。
②伐：誇耀。
③奔：敗走。
④殿：殿後，在全軍最後作掩護。

孔子說：「孟之反不喜歡誇耀自己。敗退的時候，他留在最後掩護全軍。快進城門的時候，他鞭打著自己的馬說，『不是我敢於殿後，是馬跑得不快。』」

子曰：「不有祝鮀①之佞，而②有宋朝③之美，難乎免於今之世矣。」

①祝鮀：字子魚，衛國大夫，有口才，以能言善辯受到衛靈公重用。

②而：這裡是「與」的意思。

③宋朝：宋國的公子朝，以美貌著稱。《左傳》昭公二十年和定公十四年都有他因美貌而惹禍的記載。

孔子說：「如果沒有祝鮀那樣的口才，也沒有宋朝的美貌，那在今天的社會上處世立足就比較艱難了。」

子曰：「誰能出不由戶？何莫由斯道也？」

孔子說：「誰能不經過屋門而出去呢？為什麼沒有人走我所指出的這條道路呢？」

子曰：「質①勝文②則野③，文勝質則史④。文質彬彬⑤，然後君子。」

①質：樸實、自然，無修飾的。
②文：文采，經過修飾的。
③野：此處指粗魯、鄙野，缺乏文彩。
④史：言詞華麗，這裡有虛偽、浮誇的意思。
⑤彬彬：指文與質的配合很恰當。

孔子說：「質樸多於文采，就像個鄉下人，流於粗俗；文采多於質樸，就流於虛偽、浮誇。只有質樸和文采配合恰當，才是個君子。」

子曰：「人之生也直，罔①之生也幸而免。」

①罔：誣罔不直的人。

孔子說：「一個人的生存是由於正直，而不正直的人也能生存，那只他僥倖地避免了災禍。」

子曰：「知之者不如好之者，好之者不如樂之者。」

孔子說：「懂得它的人，不如愛好它的人；愛好它的人，又不如以它為樂的人。」

子曰：「中人以上，可以語上也；中人以下，不可以語上也。」

孔子說：「具有中等以上才智的人，可以給他講授高深的學問，在中等水平以下的人，無法給他講高深的學問。」

樊遲問知①。子曰：「務②民之義，敬鬼神而遠之，可謂知矣。」問仁。曰：「仁者先難而後獲，可謂仁矣。」

①知：同「智」。
②務：從事、致力於。

樊遲問孔子怎樣才算是智，孔子說：「專心致力於提倡老百姓應該遵從的道德，尊敬鬼神但要遠離它，就可以說是智了。」樊遲又問怎樣才是仁，孔子說：「仁人對難做的事，做在人前面，有收穫的結果，他得在人後，這可以說是仁了。」

子曰：「知者樂水，仁者樂山①。知者動，仁者靜。知者樂，仁者壽。」

①知者樂水，仁者樂山：知，同「智」；樂，喜愛的意思。

孔子說：「聰明人喜愛水，有仁德者喜愛山；聰明人活動，仁德者沉靜。聰明人快樂，有仁德者長壽。」

子曰：「齊一變，至於魯；魯一變，至於道。」

孔子說：「齊國一改變，可以達到魯國這個樣子，魯國一改變，就可以達到先王之道了。」

子曰：「觚①不觚，觚哉！觚哉！」

①觚：古代盛酒的器具，上圓下方，容量約二升。後來觚被改變了，所以孔子認為觚不像觚。

孔子說：「觚不像個觚了，這也算是觚嗎？這也算是觚嗎？」

宰我問曰：「仁者，雖告之曰，『井有仁①焉。』其從之也？」

子曰：「何為其然也？君子可逝②也，不可陷③也；可欺也，不可罔也。」

①仁：這裡指有仁德的人。
②逝：往。這裡指到井邊去看並設法救之。
③陷：陷入。

宰我問道：「對於有仁德的人，別人告訴他井裡掉下去一位仁人，他會跟著下去嗎？」
孔子說：「為什麼要這樣做呢？君子可以到井邊去救，卻不可以陷入井中；君子可能被欺騙，但不可能被迷惑。」

子曰：「君子博學於文，約①之以禮，亦可以弗畔②矣夫③！」

①約：約束。
②畔：同「叛」。
③矣夫：語氣詞，表示較強烈的感歎。

孔子說：「君子廣泛學習古代的文化典籍，以禮來約束自己，就可以不離經叛道了。」

子見南子①，子路不說②。夫子矢③之曰：「予所否④者，天厭之！天厭之！」

①南子：衛國靈公的夫人，當時左右著衛國政權，有淫亂的行為。
②說：同「悅」。
③矢：同「誓」，此處講發誓。
④否：不對，不是，指做了不正當的事。

孔子去見南子，子路不高興。孔子發誓說：「如果我有做什麼不正當的事，讓上天譴責我吧！讓上天譴責我吧！」

子曰：「中庸①②③④⑤之爲德也，其至矣乎！民鮮久矣。」

①中庸：中，謂之無過無不及。庸，平常。

孔子說：「中庸作為一種道德，該是最高的了！人們缺少這種道德已經很久了。」

子貢曰：「如有博施①於民而能濟眾②，何如？可謂仁乎？」子曰：「何事於仁！必也聖乎！堯舜其猶病諸③！夫④仁者，己欲立而立人，己欲達而達人。能近取譬⑤，可謂仁之方也已。」

①施：動詞。
②眾：指眾人。
③病諸：病，擔憂。諸，「之於」的合音。
④夫：句首發語詞。
⑤能近取譬：能夠就自身打比方。即推己及人的意思。

子貢說：「假若有一個人，能給老百姓很多好處又能周濟大眾，怎麼樣？可以算是仁人了嗎？」

孔子說：「豈止是仁人，簡直是聖人了！就連堯、舜尚且難以做到。至於仁人，就是要想自己站得住，也要幫助人家一同站得住；要想自己過得好，也要幫助人家一同過得好。凡事能就近以自己作比，而推己及人，可以說就是實行仁的方法了。」

趙王劉彭祖「事必躬親」貽笑後世

有所為，有所不為，才是真正有為，孔子的處事態度，一直影響著後世，至今不衰。但做到這一點又談何容易！趙王劉彭祖，事必躬親卻成為千古笑談。

俗話說，龍生九子，九子各不同。漢景帝（西元前188年～前141年）一共有十六個兒子，他們性格各異，其中最有「特色」就是趙王劉彭祖。

劉彭祖十一歲時，就被冊封為趙王。貴為皇帝之子，漢朝王侯，他本可以和其他皇親國戚一樣頤指氣使，高高在上，但是他卻事必躬親，成為典型的「實幹家」。

劉彭祖表面上很尊敬下屬，內地裡卻刻薄陰毒。他不相信任何官員，事無巨細都要親自過問。他親自管理封地內所有的商品交易，算出屬於王府的那部分稅收。如果是其他官員整理的稅收記錄，他都要核算一遍，發現沒有一厘的偏差才放心。為防止外人入侵，妨害自己封地的利益，他親自帶著最低級的士兵，徹夜不眠地進行巡邏。一發現夜行者，他就嚴加審問，直到確認此人沒有犯罪為止。但是經過他嚴厲地審問甚至拷打，被審問者基本上都被折騰得奄奄一息。在他「盡職盡責」地巡邏下，趙國達到「路不拾遺」的境界，外人輕易不敢在邯鄲過夜，唯恐遇到趙王，丟掉身家性命。

劉彭祖不但防著手下和外人，還防著朝廷派來的官員。每當有欽差到任，劉彭祖都要穿者奴僕的衣服，親自迎接。他甚至親自為欽差打掃館舍，奉上茶水，以顯示他的恭敬和平易近人。當官員對他感激涕零，放鬆戒備之時，他就說一些模棱兩可的話語，誘使官員無心說出一些詆毀朝廷的話語。劉彭祖有一記事本，專門用來記錄官員的失態之語。每當自己的利益受到損害，如子孫因觸犯法律而被官員治罪，劉彭祖就拿出官員「反叛」的證據，進行威脅，這常常給官員帶來殺身之禍。在劉彭祖的「事必躬親」下，趙地的官員唯唯諾諾，無一人不「奉公執法」。

王爺什麼事都管著，趙地的官員被逼著「無為而治」，拿著國家俸祿，無奈把所有事情都交給這位王爺去做。在劉景帝的十六個皇子中，趙王劉彭祖「事必躬親」，卻成為「最沒有出息的王爺」。

解析

有所為，有所不為。趙王劉彭祖貴為王爺，卻為維護自己的點滴利益，「事必親躬」，為人所不齒，成為千古笑料。在社會中，每個人都有自己的角色，事必躬親甚至越俎代庖，往往吃力不討好，反而打亂正常的秩序。趙王的故事，也告訴企業的領導者，做好你的老總，信任自己的員工，為員工搭建一座能夠展示他們才華的大舞臺，這樣將更有利於公司的發展。如果點滴小事，領導者都要親力親為，公司必會大亂。

設計自主，生產外放——愛迪達的獨特經營

孔子做事的經驗，就是居敬行簡，抓大放小。抓住根本就可省卻很多精力。尤其作為管理人員，要善於發揮下屬的潛力，適當放權會創造更大的效益。反之，事必躬親不僅費力不討好，也許會鬧出很多笑話。在商場上，同樣需要抓住最具競爭力的部分，不能把資源浪費在細枝末節之上。阿迪達斯的成功就告訴我們這個道理。

在各式各樣的運動品牌中，愛迪達極負盛名，尤其在足球超級明星貝克漢及游泳健將索普作代言後，愛迪達更是名揚四海。在名牌熱中，青年人穿上一雙式樣新穎、色彩鮮豔的愛迪達鞋，顯得意氣風發、足下生輝。愛迪達的宣傳口號是「impossible is nothing」，目的就是不斷鼓勵消費者，人人都有能力自我超越，只要你敢去做，沒有不可能的事。而對公司來說，則是要將這種永不放棄與挑戰自我的精神融入到運動產品中去。

那麼，在激烈競爭中，愛迪達是用什麼方式在眾多品牌中脫穎而出呢？答案就是設計自主，生產外放。把生產交給別人，自己主要負責產品的設計以及市場行銷。

這種策略，可以將有限的資源發揮最大的效用。愛迪達雖然財大氣粗，但資源畢竟有

限，不可能也不需要去完成所有的流程。「借雞下蛋」，利用他人的生產線生產產品，一方面可以使公司人員精簡而又具有活力，避免很多生產問題的拖累，如生產線的改造、工人培訓等等，又可以把節約的資源放到產品設計和市場行銷上，集中精力開發新產品，打開市場。

生產階段節約的資源，放在設計及商品行銷上。例如，愛迪達設計出自己最具代表性的產品——釘鞋。釘鞋可以說是運動鞋業的一場革命。一般運動鞋在潮濕的場地上會降低性能，而愛迪達的釘鞋就把短釘安置到鞋的底部，以確保運動員對鞋的掌控能力，可以有效防滑。一九五四年，德國隊就是穿著這種釘鞋贏得世界盃的冠軍。據統計，一九七四年的世界盃，百分之八十以上的球員都選擇愛迪達的鞋子。一九九八年，法國隊也是憑藉愛迪達的運動鞋奪得冠軍。「釘鞋」的成功，只是愛迪達努力提高產品技術的個例，這樣的例子還有很多。愛迪達正是憑藉其可靠的性能和高科技贏得眾人的青睞。

卓越的產品品質，是愛迪達安身立命的根基，而出色的行銷策略，使之如虎添翼。愛迪達總是花下重金，不斷簽入時下最流行、最受歡迎的體育明星做代言人，又設計出極富號召力的宣傳口號，這些都使得愛迪達的品牌開始享譽全球。同時，愛迪達將運動鞋的生產權，授予日本、西歐的廠商，也授予工資低廉低廉的韓國和臺灣廠商。後來，授權廠商還轉移到中國、印度等第三世界國家。就這樣，在當地設廠，生產商品不僅避開高額關稅，還打進世界各國的市場。

愛迪達與廠商簽訂合約後，愛迪達負責設計，簽約廠商負責生產，產品貼上愛迪達的標誌銷售到世界各地。愛迪達之所以能夠走遍世界、行銷全球，就是依賴於這種「借雞下蛋」的生產方式，才得以在激烈的競爭中獨佔鰲頭。

✡解析

無論是管理國家還是管理企業，不可能事無巨細、事必躬親。這就需要抓大放小，抓住要點而可以控制其他。企業再財大氣粗，要想採購、生產、銷售、研發一肩挑，必定會力不從心。必要時，要能借用外部資源，來為公司的經營目標服務，這樣才能夠立於不敗之地。愛迪達能夠抓住運動行業的本質，生產外放，集中有限資源去做產品設計，才能夠在眾多的運動品牌中脫穎而出。

虛擬經營——日本任天堂

「居敬行簡」是孔子追求的做人道理，引申出的抓大放小或者抓住根本卻可以作為管理的學問。帶有傳奇色彩的日本任天堂因為抓根本，利用他人之力的有效管理方式走向成功，創造出商界奇跡。

一九九〇年代，帶有傳奇色彩的遊樂器龍頭日本任天堂公司，以每人每年創造超過一百萬美元的業績，打破世界紀錄，其稅收潛力和經濟實力也躍居日本第三位，僅次於豐田公司和日本電報電話公司。而令人大吃一驚的是，任天堂企業竟然只有九百五十人！硬是把松下、東芝、新力、本田等幾萬人甚至幾十萬人的知名大企業擠在身後，真是不可思議。

他們是怎麼做到的？任天堂公司並無得天獨厚的優勢，也不靠提高工資水準來激勵員工，總經理山內博不善交際，也沒有「企業家」的風采。那麼，這個小小的「企業怪物」難道有什麼發家絕招？據分析，它的秘密就是虛擬經營。

任天堂公司總體規模很小，面積甚至不如一所普通中學，她既不屬於金融業，也不屬於房地產業，而是一家實實在在的製造業。唯一不同的，是它沒有自己的生產線！

其實在一九七〇年代，任天堂也曾經開設製造工廠，但不久就遭遇經濟危機倒閉。任天堂苦心經營，在熬過經濟危機之後，經過審慎思考及驗證，創造出虛擬經營模式。

任天堂的新產品層出不窮，可以保證公司的持續競爭力。但任天堂獨具匠心，只負責開發新產品，至於產品的生產，則運用虛擬經營的辦法，選擇成本最低的製造商，把零配件委託給他們生產，再把零部件組合成成品上市。三十多個協力廠晝夜加班運轉，生產任天堂的零部件，發揮出沒有工廠而製造商品的生產特點和優勢。

憑著這種生產策略，任天堂在遊樂器市場獨霸一方。一九八五年，產品產量突破五百萬台大關。一九八九年，任天堂開發出新型掌上型遊樂器，一九九〇年又研製成功具有更清晰畫面和更逼真身歷聲的「超級任天堂」，這些新產品都是虛擬經營大量上市。以強大的技術開發實力與完善的虛擬經營策略，成為任天堂經營策略的後盾。這種策略的奧秘在於用高科技抓住未來，同時，由於沒有自己的生產線，不需要多少生產設備投資，不必擔心庫存積壓，其利潤率高達百分之三十以上！近年來，任天堂擴大生產規模，幾乎獨佔日本遊戲軟體的整個市場，近三分之一的玩具店屬於任天堂，同時出現兩千多個任天堂的專賣店。雖然其他廠家如松下、新力等也躍躍欲試，拚命打入遊戲業，但任天堂似乎根本不把他們放在眼裡，大有霸主威風。

任天堂「借雞生蛋」，一方面降低成本，同時卻提高利潤，另一方面也促進零部件製造企業的發展，給他們帶來豐厚的回報，虛擬經營真是魅力無窮！

✵解析

任天堂是一個沒有生產線的製造企業，她的成功，告訴我們，企業的興旺發達不能只依賴高科技，一個獨特而行之有效的生產和經營策略，往往能使企業一飛沖天。任天堂的虛擬經營，既節約資源和設備，降低成本和風險，又能集中精力研製開發新產品，同時還能帶動其他企業的發展，的確是一舉數得、利人利己。

論語智慧

卷七 述而

本篇內容涉及到孔子的教育思想和學習態度。「發憤忘食，樂以忘憂，不知老之將至」，「學而不厭，誨人不倦」，都體現出孔子好學的精神。而「三人行，必有我師焉，擇其善者而從之，其不善者而改之」，則教導人們謙遜求實，取長補短，還要能機動地學習和提昇自己，拒絕盲從。事實證明，擇善而從，方能與時俱進。

【原文】

子曰：「述而不作①，信而好古，竊②比於我老彭③。」

① 述而不作：述，傳述。作，創造。
② 竊：私，私自，私下。
③ 老彭：人名，但究竟指誰，學術界說法不一。一指老子和彭祖兩個人，一指殷商時代的彭祖。

孔子說：「只闡述而不創作，相信而且喜好古代的東西，我私下把自己比做老彭。」

子曰：「默而識①之，學而不厭，誨人不倦，何有於我哉②？」

① 識：記住的意思。
② 何有於我哉：對我有什麼難呢？

孔子說：「默默地記住所學的知識，學習不覺得厭煩，教人不知道疲倦，這對我能有什麼因難呢？」

子曰：「德之不修，學之不講，聞義不能徙①，不善不能改，是吾憂也。」

①徙：遷移。此處指靠近義、做到義。

孔子說：「很多人對品德不修養，學問不講求，聽到義不能去做，有了不善的事不能改正，這些都是我所憂慮的事情。」

子之燕居①，申申②如也，夭夭③如也。

①燕居：安居、閒居。
②申申：衣冠整潔。
③夭夭：行動遲緩、斯文、舒和的樣子。

孔子閒居在家裡的時候，衣冠楚楚，儀態溫和舒暢，悠閒自在。

子曰：「甚矣吾衰也！久矣吾不復夢見周公①！」

①周公：姓姬名旦，周文王的兒子，周武王的弟弟，成王的叔父，魯國國君的始祖，相傳是西周典章制度的制定者，他是孔子所崇拜的「聖人」之一。

孔子說：「我衰老得很厲害，我好久沒有夢見周公了。」

子曰：「志於道，據於德①，依於仁，游於藝②。」

①德：得也。能把道貫徹到自己心中而不失就叫德。
②藝：指孔子教授學生的禮、樂、射、御、書、數等六藝，都是日常所用。

孔子說：「以道為志向，以德為依據，以仁為憑藉，活動於六藝的範圍之中。」

子曰：「自行束脩①以上，吾未嘗無誨焉。」

①束脩：脩，乾肉，又叫脯。束脩就是十條乾肉。孔子要求他的學生，初次見面時要拿十餘條乾肉作為學費。後來，就把學生送給老師的學費叫做「束脩」。

孔子說：「只要自願拿著十餘乾肉為禮來見我的人，我從來沒有不給他教誨的。」

子曰：「不憤①不啓，不悱②不發。舉一隅③不以三隅反，則不復也。」

①憤：苦思冥想而仍然領會不了的樣子。

②悱：想說又不能明確說出來的樣子。

③隅：角落。

孔子說：「教導學生，不到他想弄明白而不得的時候，不去開導他；不到他想出來卻說不出來的時候，不去啟發他。教給他某方面的東西，他卻不能由此而推知其他方面的事情，那就不再教他了。」

子食於有喪者之側，未嘗飽也。

孔子在有喪事的人旁邊吃飯，不曾吃飽過。

子於是日哭，則不歌。

孔子在這一天為弔喪而哭泣，就不再唱歌。

子謂顏淵曰：「用之則行，舍之則藏①，惟我與爾有是夫②！」
子路曰：「子行三軍③，則誰與④？」
子曰：「暴虎⑤馮河⑥，死而不悔者，吾不與也。必也臨事而懼⑦，好謀而成者也。」

① 舍之則藏：舍，捨棄，不用。藏，隱藏。

②夫：語氣詞，相當於「吧」。
③三軍：是當時大國所有的軍隊，每軍約一萬二千五百人。
④與：在一起的意思。
⑤暴虎：空手赤拳與老虎進行搏鬥。
⑥馮河：無船而徒步過河。
⑦臨事不懼：懼，謹慎、警惕的意思。遇到事情便格外小心謹慎。

孔子對顏淵說：「用我呢，我就去做；不用我，我就隱藏起來，只有我和你才能做到這樣吧！」

子路問孔子說：「老師如果統帥三軍，那麼您和誰在一起共事呢？」

孔子說：「赤手空拳和老虎搏鬥，徒步涉水過河，死了都不會後悔的人，我是不會和他在一起共事的。我要找的，一定要在遇事小心謹慎，善於謀劃而能完成任務的人。」

子曰：「富①而可求②也，雖執鞭之士③，吾亦爲之。如不可求，從吾所好。」

① 富：指升官發財。

② 求：指合於道，可以去求。

③ 執鞭之士：古代為天子、諸侯和官員出入時手執皮鞭開路的人。意思指地位低下的職事。

孔子說：「如果富貴合乎於道就可以去追求，雖然是給人執鞭的下等差事，我也願意去做。如果富貴不合於道就不必去追求，那就還是按我的愛好去做事。」

子之所慎：齊①，戰，疾。

① 齊：同齋，齋戒。古人在祭祀前要沐浴更衣，不吃葷，不飲酒，不與妻妾同寢，整潔身心，表示虔誠之心，這叫做齋戒。

孔子所謹慎小心對待的是齋戒、戰爭和疾病這三件事。

子在齊聞《韶》①，三月不知肉味，曰：「不圖爲樂之至於斯也。」

①《韶》：舜時古樂曲名。

孔子在齊國聽到了《韶》樂，有很長時間嚐不出肉的滋味，他說，「想不到《韶》樂的美達到了這樣迷人的地步。」

冉有曰：「夫子爲①衛君②乎？」
子貢曰：「諾③，吾將問之。」入，曰：「伯夷、叔齊何人也？」
曰：「古之賢人也。」
曰：「怨乎？」
曰：「求仁而得仁，又何怨。」
出，曰：「夫子不爲也。」

①為：這裡是幫助的意思。
②衛君：衛出公輒，是衛靈公的孫子。西元前四九二年—前四八一年在位。他的父親因謀殺南子而被衛靈公驅逐出境。靈公死後，輒被立為國君，其父回國與他爭位。
③諾：答應。

冉有問子貢：「老師會幫助衛國的國君嗎？」
子貢說：「嗯，我去問他。」於是就進去問孔子：「伯夷、叔齊是什麼樣的人呢？」
孔子說：「古代的賢人。」

子貢又問：「他們有怨恨嗎？」

孔子說：「他們求仁而得到了仁，為什麼又怨恨呢？」

子貢出來對冉有說：「老師不會幫助衛君。」

子曰：「飯疏食①飲水，曲肱②而枕之，樂亦在其中矣。不義而富且貴，於我如浮雲。」

①飯疏食，飯，這裡是「吃」的意思，作動詞。疏食即粗糧。

②曲肱：肱，胳膊，由肩至肘的部位。曲肱，即彎著胳膊。

孔子說：「吃粗糧，喝白開水，彎著胳膊當枕頭，樂趣也就在這中間了。用不正當的手段得來的富貴，對於我來講就像是天上的浮雲一般。」

子曰：「加①我數年，五十以學易②，可以無大過矣。」

①加：這裡通「假」字，給予的意思。
②易：指《周易》，古代占卜用的一部書。

孔子說：「再給我幾年時間，到五十歲學習《易》，我便可以沒有大的過錯了。」

子所雅言①，《詩》、《書》、執禮，皆雅言也。

①雅言：周王朝的京畿之地在今陝西地區，以陝西語音為標準音的周王朝的官話，在當時被稱作「雅言」。孔子平時談話時用魯國的方言，但在誦讀《詩》、《書》和贊禮時，則以當時陝西語音為準。

孔子有時講雅言，讀《詩》、念《書》、贊禮時，用的都是雅言。

葉公①問孔子於子路，子路不對。子曰：「女奚不曰，其為人也，發憤忘食，樂以忘憂，不知老之將至云爾②。」

①葉公：葉公姓沈名諸梁，楚國大夫，封地在葉城（今河南葉縣南），所以叫葉公。

②云爾：云，代詞，如此的意思。爾，同耳，而已，罷了。

葉公向子路問孔子是個什麼樣的人，子路不答。孔子對子路說：「你為什麼不樣說，他這個人啊，發憤用功，連吃飯都忘了，快樂得把一切憂慮都忘了，連自己快要老了都不知道，如此而已。」

子曰：「我非生而知之者，好古，敏以求之者也。」

孔子說：「我不是生來就有知識的人，而是愛好古代的東西，勤奮敏捷地去求得知識的人。」

子不語怪，力，亂，神。

孔子不談論怪異、暴力、變亂、鬼神。

子曰：「三人行，必有我師焉：擇其善者而從之，其不善者而改之。」

孔子說：「三個人一起走路，其中必定有人可以作我的老師。我選擇他善的品德向他學習，看到他不善的地方就作為借鑒，改掉自己的缺點。」

子曰：「天生德於予，桓魋①其如予何？」

①桓魋：魋，任宋國主管軍事行政的官—司馬，是宋桓公的後代。

孔子說：「上天把德賦予了我，桓魋能把我怎麼樣？」

子曰：「二三子①以我爲隱乎？吾無隱乎爾。吾無行而不與二三子者，是丘也。」

① 二三子：這裡指孔子的學生們。

孔子說：「學生們，你們以為我對你們有什麼隱瞞的嗎？我是絲毫沒有隱瞞的。我沒有什麼事不是和你們一起做的。我孔丘就是這樣的人。」

子以四教：文①，行②，忠③，信④。

① 文：文獻、古籍等。
② 行：德行。
③ 忠：盡己之謂忠，對人盡心竭力的意思。
④ 信：以實之謂信。誠實的意思。

孔子以文、行、忠、信四項內容教授學生。

子曰：「聖人，吾不得而見之矣；得見君子者，斯①可矣。」

子曰：「善人，吾不得而見之矣；得見有恆②者，斯可矣。亡而爲有，虛而爲盈，約③而爲泰④，難乎有恆矣。」

①斯：就。

②恆：指恆心。

③約：窮困。

④泰：這裡是奢侈的意思。

孔子說：「聖人我是不可能看到了，能看到君子，就可以了。」

孔子又說：「善人我不可能看到了，能見到始終如一保持好品德的人，這也就可以了。沒有卻裝作有，空虛卻裝作充實，窮困卻裝作富足，這樣的人是難於有恆心保持好品德的。」

子釣而不綱①，弋②不射宿③。

①綱：大繩。這裡作動詞用。在水面上拉一根大繩，在大繩上繫許多魚鉤來釣魚，叫綱。

②弋：用帶繩子的箭來射鳥。

③宿：指歸巢歇宿的鳥兒。

孔子只用有一個魚鉤的釣竿釣魚，而不用有許多魚鉤的大繩釣魚。只射飛鳥，不射巢中歇宿的鳥。

子曰：「蓋有不知而作之者，我無是也。多聞，擇其善者而從之；多見而識之；知之次也。」

孔子說：「有一種人，可能他什麼都不懂卻在那裡憑空創造，我卻沒有這樣做過。多聽，選擇其中好的來學習；多看，然後記在心裡，這是次一等的智慧。」

互鄉①難與言，童子見，門人惑。子曰：「與②其進也③，不與其退也，唯何甚？人潔己④以進，與其潔也，不保其往也。」

①互鄉：地名，具體所在已無可考。
②與：讚許。
③進、退：一說進步、退步；一說進見請教，退出以後的作為。
④潔己：潔身自好，努力修養，成為有德之人。
⑤不保其往：保，一說擔保，一說保守。往，一說過去，一說將來。

孔子認為很難與互鄉那個地方的人談話，但互鄉的一個童子卻受到孔子的接見，學生們都感到迷惑不解。孔子說：「我是肯定他的進步，不是肯定他的倒退。何必做得太過分呢？人家改正了錯誤以求進步，我們肯定他改正錯誤，不要死抓住他的過去不放。」

子曰：「仁遠乎哉？我欲仁，斯仁至矣。」

孔子說：「仁難道離我們很遠嗎？只要我想達到仁，仁就來了。」

陳司敗①問：「昭公②知禮乎？」

孔子曰：「知禮。」

孔子退，揖③巫馬期④而進之，曰：「吾聞君子不黨⑤，君子亦黨乎？君取⑥於吳，為同姓⑦，謂之吳孟子⑧。君而知禮，孰不知禮？」

巫馬期以告。子曰：「丘也幸，苟有過，人必知之。」

①陳司敗：陳國主管司法的官，姓名不詳，也有人說是齊國大夫，姓陳名司敗。

②昭公：魯國的君主，名裯，西元前五四一—前五一〇年在位。「昭」是謚號。

③揖：做揖，行拱手禮。

④巫馬期：姓巫馬名施，字子期，孔子的學生，比孔子小三十歲。

⑤黨：偏袒、包庇的意思。

⑥取：同娶。

⑦為同姓：魯國和吳國的國君同姓姬。周禮規定：同姓不婚，昭公娶同姓女，是違禮的行為。

⑧吳孟子：魯昭公夫人。春秋時代，國君夫人的稱號，一般是她出生的國名加上她的姓，但因她姓姬，故稱為吳孟子，而不稱吳姬。

陳司敗問：「魯昭公懂得禮嗎？」

孔子說：「懂得禮。」

孔子出來後，陳司敗向巫馬期作揖，請他走近自己，對他說：「我聽說，君子是沒有偏私的，難道君子還包庇別人嗎？魯君在吳國娶了一個同姓的女子做夫人，是國君的同姓，稱她為吳孟子。如果魯君算是知禮，還有誰不知禮呢？」

巫馬期把這句話告訴孔子。孔子說：「我真是幸運。如果有錯，人家一定會知道。」

子與人歌而善，必使反之，而後和之。

孔子與別人一起唱歌，如果唱得好，一定要請他再唱一遍，然後和他一起唱。

子曰：「文，莫①吾猶人也。躬行君子，則吾未之有得。」

①莫：大概、差不多。

孔子說：「就書本知識來說，我和別人差不多，做一個身體力行的君子，那我還沒有做到。」

子曰：「若聖與仁，則吾豈敢？抑①爲之②不厭，誨人不倦，則可謂云爾③已矣。」公西華曰：「正唯弟子不能學也。」

①抑：折的語氣詞，「只不過是」的意思。

②為之：指聖與仁。

③云爾：這樣說。

孔子說：「如果說到聖與仁，那我怎麼敢當！不過向聖與仁的方向努力而不感厭煩地做，教誨別人也從不感覺疲倦，則可以這樣說的。」

公西華說：「這正是我們學不到的。」

子疾病①，子路請禱②。

子曰：「有諸③？」

子路對曰：「有之；《誄》④曰：『禱爾於上下神祇⑤』」

子曰：「丘之禱久矣。」

①疾病：疾指有病，病指病情嚴重。

②請禱：向鬼神請求和禱告，即祈禱。

③有諸：諸，「之於」的合音。意為：有這樣的事嗎。

④《誄》：祈禱文。

⑤ 神祇：祇，古代稱天神為神，地神為祇。

孔子病情嚴重，子路向鬼神祈禱。孔子說：「有這回事嗎？」子路說：「有的。《誄》文上說：『為你向天地神靈祈禱。』」孔子說：「我很久以前就在祈禱了。」

子曰：「奢則不孫①，儉則固②。與其不孫也，寧固。」

① 孫：同遜，恭順。不孫，即為不順，這裡的意思是「越禮」。
② 固：簡陋、鄙陋。這裡是寒酸的意思。

孔子說：「奢侈了就會越禮，節儉了就會寒酸。與其越禮，寧可寒酸。」

子曰：「君子坦蕩蕩①，小人長戚戚②。」

①坦蕩蕩：心胸寬廣、開闊、容忍。
②長戚戚：經常憂愁、煩惱的樣子。

孔子說：「君子心胸寬廣，小人經常憂愁。」

子溫而厲，威而不猛，恭而安。

孔子溫和而又嚴厲，威嚴而不兇猛，莊重而又安祥。

李時珍質疑舊《本草》——編新《綱目》

一個人的知識有限，精力也有限，但是追求知識的勇氣卻可以無限。孔子好學但不拘泥於時間、地點，隨時取長補短，故能成至聖先師。而明代李時珍能夠編纂《本草綱目》，正是依賴他對知識孜孜不倦的追求。

明朝的李時珍，是我國歷史上著名的醫藥學家，他編纂的《本草綱目》，是從醫之人的必讀經典，享有世界聲譽。

李時珍出身醫學世家，從小就隨父親行醫，又熟讀藥典，故而見多識廣。對前輩們積累的經驗和流傳下來的著作，他給予充分尊重，努力消化和吸收，但絕不盲從。李時珍善於思考，對醫學和草藥有自己的看法，隨著知識和經驗的積累，他逐漸發現舊有經典上的一些錯誤和缺失，急需訂正和補充。

李時珍下定決心編纂新的醫書，起因於當時的一件「醫療事故」。有一天，李時珍出診回家，一位農夫就匆匆趕來，把他請走為妻子治病。原來這位農夫的妻子突患急症，於是請來一位江湖術士開藥方。不料，藥按方服下後，病勢未得到控制，反而變得更加嚴重，陷入昏迷狀態。這位農夫看到妻子奄奄一息，因此急急忙忙把李時珍請來。李時珍讓農夫拿出藥方，仔細揣摩，又給病人反復把脈，覺得藥方並沒有錯。李時珍把藥渣找來，這才發現裡面竟然有藥方上沒有的一種藥材「虎掌」，而藥方上列出的「漏籃子」這一味藥，在藥渣中卻沒有發現。李時珍恍然大悟，原來是藥鋪裡抓錯藥，把「虎掌」當作「漏籃子」給病人，險些釀成大錯。回到家，李時珍思緒萬千，他看著手中的舊「本草」——《日華本草》，就是這本書上記載「漏籃子」又名「虎掌」。「這些本草書，雖然有很大的成就，但是也有很多的漏洞，很多錯誤啊。」李時珍決定要自己修改《本草》，為舊《本草》添加新的東西，使之真正成為能夠救死扶傷的醫書。

李時珍穿上草鞋，帶上藥書和紙筆，背上藥筐，投身於茫茫大山之中。為檢測草藥的藥性，他就自己品嚐各種草藥，常常因為誤食毒草而中毒，險些丟掉性命。在採集草藥中，李時珍發現很多草藥在舊《本草》中都沒有記載。他就虛心向當地的群眾請教，無論是種田的還是砍柴的，無論是捕魚的還是打獵的，都成為他醫學上的老師。他在一位老農那裡學到，

《本草》中的「芸苔」就是當地的油菜，這種菜第一年播種來年開花，可以散血消腫。一位藥農則讓他進一步認清茯苓的外形特徵，藥用功能以及採製方法。一位捕蛇者更是讓李時珍瞭解到上百種蛇和八十多種專門醫治毒蛇咬傷的草藥。

十年奔波，李時珍記錄草藥的筆記有厚厚一大疊。帶著僕僕風塵，李時珍回到家中，動員全家人都參與到編寫工作中去。有的幫助抄寫，有的幫助繪圖，終於在李時珍六十歲的時候編成《本草綱目》，書中有一千八百九十二種藥物，一千一百六十幅插圖，一萬一千零一十六則藥方，共百萬餘字，成為千秋萬世的經典。

孔子在本篇提出「擇其善者而從之」的學習態度，從本質上說，這是一種靈活變通以求進步的積極性行為。對於處在複雜競爭環境中的各個企業來說，靈活對待市場和顧客群體的需要、不斷調整自身的經營策略，也是一種「擇其善者而從之」的積極性行為。

✲解析

古有神農嚐百草，後人則編有《神農本草經》，李時珍遍嚐百草而成《本草綱目》，其功之大，不遜於前。尤為人所稱道的，是李時珍懸壺濟世的責任感，實事求是的處事態度。他絕不盲從，敢於懷疑經典，在實地考察之後，他又大膽創新，其虛心、開放的學習態度，是對孔子「三人行，必有我師焉，擇其善者而從之，其不善者而改之」的最佳闡釋。世上之事，其實大同小異，經商亦如行醫，只有在實事求是，充分論證的基礎上，打破舊的觀念與理論，才能把握住時代的命脈，與時俱進，走向成功。

加強適應與變通的永佳公司

孔子在本篇提出「擇其善者而從之」的學習態度，從本質上說，這是一種靈活變通以求進步的積極性行為。對於處在複雜競爭環境中的各個企業來說，靈活對待市場和顧客群體的需要、不斷調整自身的經營策略，也是一種「擇其善者而從之」的積極性行為。

十幾年前，美國電腦界的霸主之一王安公司申請聯邦破產保護。這件事引起極大的震撼，國人痛惜的同時也深刻反省，華人可以進軍美國矽谷並取得成功，可是這顆明星卻為什麼未能保持長久閃亮？而令國人欣慰的是，在美國矽谷，另一位美籍華人創辦的公司卻穩中求進，逐步躋身於電腦製造業的一流企業行列。這家公司就是由許立威先生創辦的永佳系統公司。

永佳系統公司從一開始，就清楚的認識到電腦這個超速發展的行業所特有的資訊競爭。誰掌握資訊，誰就掌握主動權，所以，掌握市場訊息和客戶資訊是在競爭中獲勝的基礎。而時效性，又是資訊的生命線。為獲得具有時效性的資訊，永佳公司將六十餘家經銷商分佈到全世界。這些經銷商，每兩個小時收集一次市場訊息並傳到總部，專業人士則在最短的時間段內作出準確分析並制定對策。而零售商客戶的資料，都儲存在公司電腦中，詳細登記並隨時根據客戶變動情況進行變動，資料的準確性和新鮮度極高。

在產品生產上，永佳公司更是不斷調整自身，滿足消費者的最新需求，在同行業中創出驚人業績。八〇年代末期，人們對電腦速度的要求進一步提高，這時永佳公司通過精密地開發研製，設計出當時運行速度最快的個人電腦，搶佔市場先機，獲得巨大利潤。九〇年代，筆記型電腦因其自身獨特的優勢，日益受到消費者的關注和青睞，永佳公司於是適時轉換產品策略，全力開發超薄式筆記型電腦。這種筆記型電腦，適應新的市場要求，一下子吸引大量消費者，銷售業績喜人。在接下來的幾年當中，永佳公司根據其掌握的市場訊息，不斷的調整產品策略，相繼推出容錯電腦系統，創造出最快捷的生產和經銷系統等等。每一次改變，都滿足消費者的最新需求，同時，消費者的滿意和支持也讓永佳公司獲得更加強勁的發展動力。

永佳公司的超強適變性，為公司帶來成功。之前一次調查顯示，永佳公司的企業滿意度和產品品質在全美同行業中居於首位。

✯解析

「窮則變，變則通，通則久」。科學技術突飛猛進，時代飛速發展，社會快速進步，人們對企業產品的要求也愈來愈高。作為企業，要想獲得利潤，必須滿足消費者的要求，消費者的要求有變化，企業的供應也要跟著變，這樣才能獲得更好的發展。永佳公司正是牢牢把握住電腦市場的變化，不斷加強技術創新以滿足消費者不斷提高的要求，逐漸成為電腦行業中的佼佼者。對企業來說，尤其是對高科技企業來說，與時俱進，不斷創新，是企業求得長期發展必不可少的基本條件。

雅芳與時俱進

孔子非常注重歷史的發展，注意從古代先賢的言論中吸取經驗，古為今用。歷史在不斷前進，人們在不同的時期有不同的需求。而對於商家來說，人們的需求，正是他們的追求，人們的取捨，正是他們的取捨。人們捨棄的，商家要及時調整生產策略，人們選擇的，商家要及時跟進，滿足其需求。

雅芳是世界美容業的牛耳，以各種化妝品享譽全球，但是在一九七〇年代，雅芳也陷入困境，銷售額逐步下降。清楚地意識到，要讓公司保持活力，持續發展，就必須跟上時代的腳步，滿足顧客的要求，於是她開始採取一系列新的措施。

首先，雅芳向男性市場進軍，擴大顧客群。其實一直以來，雅芳都有生產男士剃鬚、護髮和古龍水產品，但卻缺乏專業的男性面部護理、防皺產品，而這些產品，已經在美國零售市場上大量出現。為此，雅芳專門推出用於防皺的ProExtreme護膚套裝，以及Pro Sport Daily Performance品牌，內含一系列男士面部、全身護理產品，並推出《M：男士手冊》。由於雅芳良好的口碑和品質，現在雅芳在男性護理用品市場中獲利頗豐。

接著雅芳又推出瞄準年輕女性的品牌，這個品牌主要針對年輕人，尤其是有一定購買力的大學生。因為這個年齡層的年輕人基本上都是不穩定客戶，處於不斷實驗，尋找適合自己品牌的階段，所以要求不斷推出新產品，以留住顧客。

同時，雅芳又開始進入另一新興消費品領域——保健品。他們與瑞典的一家著名醫藥公司合作，聯合推出維生素、營養品系列。此系列一經問世，銷售額就立刻高達數百萬美元。接著，雅芳又進一步推出大量具有保健功能的美容產品，將美容和保健結合起來，也取得不錯的成績。

雅芳的繁榮興盛，不僅在於她的產品，還在於它實事求是、與隨時變更的銷售策略。在美國，由於百分之七十五的女性是職業婦女，於是雅芳對上門推銷的銷售模式作調整，開始利用網路來進行銷售。雅芳利用電子郵件向工作繁忙的女性發送促銷及其它相關訊息，並為銷售代表發出電子郵件提醒服務，讓銷售代表將該郵件連同自己的姓名、聯繫方式發送至潛在客戶。

另外，除歐美市場，雅芳開始進軍其他市場，推出適合不同地區女性使用的產品系列，以求在國際市場上打造自己的獨特魅力。為使雅芳真正融入各種文化，公司並培訓當地人才進行業務運作，這一戰略頗見成效，海外銷售額和獨立銷售代表人數均大幅超出雅芳公司在美國的業績。

雅芳的發展策略，為其保持活力、不斷發展壯大提供堅實的保障，因此雅芳能在國際市場上所向披靡。

✡解析

「窮則變，變則通，通則久」，雅芳的逐漸壯大，是對這個道理的生動闡釋。歷史能讓一切變得蒼老，永保青春的秘訣，就是與歷史同步。雅芳根據不同性別、不同年齡、不同職業和不同地域，靈活而適時地推出新產品和銷售方式，使得自己更富有生命力，在與同類產品的競爭中占儘先機。

論語智慧

卷八　泰伯

在本篇中，孔子的教學方法和教育思想得到進一步發揮。孔子特別欣賞「以能問於不能，以多問於寡，有若無，實若虛，犯而不校」的謙謙君子，強調虛懷若谷、勤學好問是人的美德。同時，孔子對「學如不及，猶恐失之」的學習態度特別贊同，主張學習應該學而不厭，謹慎而大膽開拓。然而，商場如戰場，僅僅做一個謙謙君子，顯然不行，而以謙謙君子之態韜光養晦，含而不露，甚至故意示弱，再找準時機反擊，往往會取得輝煌的戰果。

【原文】

子曰：「泰伯①其可謂至德也已矣。三以天下讓，民無得而稱焉②。」

① 泰伯：周代始祖古公但父的長子。

② 民無得而稱焉：百姓找不到合適的詞句來讚揚他。

孔子說：「泰伯可以說是品德最高尚的人了，幾次把王位讓給季歷，老百姓都找不到合適的詞句來稱讚他。」

子曰：「恭而無禮則勞①，慎而無禮則葸②，勇而無禮則亂，直而無禮則絞③。君子篤④於親，則民興於仁；故舊⑤不遺，則民不偷⑥。」

① 勞：辛勞，勞苦。

② 葸：拘謹，畏懼的樣子。

③絞：說話尖刻，出口傷人。
④篤：厚待、真誠。
⑤故舊：故交，老朋友。
⑥偷：淡薄。

孔子說：「只是恭敬而不以禮來指導，就會徒勞無功；只是謹慎而不以禮來指導，就會畏縮拘謹；只是勇猛而不以禮來指導，就會說話尖刻。在上位的人如果厚待自己的親屬，民間就會興起仁的風氣；君子如果不遺棄老朋友，老百姓就不會對人冷漠無情了。」

曾子有疾，召門弟子曰：「啓①予足！啓予手！《詩》②云：『戰戰兢兢，如臨深淵，如履薄冰。』而今而後，吾知免③夫！小子④！」

①啟：開啟，曾子讓學生掀開被子看自己的手腳。
②詩云：以下三句引自《詩經・小雅・小旻》篇。
③免：指身體免於損傷。

④小子：對弟子的稱呼。

曾子有病，把他的學生召集到身邊來說道：「看看我的腳！看看我的手！《詩經》上說：『要小心謹慎呀，就好像站在深淵旁邊，好像踩在薄冰上面。』從今以後，我知道我的身體是不再會受到損傷了，弟子們！」

曾子有疾，孟敬子①問②之。曾子言曰：「鳥之將死，其鳴也哀；人之將死，其言也善。君子所貴乎道者三：動容貌③，斯遠暴慢④矣；正顏色⑤，斯近信矣；出辭氣⑥，斯遠鄙倍⑦矣。籩豆之事⑧，則有司⑨存。」

①孟敬子：即魯國大夫孟孫捷。
②問：探望、探視。
③動容貌：使自己的內心感情表現於面容。
④暴慢：粗暴、放肆。
⑤正顏色：使自己的臉色莊重嚴肅。

⑥辭氣：出言，說話。指注意說話的言辭和口氣。

⑦鄙倍：鄙，粗野。倍同背，背理。

⑧籩豆之事：籩和豆都是古代祭祀和典禮中的用具。

⑨有司：指主管某一方面事務的官吏，這裡指主管祭祀、禮儀事務的官吏。

曾子有病，孟敬子去看望他。曾子對他說：「鳥快死了，牠的叫聲是悲哀的；人快死了，他說的話是善意的。君子所應當重視的道有三方面：使自己的容貌莊重嚴肅，這樣可以避免粗暴、放肆；使自己的臉色一本正經，這樣就接近於誠信；使自己說話的言辭和語氣謹慎小心，這樣就可以避免粗野和背理。至於祭祀和禮節儀式，自有主管這些事務的官吏來負責。」

曾子曰：「以能問於不能，以多問於寡；有若無，實若處，犯而不校①。昔者吾友②，嘗從事於斯矣。」

①校：同較，計較。

②吾友：我的朋友。這裡指顏淵。

曾子說：「自己有才能卻向沒有才能的人請教，自己知識多卻向知識少的人請教，有學問卻像沒學問一樣；知識很充實卻好像很空虛；被人侵犯卻也不計較——從前我的朋友就這樣做過了。」

曾子曰：「可以託六尺之孤①，可以寄百里之命②，臨大節，而不可奪也。君子人與？君子人也。」

①託六尺之孤：孤：死了父親的小孩叫孤，六尺指十五歲以下，古人以七尺指成年。托孤，受君主臨終前的囑托輔佐幼君。

②寄百里之命：寄，寄託、委託。百里之命，指掌握國家政權和命運。

曾子說：「可以把年幼的君主託付給他，可以把國家的政權託付給他，面臨生死存亡的緊急關頭而不動搖屈服。這樣的人是君子嗎？是君子啊！」

曾子曰：「士不可以不弘毅①，任重而道遠。仁以爲己任，不亦重乎？死而後已，不亦遠乎？」

①弘毅：弘，廣大。毅，強毅。

曾子說：「士不可不弘大剛強有毅力，因為他責任重大，而道路遙遠。把實現仁作為自己的責任，難道還不重大嗎？奮鬥終身，死而後已，難道路程還不遙遠嗎？」

子曰：「興①於詩。立於禮。成於樂。」

①興：開始。

孔子說：「人的修養開始於學《詩》，自立於學禮，完成於學樂。」

子曰：「民可使由之，不可使知之。」

孔子說：「對於老百姓，只能使他們按照我們的意志去做，不能使他們懂得為什麼要這樣做。」

子曰：「好勇疾①貧，亂也。人而不仁，疾之已甚②，亂也。」

① 疾：恨、憎恨。

② 已甚：已，太。已甚，即太過份。

孔子說：「喜好勇敢而又恨自己太窮困，就會犯上作亂。對於不仁德的人或事逼迫得太厲害，也會出亂子。」

子曰：「如有周公之才之美，使驕且吝，其餘不足觀也已。」

孔子說：「一個在上位的君主即使有周公那樣美好的才能，如果驕傲自大而又吝嗇小氣，那其它方面也就不值得一看了。」

子曰：「三年學，不至於穀①，不易得也。」

①穀：古代以穀作為官吏的俸祿，這裡用「穀」字代表做官。不至於穀，即做不了官。

孔子說：「學了三年，還做不了官的，是不易找到的。」

子曰：「篤信好學，守死善道。危邦不入，亂邦不居，天下有道則見①，無道則隱。邦有道，貧且賤焉，恥也，邦無道，富且貴焉，恥也。」

①見：同現。

孔子說：「堅定信念並努力學習，誓死守衛並完善治國與為人的大道。不進入政局不穩的國家，不居住在動亂的國家內。天下有道就出來做官；天下無道就隱居不出。國家有道而自己貧賤，是恥辱；國家無道而自己富貴，也是恥辱。」

子曰：「不在其位，不謀其政。」

孔子說：「不在那個職位上，就不考慮那職位上的事。」

子曰：「師摯之始①，《關雎》之亂②，洋洋乎盈耳哉！」

① 師摯之始：師摯是魯國的太師。「始」是樂曲的開端，即序曲。古代奏樂，開端叫「升歌」，一般由太師演奏，師摯是太師，所以這裡說是「師摯之始」。

② 《關雎》之亂：「始」是樂曲的開端，「亂」是樂曲的終了。「亂」是合奏樂。此時奏《關雎》樂章，所以叫「《關雎》之亂」。

孔子說：「從太師摯演奏的序曲開始，到最後演奏《關雎》的結尾，豐富而優美的音樂在我耳邊迴盪。」

子曰：「狂①而不直，侗②而不願③，悾悾④而不信，吾不知之矣。」

①狂：急躁、急進。
②侗：幼稚無知。
③願：謹慎、小心、樸實。
④悾悾：同空，誠懇的樣子。

孔子說：「狂妄而不正直，無知而不謹慎，表面上誠懇而不守信用，我真不知道有的人為什麼會是這個樣子。」

子曰：「學如不及，猶恐失之。」

孔子說：「學習知識就像追趕不上那樣，又會擔心丟掉什麼。」

子曰：「巍巍①乎，舜禹之有天下也，而不與②焉。」

①巍巍：崇高、高大的樣子。

②與：參與、相關的意思。

孔子說：「多麼崇高啊！舜和禹得到天下，不是奪過來的。」

子曰：「大哉堯之爲軍也！巍巍乎，唯天爲大，唯堯則①之。蕩蕩②乎，民無能名③焉。巍巍乎，其有成功也，煥④乎，其有文章。」

①則：傚法、為準。

②蕩蕩：廣大的樣子。

③名：形容、稱讚。

④煥：光輝。

孔子說：「真偉大啊！堯這樣的君主。多麼崇高啊！天最高大，只有堯才能傚法天的高大。他的恩德多麼廣大啊，百姓們真不知道該用什麼語言來表達對他的稱讚。他的功績多麼崇高，他制定的禮儀制度多麼光輝啊！」

舜有臣五人①，而天下治。
武王曰：「予有亂臣十人②。」
孔子曰：「才難，不其然乎？唐虞之際，於斯③爲盛，有婦人焉④，九人而已。三分天下有其二⑤，以服事殷，周之德，其可謂至德也已矣。」

①舜有臣五人：傳說是禹、稷、契、皋陶、伯益等人。
②亂臣：據《說文》：「亂，治也。」此處所說的「亂臣」，應為「治國之臣」。
③斯：指周武王時期。
④有婦人焉：指武王的亂臣十人中有武王之妻邑姜。

⑤ 三分天下有其二：《逸周書‧程典篇》說：「文王令九州之侯，奉勤於商」。相傳當時分九州，文王得六州，是三分之二。

舜有五位賢臣，就能治理好天下。

周武王也說過：「我有十名幫助我治理國家的臣子。」

孔子說：「人才難得，難道不是這樣嗎？唐堯和虞舜及周武王這個時期，人才是最盛。但十個大臣當中有一個是婦女，實際上只有九個人而已。周文王得到天下的三分之二，仍然事奉殷朝，周朝的德，可以說是最高的了。」

子曰：「禹，吾無間①然矣。菲②飲食，而致③孝乎鬼神，惡衣服，而致美乎黻冕④，卑⑤宮室，而盡力乎溝洫⑥。禹，吾無間然矣。」

① 間：空隙的意思。此處用作動詞。

② 菲：菲薄，不豐厚。

③ 致：致力、努力。

④黻冕：祭祀時穿的禮服叫黻；所戴的帽子叫冕。
⑤卑：低矮。
⑥溝洫：溝渠。

孔子說：「對於禹，我沒有什麼可以挑剔的了；他的飲食很簡單而盡力去孝敬鬼神；平時穿的衣服很簡樸，而祭祀時盡量穿得華美，自己住的宮室很低矮，而致力於修治水利事宜。對於禹，我確實沒有什麼挑剔的了。」

隋文帝韜光養晦滅陳

孔子非常欣賞有若無、實若虛、虛懷若谷的謙謙君子，認為謙虛謹慎，禮賢下士的君主才是仁君。而在朝代更替之際，亂世之秋，具有此種謙遜之態度的君主往往給人一種虛弱之感，使對手放鬆警惕，從而給自己創造獲勝機會，待到時機成熟，一舉成功。隋文帝滅陳即是如此。

西元五八一年，北周相國楊堅代周立隋，自立為皇帝，史稱隋文帝。當時南方的陳國國力貧弱，君臣不思進取，國內烏煙瘴氣。隋文帝一直想滅掉陳國，一統大江南北。從表面上看，隋國與陳國相比，無論國土面積、政治、經濟、軍事、人口等方面，都占盡優勢，但陳國有長江天險做屏障，陳軍又擅長水戰，所以，也不是好惹的。加上北方的勁敵突厥時常騷擾後方，隋文帝不敢貿然用兵。

於是隋文帝決定，先示弱陳國，假意安撫，集中力量打擊突厥，再一舉滅陳。從此，抓住陳國間諜，不但不治罪，還以禮相待，送回陳國。也不再收留陳國的民眾，哪怕是來投靠隋文帝的，這就營造出一種畏懼陳國的假像，讓陳國放鬆警惕。同時，隋文帝不動聲色地進行政府改革，鼓勵農耕，提倡習武，增強國家實力。

當時的陳國皇帝，叫陳叔寶，就是有名的陳後主。他不理朝政，整天吃喝玩樂，任由奸臣把國家弄得一塌糊塗，民不聊生。隋朝的示弱，迷惑了陳國君臣，只有少數清醒的大臣，提醒陳後主提防隋國，但陳後主不以為然，認為隋軍沒有那麼容易就能渡過長江天塹，依舊花天酒地。

雖然隋國已經具備滅陳的實力，但隋文帝依然十分謹慎，對陳國使者禮遇有加，迷惑陳軍，讓他們以為隋軍不擅水上作戰，不敢進攻陳國。暗地裡，隋文帝卻派楊素為水軍總管，日夜操練水軍，為渡江作戰做準備。

西元五八八年，隋國國力大增，水軍也已經練成。隋文帝終於認為，滅陳條件已經成熟，於是果斷派出大軍，進攻陳國。一路上隋軍所向披靡，僅僅遇到微弱抵抗，並迅速渡過長江。當隋軍的戰船抵達長江南岸時，陳國守軍還不知發生何事，隋軍過江的消息傳來，陳國的君臣都以為是謠傳，依舊花天酒地。很快的隋軍就攻入陳都建康（今南京），陳後主被擒，陳國滅亡。隋完全平定南方，統一全國。

✲解　析

因本身力量弱小而不得不韜光養晦，倒也稀鬆平常，難得是在力量比對方強大得多的時候還韜光養晦。如果遇到後一種情況，你就要格外當心，要不這個人是貨真價實的君子，要不這個人就是別有所圖。所以，在商場上，不要輕視任何對手，強弱是相對的，眼見也不一定為真，只要做到謙虛謹慎、處亂不驚，就會立於不敗之地。

哈瑞爾公司積弱而強

孔子謙虛謹慎的態度，在競爭激烈的商場上同樣適用。謙謙君子之態，在商戰中，往往體現為故意含而不露，暗中積蓄力量，同時密切觀察對方行動，尋找時機，發動反擊的韜光養晦策略。哈瑞爾公司正是以這種積弱而強的策略戰勝了強大的競爭對手。

美國威爾森・哈瑞爾公司，經過反復研製，成功推出一種噴霧清潔劑，並大量投入生產。這種噴霧清潔劑名叫「處方四〇九」，由於它簡便好用，去汙能力強，非常適合家庭使用和清潔玻璃窗，很快就被消費者接受。一九六〇年代初，「處方四〇九」已經佔有百分之五十以上的美國市場。

「處方四〇九」的成功，吸引眾多品牌的清潔劑投入市場，競爭非常激烈。其中波克特甘寶公司生產的「新奇」噴霧清潔劑最有實力，其品質與「處方四〇九」不相上下，但包裝更為優良，而且波克特甘寶公司是當時的雜貨業泰斗，財雄勢大，和它相比，哈瑞爾簡直是財微勢弱的小業主。

面臨這樣強大的競爭者，哈瑞爾並沒選擇針鋒相對。經過冷靜而周密地思考和籌畫，哈瑞爾決定，暫時停售「處方四〇九」，避開和「新奇」的正面衝突。這一招看似示弱，實際上卻取得極好的效果。

哈瑞爾瞭解到，「新奇」的第一個實驗市場是丹佛市，而這個城市也是「處方四〇九」銷售最好的市場。哈瑞爾公司在「新奇」正要登場的前一兩天，有意與零售商們打招呼，聲稱這幾天因需求量大，暫停供貨幾天。由於缺貨，丹佛市清潔劑專售店的「處方四〇九」很快就銷售一空，許多顧客們因為買不到合適的清潔劑而十分煩惱。所以，「新奇」在該市場一出現，為應急的家庭主婦便一擁而上，「新奇」也很快就售完。實驗市場旗開得勝的消息傳到總部，波克特甘寶公司並沒有考慮到顧客的接受心理，認為「處方四〇九」已被擊垮，決定大量生產並向全美市場推廣。

然而，哈瑞爾公司就在這個時候開始行動。它推出大包裝，這些大包裝內的清潔劑足夠主婦們使用半年以上。為增加大包裝清潔劑的銷售量，哈瑞爾公司還加大廣告宣傳力度，聯合全國的各大銷售點對這些產品進行特價促銷。主婦們看到「處方四〇九」又出現在市場上，而且如此經濟實惠，便紛紛搶購。而波克特甘寶公司已經投入大規模生產，結果發現一連數月，「新奇」都無人問津，銷售商也不肯再經銷。哈瑞爾則緊跟著開展促銷活動，牢牢地佔據清潔劑市場的主要位置。

✡解析

「商戰」這個詞，已經揭示出商場的虛虛實實、險象還生，商業競爭，也是鬥智鬥勇的較量，這就無怪乎孫子兵法三十六計流行於企業界。俗話說，槍打出頭鳥，在沒有絕對實力和絕對自信的情況下，不要鋒芒畢露，更不要輕易出手。先發固然可以制人，卻難免打草驚蛇，暴露實力。包括哈瑞爾故事在內，愈來愈多的事實證明，後發制人，才可以出奇制勝，後來居上。

美國「虎飛」自行車風靡市場

孔子提倡「學如不及，猶恐失之」的學習態度，這種態度對於企業來說，也是非常重要的。善於向顧客學習，善於向競爭對手學習的企業，往往能在競爭中立於不敗之地。美國虎飛自行車公司以謙虛的態度，將自己放於低處，善於學習並借用競爭對手們的優勢，後來居上，成為最終的勝利者。

美國虎飛自行車公司創建於一九二八年，牌子老、規模大、知名度高、經營有特色。在美國，有不少成年人將騎自行車作為運動，自行車消費量很大。如此良好的銷售環境加上虎飛公司強大的自身實力，發展前途似乎一片光明。

但是世界市場風雲變幻，競爭無處不在。先是美國整車市場的二分之一被臺灣、日本、韓國等國奪下；繼而英國、法國、德國傾銷零件，美國自行車市場充斥外來貨。而國內對手又步步緊逼，虎飛一下處於內外夾擊的困境。

面對如此的形勢，虎飛公司認真分析自行車市場，認為以自己目前的實力，不能與國外的知名品牌鬥狠硬拼，與其處於進退兩難的困境，不如暫時保存實力，先借助別的品牌求得生存。這對於當時美國的許多家公司來說，都是不能接受的，因為這意味著甘居人後，是很丟臉的事情。

但是虎飛卻另有打算，它選中英國來禮，一方面因為來禮是美國自行車市場的第二大品牌，給人以「謙謙君子款款騎行在英國林蔭小道，悠然自得」的高雅形象，這是許多美國成年人追求的，也是來禮保持市場銷售量的重要原因。另外，來禮是虎飛難以對付的強大對手，無論是從公司形象和產品上都沒有來禮公司有優勢。於是，虎飛不惜重金與英國來禮公司簽訂長期獨家代理合約，可以在美國以唯一代理的身份生產銷售來禮公司的產品，並且有權使用來禮公司的商標，進一步擴大商標的使用範圍。它根據合約建立了美國來禮自行車公司，並租用廠房進行量產。這樣，虎飛巧妙的借用來禮商標大量生產並銷售自己的產品，不久以後，虎飛就打開市場，其單車價格猛漲，市場佔有率反倒上升，這都是來禮商標帶來的好處。

虎飛公司韜光養晦，退一步海闊天空。當來禮公司看到虎飛發展壯大以後，後悔不及，這時候虎飛已經和它勢均力敵。不久，「虎飛」自行車風靡全美市場，並迅速走上國際化之路。

✯解析

虎飛公司獨具慧眼，示弱於人韜光養晦，成功演出一場翻身好戲。孔子云，「擇其善者而從之」，虎飛公司更為大膽，乾脆來個「借雞生蛋」，再成功上演「過河拆橋」，如此奇計，令人讚歎不已。發展才是正理，不能生存，談何臉面？虎飛公司深諳此中道理，故能力排眾議，甘居人後，用以退為進之法後來居上。

論語智慧

卷九　子罕

在這一篇裡，孔子讚頌松柏「歲寒，然後知松柏之後凋也」，真金不怕火煉，火煉才能出真金，只有逆境才能顯示出人的真本色，才能磨練出傑出人物。天有不測風雲，對於企業管理者來說，難免會遇到逆境，一個優秀的企業管理者，會在逆境中奮力抗爭、不屈不撓，因而變得更強。

【原文】

子罕①言，利，與②命，與仁。

①罕：稀少，很少。
②與：贊同、肯定。

孔子很少談到利益，卻贊成天命和仁德。

達巷黨人①曰，「大哉孔子！博學而無所成名②。」子聞之，謂門弟子曰：「吾何執？執御乎，執射乎？吾執御矣。」

①達巷黨人：古代五百家為一黨，達巷是黨名。這是說達巷黨這地方的人。
②博學而無所成名：學問淵博，因而不能以某一方面來稱道他。

達巷黨這個地方有人說：「孔子真偉大啊！他學問淵博，因而不能以某一方面的專長來稱讚他。」

孔子聽說了，對他的學生說：「我要專長於哪個方面呢？駕車？還是射箭呢？我還是駕車吧。」

子曰：「麻冕①，禮也；今也純②，儉③，吾從眾。拜下④，禮也；今拜乎上，泰⑤也。雖違眾，吾從下。」

① 麻冕：麻布製成的禮帽。
② 純：絲綢，黑色的絲。
③ 儉：儉省，麻冕費工，用絲則儉省。
④ 拜下：大臣面見君主前，先在堂下跪拜，再到堂上跪拜。
⑤ 泰：這裡指驕縱、傲慢。

孔子說：「用麻布製成的禮帽，符合於禮的規定。現在大家都用黑絲綢製作，這樣比過去節省了，我贊成大家的作法。臣子面見國君首先要在堂下跪拜，這也是符合於禮的。現在大家都到堂上跪拜，這是驕縱的表現。雖然與大家的作法不一樣，我還是主張先在堂下拜。」

子絕四，毋意①，毋必②，毋固③，毋我④。

① 意：同臆，猜想、猜疑。

② 必：必定。

③ 固：固執己見。

④ 我：這裡指自私之心。

孔子杜絕了四種弊病：沒有主觀猜疑，沒有一定要實現的期望，沒有固執己見之舉，沒有自私之心。

子畏於匡①，曰：「文王②既沒，文不在茲③乎？天之將喪斯文也，後死者④不得與⑤於斯文也；天之未喪斯文也，匡人其如予何⑥？」

①畏於匡：匡，地名，在今河南省長垣縣西南。畏，受到威脅。西元前四九六年，孔子從衛國到陳國途中經過匡地。匡人曾受到魯國陽虎的掠奪和殘殺。孔子的相貌與陽虎相像，匡人誤以為孔子就是陽虎，所以將他圍困。

②文王：周文王，姓姬名昌，西周開國之君周武王的父親，是孔子認為的古代聖賢之一。

③茲：這裡，指孔子自己。

④後死者：孔子這裡指自己。

⑤與：同「舉」，這裡是掌握的意思。

⑥如予何：奈我何，把我怎麼樣。

孔子被匡地的人們圍困時，他說：「周文王死了以後，周代的禮樂文化不都表現在我的身上嗎？上天如果想要消滅這種文化，那我就不可能掌握這種文化了；上天如果不想消滅這種文化，那麼匡人又能把我怎麼樣呢？」

大宰[①]問於子貢曰：「夫子聖者與？何其多能也？」
子貢曰：「固天縱[②]之將聖，又多能也。」
子聞之曰：「大宰知我乎？吾少也賤，故多能鄙事[③]。君子多乎哉？不多也！」

① 太宰：官名，掌握國君宮廷事務。
② 縱：讓，使，不加限量。
③ 鄙事：卑賤的事情。

太宰問子貢說：「孔夫子是位聖人吧？為什麼這樣多才多藝呢？」
子貢說：「這本是上天讓他成為聖人，並讓他多才多藝。」
孔子聽到後說：「太宰怎麼會瞭解我呢？我因為年少時地位低賤，所以會許多卑賤的技藝。君子會有這麼多的技藝嗎？不會多的。」

牢①曰：「子云：『吾不試②，故藝。』」

① 牢：鄭玄說此人係孔子的學生，但在《史記・仲尼弟子列傳》中未見此人。
② 試：用，被任用。

子牢說：「孔子說過，『我年輕時沒有去做官，所以會許多技藝』。」

子曰：「吾有知乎哉？無知也。有鄙夫①問於我，空空如也②；我叩③其兩端④而竭⑤焉。」

① 鄙夫：孔子稱鄉下人、社會下層的人。
② 空空如也：指孔子自己心中空空無知。
③ 叩：叩問、詢問。
④ 兩端：兩頭，指正反、始終、上下方面。

⑤竭：窮盡、盡力追究。

孔子說：「我有知識嗎？其實沒有知識。有一個鄉下人問我，我對他談的問題本來一點也不知道。我只是從問題的兩端去問，這樣對此問題就可以全部清楚了。」

子曰：「鳳鳥①不至，河不出圖②，吾已矣乎！」

①鳳鳥：古代傳說中的一種神鳥。傳說鳳鳥在舜和周文王時代都出現過，牠的出現象征「聖王」將要出世。

②河不出圖：傳說在上古伏羲氏時代，黃河中有龍馬背負八卦圖而出。牠的出現也象徵著「聖王」將要出世。

孔子說：「鳳鳥不來，黃河中也不在出現八卦圖了。我這一生也就完了吧！」

子見齊衰①者、冕衣裳者②，與瞽③者，見之，雖少必作④；過之必趨⑤。」

①齊衰：喪服，古時用麻布製成。

②冕衣裳者：冕，官帽；衣，上衣；裳，下服，這裡統指官服。冕衣裳者指貴族。

③瞽：盲。

④作：站起來，表示敬意。

⑤趨：快步走，表示敬意。

孔子遇見穿喪服的人，當官的人和盲人時，雖然他們年輕，也一定要站起來，從他們面前經過時，一定要快步走過。

顏淵喟①然歎曰：「仰之彌②高，鑽③之彌堅，瞻④之在前，忽焉在後！夫子循循然善誘人⑤：博我以文，約我以禮。欲罷不能，即竭吾才，如有所立，卓爾⑥；雖欲從之，末由⑦也已！」

①喟：歎息的樣子。
②彌：更加，越發。
③鑽：鑽研。
④瞻：視、看。
⑤循循然善誘人：循循然，有次序地。誘，勸導，引導。
⑥卓爾：高大、超群的樣子。
⑦末由：末，無、沒有。由，途徑，路徑。這裡是沒有辦法的意思。

顏淵感歎地說：「對於老師的學問與道德，我抬頭仰望，越望越覺得高；努力鑽研，越鑽研越覺得無法窮盡。看著它好像在前面，忽然又像在後面。老師善於一步一步地誘導我，用各種典籍來豐富我的知識，又用各種禮節來約束我的言行，使我想停止學習都不可能，直到用盡了我的全力。就好像有一個十分高大的東西立在我前面，雖然我想要追隨上去，卻沒有前進的路徑了。」

子疾病，子路使門人爲臣①，病間②，曰：「久矣哉，由之行詐也！無臣而爲有臣，吾誰欺？欺天乎？且予與其死於臣之手也，無寧③死於二三子之手乎！且予縱不得大葬④，予死於道路乎？」

①為臣：臣，指家臣，總管。孔子當時不是大夫，沒有家臣，但子路叫門人充當孔子的家臣，準備由此人負責總管安葬孔子之事。

②病間：病情減輕。

③無寧：寧可。「無」是發語詞，沒有意義。

④大葬：指大夫的葬禮。

孔子患重病，子路派孔子的門徒去作孔子的家臣，負責料理後事，後來，孔子的病情好了一些，他說：「仲由很久以來就做這種弄虛作假的事情。我明明沒有家臣，卻偏偏要裝作有家臣，我騙誰呢？我騙上天嗎？與其在家臣的侍候下死去，我寧可在你們這些學生的侍候下死去，這樣不是更好嗎？而且即使我不能以大夫之禮來安葬，難道就會被丟在路邊沒人埋嗎？」

子貢曰：「有美玉於斯，韞櫝①而藏諸？求善賈②而沽③諸？」
子曰：「沽之哉！沽之哉！我待賈者也！」

① 韞櫝：收藏物件的櫃子。
② 善賈：識貨的商人。
③ 沽：賣出去。

子貢說：「這裡有一塊美玉，是把它收藏在櫃子裡呢？還是找一個識貨的商人賣掉呢？」
孔子說：「賣掉吧，賣掉吧！我正在等著識貨的人呢。」

子欲居九夷①。或曰：「陋②，如之何？」
子曰：「君子居之，何陋之有！」

① 九夷：中國古代對於東方少數民族的通稱。

②陋：鄙野，文化閉塞，不開化。

孔子想要搬到九夷地方去居住。有人說：「那裡非常落後閉塞，不開化，怎麼能住呢？」

孔子說：「有君子居住，就不閉塞落後了。」

子曰：「吾自衛反魯①，然後樂正②，雅頌③，各得其所。」

①自衛反魯：西元前四八四年（魯哀公十一年）冬，孔子從衛國返回魯國，結束了十四年遊歷不定的生活。

②樂正：調整樂曲的篇章。

③雅頌：這是《詩經》中兩種不同的詩的名稱。也是指雅樂、頌樂等樂曲名稱。

孔子說：「我從衛國返回到魯國以後，樂才得到整理，雅樂和頌樂各有適當的安排。」

子曰：「出則事公卿，入則事父兄，喪事不敢不勉，不為酒困，何有於我哉！」

孔子說：「在外事奉公卿，在家孝敬父兄，有喪事不敢不盡力去辦，不被酒所困，這些事對我來說有什麼困難呢？」

子在川上曰：「逝者如斯夫！不捨晝夜。」

孔子在河邊說：「消逝的時光就像這河水一樣啊，不分晝夜地向前流去。」

子曰：「吾未見好德，如好色者也。」

孔子說：「我沒有見過像好色那樣好德的人。」

子曰：「譬如爲山，未成一簣①；止，吾止也！譬如平地，雖覆一簣；進，吾往也！」

①簣：土筐。

孔子說：「譬如用土堆山，只差一筐土就完成了，這時停下來，那是我自己要停下來的；譬如在平地上堆山，雖然只倒下一筐，這時繼續前進，那是我自己要前進的。」

子曰：「語之而不惰者，其回也與！」

孔子說：「聽我說話而能毫不懈怠的，只有顏回一個人吧！」

子謂顏淵曰：「惜乎！吾見其進也，吾未見其止也！」

孔子對顏淵說：「可惜呀！我只見過他不斷前進，從來沒有看見他停止過。」

子曰：「苗而不秀①者，有矣夫！秀而不實者，有矣夫！」

①秀：稻、麥等莊稼吐穗揚花叫秀。

孔子說：「莊稼出了苗而不能吐穗揚花的情況是有的；吐穗揚花而不結果實的情況也有。」

子曰：「後生可畏，焉知來者之不如今也？四十、五十而無聞焉，斯亦不足畏也已！」

孔子說：「年輕人是值得敬畏的，怎麼就知道後一代不如前一代呢？如果到了四、五十歲時還默默無聞，那他就沒有什麼可以敬畏的了。」

子曰：「法語之言①，能無從乎？改之爲貴！巽與之言②，能無說③乎？繹④之爲貴！說而不繹，從而不改，吾末⑤如之何也已矣！」

① 法語之言：法，指禮儀規則。這裡指以禮法規則正言規勸。
② 巽與之言：巽，恭順，謙遜。與，稱許，讚許。這裡指恭順讚許的話。
③ 說：同「悅」。
④ 繹：原義為「抽絲」，這裡指推究，追求，分析，鑒別。
⑤ 末：沒有。

孔子說：「符合禮法的正言規勸，誰能不聽從呢？但只有按它來改正自己的錯誤才是可貴的。恭順讚許的話，誰聽了不高興呢？但只有認真推究它的真偽是非，才是可貴的。只是高興而不去分析，只是表示聽從而不改正錯誤，對這樣的人我拿他實在是沒有辦法了。」

子曰：「三軍①可奪師也，匹夫②不可奪志也。」

①三軍：一萬二千五百人為一軍，三軍包括大國所有的軍隊。此處言其多。

②匹夫：平民百姓，主要指男子。

孔子說：「一國軍隊，可以奪去它的主帥；但一個男子漢，他的志向是不能強迫改變的。」

子曰：「衣①敝縕袍②，與衣狐貉③者立，而不恥者，其由也與？『不忮不求④，何用不臧？』」子路終身誦之。子曰：「是道也，何足以臧！」

①衣：穿，當動詞用。

②敝縕袍：敝，壞。縕，舊的絲棉絮。這裡指破舊的絲棉袍。

③狐貉：用狐和貉的皮做的裘皮衣服。

④不忮不求，何用不臧：這兩句見《詩經・邶風・雄雉》篇。忮，害的意思。臧，

善，好。

孔子說：「穿著破舊的絲棉袍子，與穿著狐貉皮袍的人站在一起而不認為是可恥的，大概只有仲由吧。《詩經》上說：『不嫉妒，不貪求，為什麼說不好呢？』」子路聽後，反覆背誦這句詩。孔子又說：「只做到這樣，怎麼能說夠好了呢？」

子曰：「歲寒，然後知松柏之後彫也。」

孔子說：「到了寒冷的季節，才知道松柏是最後凋謝的。」

子曰：「知者不惑；仁者不憂；勇者不懼。」

孔子說：「聰明人不會迷惑，有仁德的人不會憂愁，勇敢的人不會畏懼。」

子曰：「可與共學，未可與適道①；可與適道，未可與立②；可與立，未可與權③。」

①適道：適，往。這裡是志於道，追求道的意思。
②立：堅持道而不變。
③權：秤錘。這裡引申為權衡輕重。

孔子說：「可以一起學習的人，未必都能學到道；能夠學到道的人，未必能夠堅守道；能夠堅守道的人，未必能夠隨機應變。」

「唐棣①之華，偏其反而②。豈不爾思？室是遠而③。」子曰：「未之思也，未何遠之有？」

①唐棣：一種植物，屬薔薇科，落葉灌木。
②偏其反而：形容花搖動的樣子。
③室是遠而：只是住的地方太遠了。

古代有一首詩這樣寫道：「唐棣的花朵啊，翩翩地搖擺。我豈能不想念你啊？只是由於家住的地方太遠了。」

孔子說：「他還是沒有真的想念，如果真的想念，有什麼遙遠呢？」

顏真卿臨危不屈顯忠貞

子曰：「歲寒，然後知松柏之後凋。」君子的品節和德操，平時不顯山不露水，只有到艱難困苦的境地，方才凸顯出來。疾風知勁草、危時現忠臣，歷代忠臣義士，往往能在千鈞一髮之時當仁不讓，力挽狂瀾，他們的美好品質和高尚德行，在中國歷史上熠熠生輝。

安史之亂後，唐朝由盛而衰，各地節度使乘機割據地盤，對抗中央。唐德宗建中四年（西元七八二年），淮西節度使李希烈等五個藩鎮同時叛亂。李希烈自稱天下兵馬大元帥，率領叛軍步步緊逼。朝廷大為震驚，決定派人去勸降，但因為太危險，一時找不到合適的人選。當時的宰相盧杞跟顏真卿不和，便公報私仇，極力向唐德宗推薦顏真卿。顏真卿當時已經是八十歲的老人，接到皇帝聖旨，不敢懈怠，於是不顧年老體弱，僅帶幾個侍從就慷慨前往叛軍駐地。

顏真卿也是著名的書法家，其楷書端正厚重，遒勁有力。人如其字，他為人正直、剛勁不屈，為時人所重，但也因此得罪不少奸臣小人，例如盧杞，就千方百計想要陷害他，這次終於奸計得逞。

李希烈聽說顏真卿來到，想給他個下馬威。顏真卿剛到那裡展開勸服工作，李希烈的養子就帶領部將，拿著明晃晃的尖刀，威脅他住口。顏真卿視他們如無物，只是冷冷一笑，毫無懼色。李希烈假惺惺地護住顏真卿，然後把他送回驛館，企圖慢慢軟化他，利用顏真卿來實現自己的稱帝夢。

幾天之後，李希烈宴請其他四個叛鎮派來的使者，他們是來勸李希烈稱帝的。李希烈也請顏真卿參加。叛鎮使者一見顏真卿，都向李希烈祝賀道：「早就聽說顏太師德高望重，現在元帥將要即位稱帝，正好太師來到，不是現成的宰相嗎？」顏真卿大怒，憤然道：「什麼宰相不宰相！我已經快八十歲，要殺要剮都不怕，難道會受你們的誘惑，怕你們的威脅嗎？」四個使者被顏真卿凜然的神色嚇住，縮著脖子說不出話來。

李希烈看顏真卿不好對付，就把他關起來。他還讓士兵在院子裡挖出一個一丈見方的大坑，揚言要把顏真卿活埋。有一天，李希烈來勸降，他對李希烈說：「我死活已定，何必再玩弄這些花招，你把我一刀砍死，豈不痛快！」

第二年，李希烈稱帝，又派部將威逼顏真卿投降。他們架起柴火，澆足油，威脅顏真卿：「再不投降，就把你放在火裡燒！」顏真卿二話沒說，就縱身往柴火跳去，被人拉住。李希烈見他寧死不屈，不肯被自己利用，不久，便將他殺害。

顏真卿遇難的消息傳到朝廷，文武百官無不哀歎惋惜，對他的臨危受命、大義凜然和忠貞不屈的精神深為敬佩。

✡解析

疾風知勁草，烈火煉真金，逆境才是人格的試金石。太平時期慷慨陳詞之人多如牛毛，危難時期視死如歸者卻寥寥無幾，而如顏真卿這般忠貞正直、火燒於前而慷慨赴死，更是難能可貴。人不能沒有一點信念，顏真卿八十高齡依舊渾身是膽，直入虎穴，靠的就是一種為國為民的信念。做生意也是如此，如果只是抱著投機的心理，缺乏堅定的信念和意志，在陷入困境時，就會缺乏必勝的勇氣和信心，這樣還談何成功呢？

亞洲電影之王邵逸夫面對逆境

孔子非常重視人們在困境中的表現，認為只有在困境中能夠昂然挺立、不失堅貞，才是真正的君子。做任何事情，都難免遇到挫折，真正的勇士敢於直面逆境，與艱難困苦做不懈的鬥爭，不輕言放棄，最終成就一番大事業。香港影視界巨頭邵逸夫在逆境中不退縮、不妥協，終獲成功。

邵逸夫是香港邵氏影業公司董事長和香港電視廣播有限公司董事長。他的成功之路並不平坦，曾一次次陷入困境，但又一次次從逆境中崛起，終於取得今天這麼大的成就。

一九二六年，邵逸夫與其三哥邵仁枚一起，到新加坡建立一家電影公司。經過十多年苦心經營，公司已經擁有一百多家戲院和六家遊樂場，分佈在東南亞一帶。正當二人準備再接再厲時，第二次世界大戰爆發，戰爭將二人多年來的心血摧毀殆盡。面對這樣巨大的打擊，邵逸夫沒有退縮，他認為只要精神不垮，一切都能再重來。戰爭剛結束，他重整旗鼓，又開始四處奔波。

一九五九年，邵逸夫和三哥分頭發展，他到香港建立邵氏兄弟（香港）有限公司。他發現當時香港清水灣附近有一座山，景色秀美，非常適合拍電影，便傾囊買下那塊土地，幾年之後，這裡屹立起一座影城。影城的技術、設備先進，自然風光優美清新，邵氏公司以此為基地，初步打造出自己的電影王國，迅速佔領東南亞一帶的電影市場。

但是到八〇年代，電影業的競爭達到白熱化程度，各影業公司都使出渾身解數，打擊競爭對手，由於邵氏兄弟公司實力雄厚，明星雲集，自然就成為眾矢之的。影星是票房的保證，對電影尤其是商業電影的重要性不言而喻，但競爭對手們抓住邵逸夫的一個小失誤，挖走他手下一大批明星，使得公司陷入困境，每年電影的拍攝數量由幾十部迅速降至幾部。而影星又不是短時期內能培養出來的，龐大的公司每一天都在消耗巨額資金，入不敷出，公司眼看難以支撐下去。在這種情況下，邵逸夫沒有灰心沮喪，而是冷靜的分析當時的形勢和市場行情。他認為影業的競爭已經過度，很難再有豐厚利潤，不如把手頭現有的資金和精力轉移到其他業務中，於是他選擇錄影帶業務作為重新崛起的出發點。結果大獲成功，邵氏公司又一次異軍突起。

隨後，邵逸夫又進一步將自己的業務多元化。生意網遍佈東南亞、澳洲和美國等地，收益超過香港總部。他還抓住時機購買香港有線傳播公司和無線電視公司的股權，終於成為香港影視界之王。

✲解析

商業泰斗風光無限，其背後的辛酸，又有幾人知？「泰斗」之所以為「泰斗」，不但在於他非凡的商業能力，還在於他非凡的信念和抗壓能力。逆境並不可怕，可怕的是身處逆境，毫無鬥志，半途而廢，只有真正的成功者，才敢於面對逆境，愈挫愈勇。如果邵逸夫因為戰爭的打擊鬱鬱不振，因對手的不道德競爭而自暴自棄，那麼，還會有誰記得邵逸夫呢？只是又一顆流星一閃而過罷了。

報業大王默多克迎難而上

人遇到艱難困苦時，都應堅貞不屈地去面對。任何企業要發展壯大，甚至成為本行業的領頭羊，都需要經營者付出巨大的心血，經歷過五關斬六將的磨難。許多企業往往承受不住沉重的壓力，紛紛退出，這個時候，只有敢於迎難而上、愈挫愈勇的經營者，才能成為行業霸主。報業大王默多克正是以迎難而上的勇氣和毅力成就了輝煌的事業。

魯伯特・默多克，是享譽世界的報業大王。他讀大學時，父親就去世，給他留下遺言，希望他終生致力於造福人類的新聞事業，他自己也決心在新聞行業闖出一片天。

默多克子承父業，擁有澳大利亞先驅和時代週刊集團，可是實力還很薄弱，不久，他吞併墨爾本的《新思想》週刊和《星期日時代報》，事業初步發展。他又買下當地一家電視臺的股份，開始經營電視業務。由於他缺乏政治和社會經驗，沒多久，就在競爭中失敗。

但是默多克的雄心壯志並沒有受到影響，他回到原先的報業仍然積極地開拓市場，《先驅》和《時代週刊》終於打入雪梨市場。然而新的考驗迅速到來，當時澳大利亞實行緊縮性經濟政策，整個報業處境艱難。一九六一年，正值澳大利亞大選，默多克希望藉由對大選結果的準確預測來提高報紙的知名度，然而事與願違，預測都不正確，默多克又一次失敗。

然而，他愈挫愈勇。為獲得更有影響力、更有份量的素材，他決定進軍首都坎培拉，因為在那裡，能夠及時獲得具有影響力的重大新聞。他籌辦一份《澳大利亞人報》，並且向當地報業大王——《坎培拉時代》發出挑戰，經過免費贈送、大張旗鼓地宣傳等活動，《澳大利亞人報》開始受到人們的關注。但由於對當地民意與政治缺乏瞭解，以及競爭對手的排斥，《澳大利亞人報》不久就陷入困境，報紙滯銷，虧損加大，而且受到當地輿論界的攻擊。但即使在這種情況下，默多克也沒有退縮。為重振報業，他改進報館的設備，調整編輯群。為取得有價值的新聞，他積極爭取進入坎培拉的政治圈。經過幾年的艱苦努力，《澳大利亞人報》終於羽翼豐滿，銷售量達十二萬份。

澳大利亞市場穩定後，默多克把目光轉向世界，逐步收購和控制一些英國、美國的著名報紙，如英國的《世界新聞報》、《泰晤士報》和《星期日泰晤士報》等，終於建立起來一個世界級的報業帝國。

✲解析

子曰：「三軍可奪帥，匹夫不可奪志。」只有意志堅強、滿懷信心、堅忍不拔的人，才能夠成就不凡的事業。默多克，正是憑藉他堅定的信念和勇氣，將一次又一次的失敗轉化為最後的成功。企業的領導人，需要具備以堅定的信念和無所畏懼的勇氣面對困境，只有經歷過這樣的考驗，才能獲得真正的成功。默多克的成功不可複製，但是他身上的優秀素質卻值得我們永遠好好學習。

論語智慧

卷十 鄉黨

本篇主要記錄孔子的日常言行。孔子處事守禮，在不同的場合言行不同，「入公門，鞠躬如也，如不容。立不中門，行不履閾。過位，色勃如也，足躩如也，其言似不如者。攝齊升堂，鞠躬如也，屏氣似不息者。出，降一等，逞顏色，怡怡如也。沒階趨，翼如也。」孔子根據自己所處的環境，適當調整自己的角色，表現出很強的適應力。無論是從政還是經商，抑或他事，要能夠如變色龍一般，隨機應變，做出適當的調整，這樣才能如魚得水，立於不敗之地。

【原文】

孔子於鄉黨，恂恂①如也，似不能言者。其在宗廟、朝廷，便便②言；唯謹爾。

①恂恂：溫和恭順。
②便便：辯，善於辭令。

孔子在本鄉的地方上顯得很溫和恭敬，像是不會說話的樣子。但他在宗廟、朝廷上，卻很善於言辭，只是說得比較謹慎而已。

朝，與下大夫言，侃侃①如也；與上大夫言，誾誾②如也。君在，踧踖③如也，與與④如也。

①侃侃：說話理直氣壯，不卑不亢，溫和快樂的樣子。
②誾誾：正直，和顏悅色而又能直言諍辯。

③踧踖：恭敬而不安的樣子。
④與與：小心謹慎、威儀適中的樣子。

孔子上朝的時候，在國君還沒有到來時，同下大夫說話，溫和而快樂的樣子；同上大夫說話，正直而公正的樣子；國君已經來了，恭敬而心中不安的樣子，但又儀態適中。

君召使擯①，色勃如也②。足躩③如也，揖所與立，左右手，衣前後，襜④如也。趨進，翼如也⑤。賓退，必覆命，曰：「賓不顧矣。」

①擯：動詞，負責招待國君的官員。
②色勃如也：臉色立即莊重起來。
③足躩：躩，腳步快速的樣子。
④襜：整齊。
⑤翼如也：如鳥兒展翅一樣。

國君召孔子去接待賓客，孔子臉色立即莊重起來，腳步也快起來，他向和他站在一起的人作揖，手向左或向右作揖，衣服前後擺動，卻整齊不亂。快步走的時候，像鳥兒展開雙翅一樣。賓客走後，必定向君主回報說：「客人已經不回頭張望了。」

入公門，鞠躬如①也，如不容。立不中門，行不履閾②。過位，色勃如也，足躩如也，其言似不足者。攝齊③升堂，鞠躬如也，屏氣似不息者。出，降一等④，逞⑤顏色，怡怡如也；沒階⑥，趨進，翼如也；復其位，踧踖如也。

①鞠躬如：謹慎而恭敬的樣子。
②履閾：閾，門檻，腳踩門檻。
③攝齊：齊，衣服的下擺。攝，提起。提起衣服的下擺。
④降一等：從台階上走下一級。
⑤逞：舒展開，鬆口氣。
⑥沒階：走完了台階。

孔子走進朝廷的大門，謹慎而恭敬的樣子，好像沒有他的容身之地。站，他不站在門的中間；走，也不踩門檻。經過國君的座位時，他臉色立刻莊重起來，腳步也加快起來，說話也好像中氣不足一樣。提起衣服下擺向堂上走的時候，恭敬謹慎的樣子，憋住氣好像不呼吸一樣。退出來，走下台階，臉色便舒展開來，怡然自得的樣子。走完台階，快快地向前走幾步，姿態像鳥兒展翅一樣。回到自己的位置，是恭敬而不安的樣子。

執圭①，鞠躬如也；如不勝。上如揖，下如授，勃如戰色②，足蹜蹜③如有循④。享禮⑤，有容色；私覿⑥，愉愉如也。

① 圭：一種上圓下方的玉器，舉行典禮時，不同身份的人拿著不同的圭。出使鄰國，大夫拿著圭作為代表君主的憑信。
② 戰色：戰戰兢兢的樣子。
③ 蹜蹜：小步走路的樣子。
④ 如有循：循，沿著。好像沿著一條直線往前走一樣。
⑤ 享禮：享，獻上。指向對方貢獻禮物的儀式。使者受到接見後，接著舉行獻禮儀

式。

⑥覿：會見。

孔子出使別的諸侯國，拿著圭，恭敬謹慎，像是舉不起來的樣子。向上舉時好像在作揖，放在下面時好像是給人遞東西。臉色莊重得如戰慄，步子很小，好像沿著一條直線往前走。在舉行贈送禮物的儀式時，顯得和顏悅色。和國君舉行私下會見的時候，更輕鬆愉快了。

君子不以紺緅飾①，紅紫不以爲褻服②；當暑，袗絺綌③，必表而出之④。緇衣⑤羔裘⑥，素衣麑⑦裘，黃衣狐裘。褻裘長，短右袂⑧。必有寢衣，長一身有半。狐貉厚以居⑨。去喪無所不佩。非帷裳⑩，必殺之⑪。羔裘玄冠⑫，不以弔⑬。吉月⑭，必朝服而朝。齊，必有明衣，布；齊必變食，居必遷坐。

①不以紺緅飾：紺，深青透紅，齋戒時服裝的顏色。緅，黑中透紅，喪服的顏色。這裡是說，不以深青透紅或黑中透紅的布給平常穿的衣服鑲邊作飾物。

②紅紫不以為褻服：褻服，平時在家裡穿的衣服。古人認為，紅紫不是正色，便服不宜用紅紫色。

③袗絺綌：袗綌，單衣。絺，細葛布。綌，粗葛布。這裡是說，穿粗的或細的葛布單衣。

④必表而出之：把麻布單衣穿在外面，裡面還要襯有內衣。

⑤緇衣：黑色的衣服。

⑥羔裘：羔皮衣。古代的羔裘都是黑羊皮，毛皮向外。

⑦麑：小鹿，白色。

⑧短右袂：袂，袖子。右袖短一點，是為了便於做事。

⑨狐貉之厚以居：狐貉之厚，厚毛的狐貉皮。居，坐。

⑩帷裳：上朝和祭祀時穿的禮服，用整幅布製作，不加以裁剪。折疊縫上。

⑪必殺之：一定要裁去多餘的布。殺，裁。

⑫羔裘玄冠：黑色皮禮帽。

⑬不以弔：不用於喪事。

⑭吉月：每月初一。

　　君子不用深青透紅或黑中透紅的布鑲邊，不用紅色或紫色的布做平常在家穿的衣服。夏天穿粗的或細的葛布單衣，但一定要套在內衣外面。黑色的羔羊皮袍，配黑色的罩衣。白色的鹿皮袍，配白色的罩衣。黃色的狐皮袍，配黃色的罩衣。平常在家穿的皮袍做得長一些，右邊的袖子短一些。睡覺一定要有睡衣，要有一身半長。用狐貉的厚毛皮做坐墊。喪服期滿，脫下喪服後，便佩帶上各種各樣的裝飾品。如果不是禮服，一定要加以剪裁。不穿著黑色的羔羊皮袍和戴著黑色的帽子去弔喪。每月初一，一定要穿著禮服去朝拜君主。

齊①，必有明衣②，布；齊必變食③，居必遷坐④。

①齊：同齋。
②明衣：齋前沐浴後穿的浴衣。
③變食：改變平常的飲食。指不飲酒，不吃蔥、蒜等有刺激味的東西。
④居必遷坐：指從內室遷到外室居住，不和妻妾同房。

齋戒沐浴的時候，一定要有浴衣，用布做的。齋戒的時候，一定要改變平常的飲食，居住也一定搬移地方，不與妻妾同房。

食不厭精，膾①不厭細。食饐②而餲③，魚餒④而肉敗⑤，不食。色惡不食，臭惡不食。失飪不食，不時⑥不食。割不正不食，不得其醬不食。肉雖多，不使勝食氣⑦；唯酒無量，不及亂⑧。沽酒，市脯⑨，不食。不撤薑食，不多食。

①膾：切細的魚、肉。

②饐：陳舊。食物放置時間長了。

③餲：變味了。

④餒：魚腐爛，這裡指魚不新鮮。

⑤敗：肉腐爛，這裡指肉不新鮮。

⑥不時：應時，時鮮。

⑦氣：同「餼」，即糧食。

⑧不及亂：亂，指酒醉。不到酒醉時。

⑨ 脯：熟肉乾。

糧食不嫌舂得精，魚和肉不嫌切得細。糧食陳舊和變味了，魚和肉腐爛了，都不吃。食物的顏色變了，不吃。氣味變了，不吃。烹調不當，不吃。不新鮮的東西，不吃。肉切得不方正，不吃。佐料放得不適當，不吃。席上的肉雖多，但吃的量不超過米麵的量。只有酒沒有限制，但不喝醉。從市面上買來的肉乾和酒，不吃。每餐必須有薑，但也不多吃。

祭於公，不宿肉①。祭肉②，不出三日；出三日，不食之矣。

① 不宿肉：不使肉過夜。古代大夫參加國君祭祀以後，可以得到國君賜的祭肉。但祭祀活動一般要持續二三天，所以這些肉就已經不新鮮，超過三天，就不能再過夜了。

② 祭肉：這是祭祀用的肉。

孔子參加國君祭祀典禮時分到的肉，不能留到第二天。祭祀用過的肉不超過三天。超過三天，就不吃了。

食不語，寢不言。

吃飯的時候不說話，睡覺的時候也不說話。

雖疏食，菜羹①，瓜祭②，必齊如也。

①菜羹：用菜做成的湯。

②瓜祭：古人在吃飯前，把席上各種食品分出少許，放在食具之間祭祖。

即使是粗米飯蔬菜湯，吃飯前也要把它們取出一些來祭祖，而且表情要像齋戒時那樣嚴肅恭敬。

席①不正，不坐。

①席：古代沒有椅子和桌子，都坐在鋪於地面的蓆子上。

蓆子放得不端正，不坐。

鄉人飲酒①，杖者②出，斯出矣。

①鄉人飲酒：指當時的鄉飲酒禮。
②杖者：拿枴杖的人，指老年人。

行鄉飲酒的禮儀結束後，孔子一定要等老年人先出去，然後自己才出去。

鄉人儺①，朝服而立於阼階②。

①儺：古代迎神驅鬼的宗教儀式。
②阼階：阼，東面的台階。主人立在大堂東面的台階，在這裡歡迎客人。

鄉里人舉行迎神驅鬼的宗教儀式時，孔子總是穿著朝服站在東邊的台階上。

問①人於他邦，再拜而送之②。

①問：問候。古代人在問候時往往要致送禮物。
②再拜而送之：在送別客人時，兩次拜別。

孔子托人向其他諸侯國的朋友問候送禮，便向受托者拜兩次送行。

康子饋藥，拜而受之，曰：「丘未達，不敢嘗。」

季康子給孔子贈送藥品，孔子拜謝之後接受了，說：「我對藥性不瞭解，不敢嘗。」

廄焚，子退朝，曰：「傷人乎？」不問馬。

馬棚失火燒掉了。孔子退朝回來，說：「傷到人了嗎？」不問馬的情況怎麼樣。

君賜食，必正席先嘗之。君賜腥①，必熟而薦②之。君賜生，必畜之。侍食於君，君祭，先飯。

①　腥：牛肉。

②　薦：供奉。

國君賜給熟食，孔子一定擺正座席先嘗一嘗。國君賜生肉，一定煮熟了，先給祖宗上供。國君賜活物，一定要飼養起來。同國君一道吃飯，在國君舉行飯前祭禮的時候，一定要先嘗一嘗。

疾，君視之，東首①加朝服拖紳②。

①東首：頭朝東。

②紳：束在腰間的大帶子。

孔子病了，國君來探視，他便頭朝東躺著，身上蓋上朝服，拖著大帶子。

君命召，不俟駕行矣。

國君召見孔子，他不等車馬駕好就先步行走去了。

朋友①死，無所歸，曰：「於我殯②。」

①朋友：指與孔子志同道合的人。

②殯：停放靈柩和埋葬都可以叫殯，這裡是泛指喪葬事務。

孔子的朋友死了，沒有親屬負責斂埋，孔子說：「喪事由我來辦吧。」

朋友之饋，雖車馬，非祭肉，不拜。

朋友饋贈物品，即使是車馬，不是祭肉，孔子在接受時也是不拜的。

寢不尸，居不容。

孔子睡覺不像死屍一樣挺著，平日家居也不像作客或接待客人時那樣莊重嚴肅。

見齊衰①者，雖狎②必變。見冕者與瞽者③，雖褻④必以貌。凶服⑤者式⑥之；式負版者⑦。有盛饌⑧，必變色而作⑨。迅雷、風烈必變。

①齊衰：指喪服。

②狎：親近的意思。

③瞽者：盲人，指樂師。

④褻：常見、熟悉。

⑤凶服：喪服。

⑥式：同軾，古代車輛前部的橫木。這裡作動詞用。遇見地位高的人或其他人時，馭手身子向前微俯，伏在橫木上，以示尊敬或者同情。這在當時是一種禮節。

⑦負版者：背負國家圖籍的人。當時無紙，用木版來書寫，故稱「版」。

⑧饌：飲食。盛饌，盛大的宴席。

⑨作：站起來。

孔子看見穿喪服的人，即使是關係很親密的，也一定把態度變得嚴肅起來。看見當官的和盲人，即使是常在一起的，也一定要有禮貌。在乘車時遇見穿喪服的人，便俯伏在車前橫木上以示同情。遇見背負國家圖籍的人，也這樣做以示敬意。作客時，如果有豐盛的筵席，就神色一變，並站起來致謝。遇見迅雷大風，一定要改變神色以示對上天的敬畏。

升車，必正立，執綏①。車中不內顧②，不疾言③，不親指④。

①綏：上車時扶手用的索帶。
②內顧：回頭看。
③疾言：大聲說話。
④不親指：不用自己的手指劃。

上車時，一定先直立站好，然後拉著扶手帶上車。在車上，不回頭，不高聲說話，不用自己的手指指點點。

色斯舉矣①，翔而後集②。曰：「山梁雌雉③，時哉時哉④！」子路共⑤之，三嗅而作⑥。

①色斯舉矣：色，臉色。舉，鳥飛起來。
②翔而後集：飛翔一陣，然後落到樹上。鳥群停在樹上叫「集」。

③山梁雌雉：聚集在山樑上的母野雞。
④時哉時哉：得其時呀！得其時呀！這是說野雞時運好，能自由飛翔，自由落下。
⑤共：同「拱」。
⑥三嗅而作：嗅鳥的長叫聲。

孔子在山谷中行走，看見一群野雞在那兒飛，孔子神色動了一下，野雞飛翔了一陣落在樹上。孔子說：「這些山樑上的母野雞，得其時呀！得其時呀！」子路向他們拱拱手，野雞叫了幾聲便飛走了。

伯樂相馬與按圖索驥

孔子重禮，因此在不同的場合表現出不同的言行、禮節。日常生活當中，也應該根據不同的角色，而表現出適當的舉止。依此類推，不僅僅限於言行舉止，做任何事情都應該靈活變通，不可因循守舊。伯樂可以根據馬的不同特徵分辨出不同的馬，而其兒子卻只知生搬硬套，結果貽笑大方。

伯樂是中國歷史上最善於相馬的人。相傳他是春秋秦國人，姓孫名陽，善於相馬。無論何種馬，只要經他過目，就能辨出好壞。伯樂相馬有自己的標準。不同品種的馬由於生存環境不一樣，其外形特徵、生活習性也會有所差異，比如嘶鳴、食物選擇、耐力持久性等。因此，伯樂常常根據馬的外形特徵、生活習性以及其他特點判斷馬的好壞。所以，即使好馬被埋沒於田間野地，形體被折磨得不成樣子，伯樂也能夠把它識別出來，使其得以征戰沙場，得以馳騁大地。而那些外表光鮮，耐力難持久的劣馬當然也逃不過伯樂的雙眼。這樣一來，好馬有其所用，劣馬亦有所屬。所以，當時許多人都樂意請他去幫忙相馬、選馬。又因為傳說中上天管理天馬的星宿叫做伯樂，所以人們尊稱他為「伯樂」。

據說，伯樂為秦穆公尋找一匹千里馬，走過很多地方，雖有一些不錯的馬，卻沒有一匹真正的千里馬。偶然的一個機會，他路過一個小鄉村，正為自己找不到好馬而懊惱的時候，一匹馬的嘶鳴聲引起他的注意。循聲望去，原來是一匹拉著鹽車的老馬在向伯樂嘶叫個不停。伯樂心裡既是驚喜又是悲傷。驚喜的是，馬雖老，嘶鳴聲中卻透著威嚴，是難得一見的千里馬，悲傷的是，這匹馬卻在這里拉著鹽車，失去千里馬應有的銳氣。繁重的勞動消耗著它的力氣，主人的吆喝又損傷著它的尊嚴。千里馬一頓可吃下一石的糧食，可惜，這位農夫並不知道這是一匹日行千里的好馬，也許從未餵飽過它。隨著年齡的增加，千里馬逐漸衰老，再也沒有機會自由的奔跑。伯樂迎上去，抱著馬頭放聲大哭。

伯樂可以發現寶馬良駒，許多人卻不能認識好馬而徒然感歎千里馬罕見。唐朝韓愈在其《馬說》中提到，沒有伯樂，即使有著難得一見的好馬，也會辱沒在馬夫手裡，和普通的馬一樣老死或者累死於馬廄之中。誰知道還有多少匹好馬還在田間野地中抱憾終身呢？

為幫助人們挑選好馬，不讓自己的相馬術失傳，避免再有千里馬被羈絆於槽櫪之間，伯樂把自己生平累積的經驗寫成一本書——《相馬經》。書裡面記載著各種馬的外形特徵及其生活習性，並且配上插圖，以方便人們對照認識各種好馬，也可以使騏驥能奔馳天地，駑馬還耕其田。

雖然伯樂如此善於相馬，他的兒子卻是智力低下，頭腦遲鈍。據說，他的兒子，只會拿著父親的《相馬經》，讓人把馬牽來，翻開書本對照，結果鬧出不少笑話。

伯樂相馬，聽其聲，觀其形，注重多方面綜合考察，而伯樂之子，只會傻傻地「按圖索驥」，拘泥守舊，不知變通，故空有《相馬經》，而成為千古笑談。

✯解析

伯樂之子按圖索驥，趙括紙上談兵，都因為不知變通而成為人們的反面教材。無論是《相馬經》還是兵書，這些前人的經驗教訓，是需要結合實際情形來認識並學習的。無論是戰場、官場還是商場，所處的時代、環境及形勢不同，硬生生的套用不但徒勞無功，甚至會將自己陷入危險境地。只有靈活變通，才能夠不被時代淘汰。

▼懂得變通的貝爾（Bell's）公司

孔子以其自身的實踐告訴人們，做人要懂得調整自己的言行，適當變通。做事情，尤其是下海經商更應注意市場變化，適當調整企業的運行方向。做到人無我有，人有我優，人優我走，才能夠真正適應商場的風雲變幻，立於不敗之地。貝爾的靈活變通，使得貝爾這個小公司佔據了大市場。

說起蘇格蘭威士忌，大家都很熟悉。早在一八七〇年代，蘇格蘭威士忌在英國就已經是名牌了，他們實力雄厚，經驗豐富。因此，新興的酒業想要與之競爭往往難以獲勝。然而，真有一家釀酒公司敢於「魯班門前耍大斧」，一番激戰之後，這家公司竟然後來居上。這是哪家公司呢？它靠什麼獲得成功呢？原來，這就是英國的貝爾公司，它成功的策略，就在於靈活變通。

一九七〇年代早期，貝爾釀酒公司生產的威士忌，還是一個默默無聞的品牌，論實力，是絕對無法與當時的名牌酒競爭的。在這種情況下，貝爾公司經過市場調查，發現大多數消費者反映，威士忌口感雖好，可是較少變化，而其他種類的酒又缺少口感。有鑒於此，貝爾公司立即將競爭的策略調整為口感上的提升。經過公司專業調酒師們的多次試驗和調整，一種既擁有多種口味，又不失威士忌清醇口感的混合酒成功問世。

但是，貝爾公司因為資金有限，無力為這種混合酒大作廣告，於是它再對廣告策略進行調整。它巧妙地利用既有廣告和銷售管道，大張旗鼓地宣傳其他酒與威士忌調製「混合酒」的特殊口感，引起人們對新口感的好奇。舊廣告新內容，竟然起到意想不到的效果，許多對威士忌單一口感非常無奈的消費者具有更多的選擇，許多出於好奇心理進行品嘗的消費者也對混合酒的獨特醇美口感大加讚賞，顯然，這種混合酒適合更多的消費者飲用。因此，飲用混合酒的人數劇增，佔全英國飲酒總人數的百分之四十。如此一來，貝爾公司收益頗豐。

此時，貝爾公司又改變其原有的推銷體制。它依然向釀酒廠商提供大量威士忌，但這次供酒的名義，是供他們調製「混合酒」使用。同時，貝爾公司還配套銷售用來調製混合酒所用的其他口味的酒，當釀酒廠商購買大量的威士忌時，調配酒的價格可以適當優惠。這下，貝爾公司的訂單數目劇增。因貝爾公司規模較小，它開始尋找合作公司。對合作夥伴的選擇，貝爾有著嚴格的要求，但一旦被選上，利潤往往極其豐厚，以至於當時許多釀酒公司認為如果不與貝爾合作，就是把財神推出門外。就這樣，與其他公司的聯合擴大貝爾公司原有的業務範圍，形成產、供、銷一條龍的服務，公司業績自然蒸蒸日上。

正是由於靈活多變的經營策略，貝爾釀酒公司的業務才不斷拓展並壯大，僅從一九七〇年到一九七九年，利潤就增加了八倍，使得貝爾公司從一個名不見經傳的小公司發展為成為英國釀酒業中的佼佼者。

✡解析

孔子重「禮」，卻又不拘泥於「禮」，而能隨機應變。貝爾根據自身特點和市場需求，不斷調整經營策略，在正面競爭不能占取優勢的情況下靈活變通，另闢蹊徑，出奇制勝。貝爾的成功經歷告訴我們，只有在把握市場脈動，瞭解消費者需求的前提下，不守舊，不拘泥，及時調整經營策略，才能夠一招制勝，後來居上。

朝鮮領帶大王金斗植

孔子認為改變自己言行並非隨心所欲，靈活變通的前提是要看清形勢變化，不然，就如見到長輩不理不睬，遇到後輩反倒低頭哈腰，也是要鬧出笑話的。市場上更是如此。判斷市場形勢非常重要，如何走在別人的前面，敢不敢走在別人前面，往往考驗著一個企業的應變素質。朝鮮領帶大王金鬥植獨具慧眼，敢於創新，才成為領帶行業的佼佼者。

看清形勢，靈活多變，識在人前，走在人前。這就是朝鮮領帶大王金斗植的成功策略。

一九七〇年代，南韓的領帶，大部分是合成纖維的低檔貨，高級而華麗的絲綢領帶比率還不到百分之五。而能夠出售絲綢領帶的百貨店、西服店和洋貨店等，都把絲綢領帶當成高級商品，只有富人才會光顧，一般人是不會輕易去買的。這時候的金斗植，是一家領帶公司的小職員。雖然僅僅是一個小職員，但他時時關注著市場需求的變化。這一點為他以後的成功打下良好的基礎。在南韓的外國人，佩戴著既華麗又有風度的絲綢領帶，這深深吸引住金斗植，他多麼想讓自己的同胞也能夠佩戴上啊。但是這些產品卻是南韓普通消費者不敢奢望的。

他想，以現在的市場形勢看，絲綢領帶的價格決定他的消費區域，一般消費者只能敬而遠之。隨著社會經濟的發展，有能力選擇絲綢領帶的人會愈來愈多，絲綢領帶一定大有市場。如果絲綢領帶成為大眾消費的首選，那麼其中的利潤可想而知。於是，他向老闆提出生產高級絲綢領帶的建議。但是老闆認為自己是一個小廠，絲綢領帶生產市場又太小，不敢冒險，所以沒有採納。

然而，金斗植並沒有輕易放棄自己的想法。他遞交辭呈，決定自己創業。一九七六年十月二十五日，金斗植租下一間不到十平方米的地下室，開始在這裡專門生產和銷售華麗的絲綢領帶。隨著社會經濟的迅速發展，人們的生活水準普遍提高，以前不敢問津的絲綢領帶果然倍受青睞，金斗植生產得絲綢領帶，銷路自然愈來愈好，生意愈做愈大。當別的公司或廠家看好這一點的時候，金斗植開辦的克里夫特公司已經賺足利潤，且頗有名氣。

在生產絲綢領帶時，金斗植也時時關注市場需求變化。他不僅關注不同類型的人們不同的喜好，還要注意滿足人們在不同時間、不同場合的需要。因此，他的公司生產的絲綢領帶品種多，類型齊，花色樣式不拘一格，引領社會時尚的發展，備受人們喜愛。

就這樣，靠著緊隨市場需求時時變換生產策略，金斗植的克里夫特公司在國內連續數年銷售額領先，並且逐步打入國際市場。金斗植也被尊稱為南韓的「領帶大王」。

✡解析

贏得市場，關鍵就在於走在市場需求的前面，看準時機，立刻行動。金斗植的成功就在於把握市場的動態，隨著市場需求改變生產策略，人無我有，人有我精，人精我走。他順應時代發展，總是走在其他生產廠家的前面，走在市場需求的尖端，他公司發展，自然也比別人更快、更強。

論語智慧

卷十一　先進

本篇內容多涉及孔子對其弟子的評價。孔子善於因材施教，根據每個學生的特點，採取不同的教育方式。弟子冉求和子路問同一個問題，「聞則行諸？」孔子卻做出完全不同的解答，因為「求也退，故進之；由也兼人，故退之。」這種因材施教的思想，反映商場上，就是要因地制宜，靈活應變，能夠根據所面臨的形勢採取相應的經營策略或手段。

【原文】

子曰：「先進①於禮樂，野人②也；後進③於禮樂，君子④也。如用之，則吾從先進。」

①先進：指先學習禮樂而後再做官的人。
②野人：樸素粗魯的人或指鄉野平民。
③後進：先做官後學習禮樂的人。
④君子：這裡指統治者。

孔子說：「先學習禮樂而後再做官的人，是平民；先當了官然後再學習禮樂的人，是君子。如果要先用人才，那我主張選用先學習禮樂的人。」

子曰：「從我於陳、蔡①者，皆不及門②也。」

①陳、蔡：均為國名。

②不及門：門，這裡指受教的場所。不及門，是說不在跟前受教。

孔子說：「曾跟隨我從陳國到蔡地去的學生，現在都不在我身邊受教了。」

德行①：顏淵、閔子騫、冉伯牛、仲弓；言語②：宰我、子貢；政事③：冉有、季路；文學④：子游、子夏。

①德行：指能實行孝悌、忠恕等道德。

②言語：指善於辭令，能辦理外交。

③政事：指能從事政治事務。

④文學：指通曉詩書禮樂等古代文獻。

德行好的有：顏淵、閔子騫、冉伯牛、仲弓。善於辭令的有：宰我、子貢。擅長政事的有：冉有、季路。通曉文獻知識的有：子游、子夏。

子曰：「回也，非助我者也！於吾言，無所不說。」

孔子說：「顏回不是對我有幫助的人，他對我說的話沒有不心悅誠服的。」

子曰：「孝哉閔子騫，人不間①於其父母昆②弟之言。」

①間：非難、批評、挑剔。

②昆：哥哥，兄長。

孔子說：「閔子騫真是孝順呀！人們對於他的父母兄弟稱讚他的話，沒有什麼異議。」

南容三復白圭①，孔子以其兄之子妻之。

①白圭：白圭指《詩經・大雅・抑之》的詩句：「白圭之玷，尚可磨也，斯言之玷，不可為也。」意思是白玉上的污點還可以磨掉，我們言論中有毛病，就無法挽回

了。這是告誡人們要謹慎自己的言語。

南容反覆誦讀「白圭之玷，尚可磨也；斯言不玷，不可為也。」的詩句。孔子把侄女嫁給了他。

季康子問：「弟子孰爲好學？」
孔子對曰：「有顏回者好學，不幸短命死矣！今也則亡。」

季康子問孔子：「你的學生中誰是好學的？」
孔子回答說：「有一個叫顏回的學生很好學，不幸短命死了。現在再也沒有像他那樣的了。」

顏淵死，顏路①請子之車以爲之椁②。
子曰：「才不才，亦各言其子也。鯉③也死，有棺而無椁；吾不徒行，以爲之椁，以吾從大夫之後④，不可徒行也。」

①顏路：「顏無繇，字路，顏淵的父親，也是孔子的學生，生於西元前五四五年。

②槨：古人所用棺材，內為棺，外為槨。

③鯉：孔子的兒子，字伯魯，死時五十歲，孔子七十歲。

④從大夫之後：跟隨在大夫們的後面，意即當過大夫。孔子在魯國曾任司寇，是大夫一級的官員。

顏淵死了，他的父親顏路請求孔子賣掉車子，給顏淵買個外槨。孔子說：「雖然顏淵和鯉一個有才一個無才，但各自都是自己的兒子。孔鯉死的時候，也是有棺無槨。我沒有賣掉自己的車子步行而給他買槨。因為我還跟隨在大夫之後，是不可以步行的。」

顏淵死，子曰：「噫！天喪予！天喪予！」

顏淵死了，孔子說：「唉！是老天爺真要我的命呀！是老天爺真要我的命呀！」

顏淵死，子哭之慟①。從者曰：「子慟矣！」曰：「有慟乎？非夫②人之爲慟而誰爲？」

①慟：哀傷過度，過於悲痛。

②夫：指示代詞，此處指顏淵。

顏淵死了，孔子哭得極其悲痛。跟隨孔子的人說：「您悲痛過度了！」孔子說：「是太悲傷過度了嗎？我不為這個人悲傷過度，又為誰呢？」

顏淵死，門人欲厚葬①之。子曰：「不可。」門人厚葬之。子曰：「回也，視予猶父也，予不得視猶子也②。非我也，夫二三子也。」

①厚葬：隆重地安葬。

②予不得視猶子也：我不能把他當親生兒子一樣看待。

顏淵死了，孔子的學生們想要隆重地安葬他。孔子說：「不能這樣做。」學生們仍然隆重地安葬了他。孔子說：「顏回把我當父親一樣看待，我卻不能把他當親生兒子一樣看待。這不是我的過錯，是那些學生們做的呀。」

季路問事鬼神。子曰：「未能事人，焉能事鬼？」曰：「敢問死？」曰：「未知生，焉知死？」

季路問怎樣去事奉鬼神。孔子說：「沒能事奉好人，怎麼能事奉鬼呢？」季路說：「請問死是怎麼回事？」孔子回答說：「還不知道活著的道理，怎麼能知道死呢？」

閔子侍側，誾誾①如也；子路，行行②如也；冉有、子貢，侃侃③如也。子樂。「若由也，不得其死然。」

①誾誾：和顏悅色的樣子。
②行行：剛強的樣子。
③侃侃：說話理直氣壯。

閔子騫侍立在孔子身旁，一派和悅而溫順的樣子；子路是一副剛強的樣子；冉有、子貢是溫和快樂的樣子。孔子高興了。但孔子又說：「像仲由這樣，只怕不得好死吧！」

魯人①爲長府②。閔子騫曰：「仍舊貫③，如之何？何必改作？」子曰：「夫人④不言，言必有中。」

①魯人：這裡指魯國的當權者。
②為長府：為，這裡是改建的意思。藏財貨、兵器等的倉庫叫「府」，長府是魯國的國庫名。
③仍舊貫：貫：事，例。沿襲老樣子。
④夫人：夫，這個人。

魯國翻修長府的國庫。閔子騫道：「照老樣子下去，怎麼樣？何必改建呢？」

孔子道：「這個人平日不大開口，一開口就說到要害上。」

子曰：「由之瑟①，奚為於丘之門②？」門人不敬子路。子曰：「由也升堂矣！未入於室③也！」

① 瑟：一種古樂器，與古琴相似。

② 奚為於丘之門：奚，為什麼。為，彈。為什麼在我這裡彈呢？

③ 升堂入室：堂是正廳，室是內室，用以形容學習程度的深淺。

孔子說：「仲由彈瑟，為什麼在我這裡彈呢？」孔子的學生們因此都不尊敬子路。孔子便說：「仲由嘛，他在學習上已經達到升堂的程度了，只是還沒有入室罷了。」

起信心，爭取更大的成績。

子貢問：「師與商①也孰賢？」
子曰：「師也過，商也不及。」
曰：「然則師愈②與？」
子曰：「過猶不及。」

①師與商：師，顓孫師，即子張。商，卜商，即子夏。
②愈：勝過，強些。

子貢問孔子：「子張和子夏二人誰更好一些呢？」
孔子回答說：「子張過份，子夏不足。」
子貢說：「那麼是子張好一些嗎？」
孔子說：「過分和不足是一樣的。」

季氏富於周公①，而求也爲之聚斂②而附益③之。子曰：「非吾徒也，小子鳴鼓而攻之④可也！」

①季氏富於周公：季氏比周朝的公侯還要富有。

②聚斂：積聚和收集錢財，即搜刮。

③益：增加。

季氏比周朝的公侯還要富有，而冉求還幫他搜刮來增加他的錢財。孔子說：「他不是我的學生了，你們可以大張旗鼓地去攻擊他吧！」

柴①也愚②，參也魯③，師也辟④，由也喭⑤。

①柴：高柴，字子羔，孔子學生，比孔子小三十歲，西元前五二一年出生。

②愚：舊注云：愚直之愚，指愚而耿直，不是傻的意思。

③魯：遲鈍。

④辟：偏，偏激，邪。
⑤喭：魯莽，粗魯，剛猛。

高柴愚直，曾參遲鈍，顓孫師偏激，仲由魯莽。

子曰：「回也其庶①乎！屢空②；賜不受命，而貨殖③焉；億④則屢中。」

①庶：庶幾，相近。這裡指顏淵的學問道德接近於完善。
②空：貧困、匱乏。
③貨殖：做買賣。
④億：同「臆」，猜測，估計。

孔子說：「顏回的學問道德接近於完善了吧，可是他常常貧困。端木賜不聽命運的安排，去做買賣，猜測行情，往往猜中了。」

子張問善人①之道。子曰：「不踐跡②，亦不入於室③。」

①善人：指本質善良但沒有經過學習的人。
②踐跡：跡，腳印。踩著前人的腳印走。
③入於室：比喻學問和修養達到了精深地步。

子張問做善人的方法。孔子說：「如果不沿著前人的腳印走，其學問和修養就不到家。」

子曰：「論篤是與①，君子者乎？色莊者乎？」

①論篤是與：論，言論。篤，誠懇。與，讚許。意思是對說話篤實誠懇的人表示讚許。

孔子說：「聽到人議論篤實誠懇就表示讚許，但還應看他是真君子呢？還是偽裝莊重的人呢？」

子路問：「聞斯行諸①？」
子曰：「有父兄在，如之何其聞斯行之？」
冉有問：「聞斯行諸？」
子曰：「聞斯行之！」
公西華曰：「由也問『聞斯行諸？』，子曰：『有父兄在』；求也問，『聞斯行諸？』子曰：『聞斯行之』。赤也感，敢問？」
子曰：「求也退，故進之；由也兼人②，故退之。」

①諸：「之乎」二字的合音。
②兼人：好勇過人。

子路問：「聽到了就行動起來嗎？」
孔子說：「有父兄在，怎麼能聽到就行動起來呢？」
冉有問：「聽到了就行動起來嗎？」

孔子說：「聽到了就行動起來。」

公西華說：「仲由問『聽到了就行動起來嗎？』你回答說『有父兄健在』，冉求問『聽到了就行動起來嗎？』你回答『聽到了就行動起來』。我被弄糊塗了，敢再問個明白。」

孔子說：「冉求總是退縮，所以我鼓勵他；仲由好勇過人，所以我約束他。」

子畏於匡，顏淵後。子曰：「吾以女爲死矣！」曰：「子在，回何敢死！」

孔子在匡地受到當地人圍困，顏淵最後才逃出來。孔子說：「我以為你已經死了呢。」

顏淵說：「夫子還活著，我怎麼敢死呢？」

季子然①問：「仲由、冉求，可謂大臣與？」子曰：「吾以子爲異之問，曾②由與求之問？所謂大臣者，以道事君，不可則止；今由與求也，可謂具臣③矣。」曰：「然則從之④者與？」子曰：「弒父與君，亦不從也。」

①季子然：魯國季氏的同族人。
②曾：乃。
③具臣：普通的臣子。
④之：代名詞，這裡指季氏。當時冉求和子路都是季氏的家臣。

季子然問：「仲由和冉求可以算是大臣嗎？」

孔子說：「我以為你是問別人，原來是問由和求呀。所謂大臣是能夠用周公之道的要求來事奉君主，如果這樣不行，他寧肯辭職不做。現在由和求這兩個人，只能算是充數的臣子罷了。」

季子然說：「那麼他們會一切都跟著季氏做嗎？」

孔子說：「殺父親、殺君主的事，他們不會跟著做的。」

子路使子羔爲費宰。子曰：「賊①夫人之子②！」

子路曰：「有民人焉！有社稷③焉，何必讀書，然後爲學？」

子曰：「是故惡④夫佞者。」

①賊：害。

②夫人之子：指子羔。孔子認為他沒有經過很好的學習就去從政，這會害了他自己。

③社稷：社，土地神。稷，穀神。這裡的「社稷」指祭祀土地神和穀神的地方，即社稷壇。古代國都及各地都設立社稷壇，分別由國君和地方長官主祭，故社稷成為國家政權的象徵。

子路讓子羔去作費地的長官。孔子說：「這簡直是害人子弟。」

子路說：「那個地方有老百姓，有社稷，治理百姓和祭祀神靈都是學習，難道一定要讀書才算學習嗎？」

孔子說：「所以我討厭那種花言巧語狡辯的人。」

子路、曾皙①、冉有、公西華侍坐。子曰：「以吾一日長乎爾，毋吾以也②。居③則曰：『不吾知也！』如或知爾，則何以哉④？」子路率爾⑤而對，曰：「千乘之國，攝⑥乎大國之間閒，加之以師旅，因之以饑饉，由也爲之，比及⑦三年，可使有勇，且知方也。」夫子哂⑧之。「求，爾何如？」對曰：「方六七十⑨，如⑩五六十，求也爲之，比及三年，可使足民；如其禮樂，以俟君子。」

「赤，爾何如？」對曰：「非曰能之，願學焉！宗廟之事，如會同⑪，端章甫⑫，願爲小相⑬焉。」「點，爾何如？」鼓瑟希⑭，鏗爾，舍瑟而作⑮。對曰：「異乎三子者之撰。」子曰：「何傷乎？亦各言其志也。」曰：「莫⑯春者，春服既成；冠者⑰五六人，童子六七人，浴乎沂⑱，風乎舞雩⑲，詠而歸。」夫子喟然歎曰：「吾與點也！」三子者出，曾皙後。曾皙曰：「夫三子者之言何如？」子曰：「亦各言其志也已矣！」曰：「夫子何哂由也？」曰：「爲國以禮，其言不讓，是故哂之。」「唯⑳求則非邦也與？」「安見方六七十，如五六十，而非邦也者。」「唯赤非邦也與？」「宗廟會同，非諸侯而何？赤也爲之小，孰能爲之大！」

①曾皙：名點，字子皙，曾參的父親，也是孔子的學生。
②以吾一日長乎爾，毋以也：雖然我比你們的年齡稍長一些，而不敢說話。
③居：平日。
④則何以哉：何以，即何以為用。
⑤率爾：輕率、急切。
⑥攝：迫於、夾於。
⑦比及：比，等到。
⑧哂：譏諷地微笑。
⑨方六七十：縱橫各六七十里。
⑩如：或者。
⑪會同：諸侯會見。
⑫端章甫：端，古代禮服的名稱。章甫，古代禮帽的名稱。
⑬相：贊禮人，司儀。
⑭希：同「稀」，指彈瑟的速度放慢，節奏逐漸稀疏。
⑮作：站起來。

⑯莫：同「暮」。
⑰冠者：成年人。古代子弟到二十歲時行冠禮，表示已經成年。
⑱浴乎沂：沂，水名，發源於山東南部，流經江蘇北部入海。在水邊洗頭面手足。
⑲舞雩：雩，地名，原是祭天求雨的地方，在今山東曲阜。
⑳唯：語首詞，沒有什麼意義。

子路、曾晳、冉有、公西華四個人陪孔子坐著。

孔子說：「我年齡比你們大一些，不要因為我年長而不敢說。你們平時總說：『沒有人瞭解我呀！』假如有人瞭解你們，那你們要怎樣去做呢？」

子路趕忙回答：「一個擁有一千輛兵車的國家，夾在大國中間，常常受到別的國家侵犯，加上國內又鬧饑荒，讓我去治理，只要三年，就可以使人們勇敢善戰，而且懂得禮儀。」

孔子聽了，微微一笑。孔子又問：「冉求，你怎麼樣呢？」

冉求答道：「國土有六七十里或五六十里見方的國家，讓我去治理，三年以後，就可以使百姓飽暖。至於這個國家的禮樂教化，就要等君子來施行了。」

孔子又問：「公西赤，你怎麼樣？」

公西赤答道：「我不敢說能做到，而是願意學習。在宗廟祭祀的活動中，或者在同別國的盟會中，我願意穿著禮服，戴著禮帽，做一個小小的贊禮人。」

孔子又問：「曾點，你怎麼樣呢？」

這時曾點彈瑟的聲音逐漸放慢，接著「鏗」的一聲，離開瑟站起來，回答說：「我想的和他們三位說的不一樣。」

孔子說：「那有什麼關係呢？也就是各人講自己的志向而已。」

曾皙說：「暮春三月，穿上春天的衣服，我和五六位成年人，六七個少年，去沂河裡洗澡，在舞雩台上吹風，一路唱著歌走回來。」

孔子長歎一聲說：「我是贊成曾皙的想法的。」

子路、冉有、公西華三個人的都出去了，曾皙後走。他問孔子說：「他們三人的話怎麼樣？」

孔子說：「也就是各自談談自己的志向罷了。」

曾皙說：「夫子為什麼要笑仲由呢？」

孔子說：「治理國家要講禮讓，可是他說話一點也不謙讓，所以我笑他。」

曾皙又問：「那麼是不是冉求講的不是治理國家呢？」

孔子說：「哪裡見得六七十里或五六十里見方的地方就不是國家呢？」

曾皙又問：「公西赤講的不是治理國家嗎？」

孔子說：「宗廟祭祀和諸侯會盟，這不是諸侯的事又是什麼？像赤這樣的人如果只能做一個小相，那誰又能做大相呢？」

徐晃背水一戰

孔子是個教育家，他的教育思想「因材施教」。這種思想體現在戰場上，就是要根據不同的天時、地利以及對手的情況確定最佳作戰方案。徐晃有心學習韓信的背水一戰，卻沒有考慮具體情況，走向失敗也在意料之中。

《孫子兵法》第十一篇《九地》中說「投之亡地然後存，陷之死地然後生」，士兵陷入絕境，往往更能激發他們決一死戰的勇氣。但很明顯，這是一招險棋。如果沒有足夠的把握，誰會貿然就將自己的手下送進「死地」呢？漢代的大將韓信在分析形勢後，果斷採用這一方法，以少戰多，最後大獲全勝。當時，對手陳余手下有並稱「河北二賢」的李左車和蒯徹，但韓信料定陳余乃一介書生，並無軍事才能，同時又不能採取部下的計謀，並不足畏。於是決定不按常理出牌，反兵法而用之，令士兵背水而戰，並破釜沉舟，斷其後路，創造出一個「死地」的作戰環境，讓士兵不得不激發其所有潛能，奮起迎敵。同時派兵抄到敵軍後方，兩面夾擊以確保勝利。如此面面俱到，最後終於獲勝。

無獨有偶，三國時期，又有人採用這條險招，這就是曹操手下的大將徐晃。徐晃一生確實為曹操立下汗馬功勞，且文武兼備，為人所稱道。但馬也有失蹄之時，在曹操與劉備爭奪漢中的戰役裡，徐晃採用同樣的背水戰法卻遭到慘敗。原因何在？當時，對手劉備手下有趙雲、黃忠，皆有勇有謀之士，而劉備與陳余不同，他是知人善任，從諫如流。面對如此強敵，徐晃理應謹小慎微、密謀策劃以制定戰略才對，但他卻掉以輕心，僅憑著韓信成功的例子，就草率決定採用相同的作戰計畫，全然看不到韓信作出決策之前對敵情的周到考慮。徐晃在下令士兵背水列陣之後，千不該萬不該，又搭起浮橋，自己率先領一支馬隊渡河迎敵。結果馬隊被趙雲等分兩路夾擊，紛紛潰退渡河，死傷無數。韓信破釜沉舟，那才是真正的「死地」，而徐晃搭橋，分明是為士兵留了一條退路，怎能激勵士兵不顧一切地作戰？同時，冒這麼大的風險，卻完全不用任何措施來輔助作戰，貿然迎敵，又怎能不全敗？

同一種策略，使用在不同的時機下，卻產生截然相反的結果。韓信背水一戰，千古稱頌；徐晃畫虎不成反類犬，反倒被自己「晃」倒。

✡解　析

天下沒有兩片完全相同的樹葉，同樣也不會出現完全一樣的局勢。徐晃固然是學習韓信的用兵之道，但卻沒有看到韓信用兵的背景、形勢及原因。知其然，而不知所以然，不會因地制宜，而只會套用陳規，是徐晃失敗原因所在。同一種方法，用在不同的地方可能導致完全不同的後果，這提醒商家們，在制定策略時一定要充分調查、論證，不要想當然地去執行。

➤「幫寶適」的公關促銷

孔子因材施教，根據學生的不同特點採取不同的教育方法。然而，在戰場上，則要根據不同的形勢選擇作戰方案。在全球化的浪潮下，市場世界化，更要根據不同的地域文化選擇不同的銷售方案。寶潔公司的「幫寶適」在世界各國的遭遇，正好說明這個道理。

「幫寶適」，顧名思義，是要幫助寶寶們輕鬆舒適地成長。四十年前，美國寶潔公司部門經理米勒新添一個漂亮又可愛的孫女。一邊享受天倫之樂，一邊卻為孫女頻繁地換洗尿布而煩惱，米勒突然萌生一個大膽的念頭，為何不發明一種物品，讓父母擺脫換洗尿布的困擾呢?經過數次研製，數次嘗試，一九六一年，吸水性能好、配戴舒適的「幫寶適」正式推向市場，美國母親欣喜若狂。因其方便適用，「幫寶適」很快打入各國市場，然而，由於地理文化的差異，其境遇卻不一而足，甚至是悲喜兩重天。

在日本，「幫寶適」遭遇失敗。「幫寶適」剛剛銷售到日本市場的時候，為打開市場公司在各大醫院的產房留下紙尿褲的免費樣品。不僅如此，還派人到各大住宅區巡視，如果發現陽臺上有晾曬的嬰兒尿布，就主動上門贈送樣品。一下子，「幫寶適」紙尿褲市場佔有率由百分之二上升到百分之十，一時的成功背後卻含有隱患。在日本，每個嬰兒的紙尿褲費用達到每月五十美元。而在美國花費較少。究其原因，美國和日本的母親的育嬰方式不同。美國母親平均每日為嬰兒更換六次尿布，而日本母親卻要更換十四次。在這種情況下，一家日本本地公司乘虛而入。他們生產出一種輕薄型的紙尿褲，價格便宜，使用、儲存更加方便。因此，日本母親更傾向於買這種名為「月牙」的紙尿褲。「月牙」物美價廉，更適合日本母親的要求。

在波蘭，「幫寶適」卻深諳民心，大獲全勝。波蘭本國產品特點是品質低劣，假冒外國名牌。居民想要買外國產品，卻又害怕買到假貨。因此，寶潔公司在產品的外包裝上貼上一些用錯誤百出的波蘭文寫成的標籤。波蘭人卻認為這是真正的外國產品，只是還沒有學會用正確的波蘭文字表達。一時間，貼有這種標籤的商品十分暢銷。

而在中國和韓國，「幫寶適」紙尿褲就要使用不同與美國標準的顏色。在美國，紙尿褲有兩種顏色，淺藍色給男嬰，粉紅色給女嬰使用。然而，中韓兩個國家是大男子主義盛行的國度，重男輕女的現象比較普遍。而生下女嬰的母親不原意讓局外人知道自己生的是女孩。「幫寶適」公司注意到這一點，所以，銷售到亞洲的紙尿褲一律改為代表中性的白色。這一舉動深受母親的歡迎。她們不再為買紙尿褲而憂心忡忡。

雖然不乏失敗先例，但總體來說，「幫寶適」憑藉其靈活多變的策略，能夠適應不同的文化背景，適應消費者的不同需求，故而取得很大的成功。

✲解　析

任何企業的商業行為，都是在一定的文化背景下進行的。消費者只會接受與他的文化融合，價值取向一致的商品。「幫寶適」重視市場調查，瞭解消費者的實際情況，根據不同的地域，不同的消費者量身定做，當然會深受消費者喜愛。不同時代，不同國家，甚至不同地域，人們的消費觀念有很大差異。如何因地制宜，抓住不同類型消費者的心理，是企業如何更好生存下去的最基本的挑戰。

吉之島百貨公司的新策略

孔子在瞭解學生的基礎之上設置不同的教育方案，將帥根據不同的形勢選擇不同的戰略方案，企業也要根據不同的消費人群定位自己的產品優勢。吉之島能夠鎖定不同的客戶群，準確定位企業位置，找準經營策略，終於從眾多的同行競爭者中脫穎而出。

吉之島，是亞洲最大的零售商，也是全世界盈利最多的零售商之一，不論是市場佔有率，還是客戶滿意度方面，吉之島百貨公司都名列前茅。那麼，是什麼讓其能在同行中處於優勢地位呢？

很多業內人士認為，因地制宜，準確定位，鎖定客戶，是吉之島取得成功的關鍵。的確，吉之島非常注重市場觀察的周密性和對客戶調查的準確性，並據此調整經營策略。

在市場方面，吉之島可以說是下足工夫。香港的母公司就設有專門的部門，調查人員採取很多方式，充分打探全世界各地對百貨的不同品味與需求，來適時調整公司的銷售方向。如果要在某地開設合資公司，公司就會調用很多資源，進行兩個階段的調查。第一階段，公司主要針對當地人的平均消費水準，消費類型，消費群體，消費習慣和當地的政策進行充分的市場和客戶調查。第二個階段，調查部門對即將進行的營業場所進行實地考察，這其中包括幾個固定時段的公車、私家車流量、周邊配套設施狀況、競爭對手分析等等。

通過調查研究，公司高層們發現，雖然在他們之前，已經有家樂福、沃爾瑪這兩大零售企業率先搶佔優勢，但是這兩大企業主要瞄準的是普通大眾消費群，而以西武為代表的商場則主要為高等層次人群服務，所以中高檔層次消費這塊「蛋糕」被人分吃的還並不多。在確立這樣一個市場定位後，吉之島將其銷售的目標主要鎖在中高檔人群中。

在定這樣一個定位後，吉之島公司繼續分析，他們認為，中高檔的消費群體和大眾消費群體還是有區別的，他們在購買商品，除注重商品的價格、品質的同時，還看重購物的環境與消費文化。知道這一點後，公司特別在商場購物環境上下一番工夫，他們十分注重顧客購物時的環境氛圍，比如，如果開設的日本餐廳，他們還會額外的設置一些具有日本文化的東西，以增加異國情調。這都給公司增加很多營業額。

而在對顧客的市場調查方面，公司又分為對內和對外兩個部分。對外調查主要指的是，帶有一種公關和市場推廣性質的，進行問卷調查，以此來知道吉之島的知名度和顧客對公司的意見等等，而內部則以員工回饋卡和顧客心聲為主要形式。

正是因為能夠審時度勢，因地制宜，吉之島公司才能在同行中一直名列前茅，它的「以市場、顧客為本」的理念，也勢必將其帶入更好的商業運作中。

✡ 解析

在現代商戰中，人力、物力的合理運用是必須的。什麼叫合理運用？人力物力都是有限度的，不能漫天撒網，更不能無的放矢，抓住顧客的「心」，選擇適當的經營策略，才能發揮人力物力最大的價值，創造最大的利潤。在這方面，吉之島為我們提供一個極好的範例。

論語智慧

卷十二　顏淵

本篇中心內容還是闡述和發揮關於「仁」的學說和主張，也談及君子之道。篇中有這樣一段對話，「子貢問政。子曰：『足食，足兵，民信之矣。』子貢曰：『必不得已而去，於斯三者何先？』曰：『去兵。』子貢曰：『必不得已而去，于期二者何先？』曰：『去食。自古皆有死，民無信不立。』」在孔子看來，治理國家，「信」是最重要的。經商也是如此，沒有「信」很難成功。人生之路，無「信」寸步難行。

【原文】

顏淵問「仁」。子曰：「克己復禮①，爲仁。一日克己復禮，天下歸仁焉②。爲仁由己，而由仁乎哉？」

顏淵曰：「請問其目③。」

子曰：「非禮勿視，非禮勿聽，非禮勿言，非禮勿動。」

顏淵曰：「回雖不敏，請事④斯語矣！」

①克己復禮：克己，克制自己。復禮，使自己的言行符合於禮的要求。

②歸仁：歸，歸順。仁，即仁道。

③目：具體的條目。

④事：從事，照著去做。

顏淵問怎樣做才是仁。孔子說：「克制自己，一切都照著禮的要求去做，這就是仁。一旦這樣做了，天下的一切就都歸於仁了。實行仁德，完全在於自己，難道還在於別人嗎？」

顏淵說：「請問實行仁的條目。」

孔子說：「不合於禮的不要看，不合於禮的不要聽，不合於禮的不要說，不合於禮的不要做。」

顏淵說：「我雖然愚笨，也要照您的這些話去做。」

仲弓問「仁」。子曰：「出門如見大賓；使民如承大祭①；己所不欲，勿施於人；在邦無怨，在家無怨②。」

仲弓曰：「雍雖不敏，請事斯語矣！」

①出門如見大賓，使民如承大祭：出門辦事和役使百姓，都要像迎接貴賓和進行大祭時那樣恭敬嚴肅。

②在邦無怨，在家無怨：邦，諸侯統治的國家。家，卿大夫統治的封地。

仲弓問怎樣做才是仁。孔子說：「出門辦事如同去接待貴賓，使喚百姓如同去進行重大的祭祀，都要認真嚴肅。自己不願意要的，不要強加於別人；做到在諸侯的朝廷上沒人怨恨自己；在卿大夫的封地裡也沒人怨恨自己。」

仲弓說：「我雖然笨，也要照您的話去做。」

司馬牛①問「仁」。子曰：「仁者，其言也訒②。」

曰：「斯言也訒，其③謂之仁矣乎？」

子曰：「爲之難，言之得無訒乎？」

①司馬牛：姓司馬名耕，字子牛，孔子的學生。

②訒：話難說出口。這裡引申為說話謹慎。

③斯：就。

司馬牛問怎樣做才是仁。孔子說：「仁人說話是慎重的。」

司馬牛說：「說話慎重，這就叫做仁了嗎？」

孔子說：「做起來很困難，說起來能不慎重嗎？」

司馬牛問「君子」。子曰：「君子不憂不懼。」曰：「不憂不懼，斯謂之君子矣乎？」子曰：「內省不疚，夫何憂何懼？」

司馬牛問怎樣做一個君子。孔子說：「君子不憂愁，不恐懼。」司馬牛說：「不憂愁，不恐懼，這樣就可以叫做君子了嗎？」孔子說：「自己問心無愧，那還有什麼憂愁和恐懼呢？」

司馬牛憂曰：「人皆有兄弟，我獨亡！」子夏曰：「商聞之矣：『死生有命，富貴在天』。君子敬而無失，與人恭而有禮；四海之內，皆兄弟也。君子何患乎無兄弟也？」

司馬牛憂愁地說：「別人都有兄弟，唯獨我沒有。」子夏說：「我聽說過：『死生有命，富貴在天。』君子只要對待所做的事情嚴肅認真，不出差錯，對人恭敬而合乎於禮的規定，那麼，天下人就都是自己的兄弟了。君子何愁沒有兄弟呢？」

子張問「明」。子曰：「浸潤之譖①，膚受之愬②，不行焉，可謂明也已矣。浸潤之譖，膚受之愬，不行焉，可謂遠③也已矣。」

①浸潤之譖，譖，讒言。這是說像水那樣一點一滴地滲進來的讒言，不易覺察。

②膚受之愬：愬，誣告。這是說像皮膚感覺到疼痛那樣的誣告，即直接的誹謗。

③遠：明之至，明智的最高境界。

子張問怎樣做才算是明智的。孔子說：「像水潤物那樣暗中挑撥的壞話，像切膚之痛那樣直接的誹謗，在你那裡都行不通，那你可以算是明智的了。暗中挑撥的壞話和直接的誹謗，在你那裡都行不通，那你可以算是有遠見的了。」

子貢問「政」。子曰：「足食，足兵，民信之矣。」

子貢曰：「必不得已而去，於斯三者何先？」

曰：「去兵。」

子貢曰：「必不得已而去，於斯二者何先？」

曰：「去食；自古皆有死；民無信不立。」

子貢問怎樣治理國家。孔子說，「糧食充足，軍備充足，老百姓信任統治者。」

子貢說：「如果不得不去掉一項，那麼在三項中先去掉哪一項呢？」

孔子說：「去掉軍備。」

子貢說：「如果不得不再去掉一項，那麼這兩項中去掉哪一項呢？」

孔子說：「去掉糧食。自古以來人總是要死的，如果老百姓對統治者不信任，那麼國家就不能存在了。」

棘子成①曰：「君子質而已矣，何以文爲？」

子貢曰：「惜乎，夫子之說君子也，駟不及舌②！文猶質也，質猶文也；虎豹之鞹③，猶犬羊之鞹。」

① 棘子成：衛國大夫。古代大夫都可以被尊稱為夫子，所以子貢這樣稱呼他。

② 駟不及舌：指話一說出口，就收不回來了。駟，拉一輛車的四匹馬。

③ 鞹：去掉毛的皮，即革。

棘子成說：「君子只要具有好的品質就行了，要那些表面的儀式做什麼呢？」

子貢說：「真遺憾，夫子您這樣談論君子。一言既出，駟馬難追。本質就像文采，文采就像本質，都是同等重要的。去掉毛的虎、豹皮，就如同去掉毛的犬、羊皮一樣。」

哀公問於有若曰：「年饑，用不足，如之何？」

有若對曰：「盍徹乎①！」

曰：「二②，吾猶不足；如之何其徹也？」

對曰：「百姓足，君孰不足？百姓不足，君孰與足？」

① 盍徹乎：盍，何不。徹，西周的一種田稅制度。舊注曰：「什一而稅謂之徹。」

② 二：抽取十分之二的稅。

魯哀公問有若說：「遭了饑荒，國家用度困難，怎麼辦？」

有若回答說：「為什麼不實行徹法，只抽十分之一的田稅呢？」

哀公說：「現在抽十分之二，我還不夠，怎麼能實行徹法呢？」

有若說：「如果百姓的用度夠，您怎麼會不夠？如果百姓的用度不夠，您怎麼又會夠呢？」

子張問崇德①，辨惑②子曰：「主忠信，徒義③崇德也。愛之欲其生，惡之欲其死；既欲其生又欲其死，是惑也！『誠不以富，亦祇以異。』④」

①崇德：提高道德修養的水平。
②惑：迷惑，不分是非。
③徙義：徙，遷移。向義靠攏。
④誠不以富，亦祇以異：這是《詩經・小雅・我行其野》篇的最後兩句。此詩表現了一個被遺棄的女子對其丈夫喜新厭舊的憤怒情緒。

子張問怎樣提高道德修養水平和辨別是非迷惑的能力。孔子說：「以忠信為主，使自己的思想合於義，這就可提高道德修養水平了。愛一個人，就希望他活下去，厭惡起來就恨不得他立刻死去，既要他活，又要他死，這就是迷惑。正如《詩》所說的：『即使不是嫌貧愛富，也是喜新厭舊。』」

齊景公①問政於孔子。孔子對曰：「君君，臣臣，父父，子子。」公曰：「善哉！信如君不君，臣不臣，父不父，子不子，雖有粟，吾得而食諸？」

①齊景公：名杵臼，齊國國君，西元前五四七年—西元前四九〇年在位。

齊景公問孔子如何治理國家。孔子說：「做君主的要像君的樣子，做臣子的要像臣的樣子，做父親的要像父親的樣子，做兒子的要像兒子的樣子。」齊景公說：「講得好呀！如果君不像君，臣不像臣，父不像父，子不像子，雖然有糧食，我能吃得上嗎？」

子曰：「片言①可以折獄②者，其由也與③！」子路無宿諾④。

①片言：訴訟雙方中一方的言辭，即片面之辭，古時也叫「單辭」。
②折獄：獄，案件。即斷案。
③其由也與：大概只有仲由吧。

④宿諾：宿，久。拖了很久而沒有兌現的諾言。

孔子說：「只聽單方面的供詞就可以判決案件的，大概只有仲由吧。」子路說話沒有不算數的時候。

子曰：「聽訟①，吾猶人也。必也，使無訟②乎！」

①聽訟：訟，訴訟。審理訴訟案件。

②使無訟：使人們之間沒有訴訟案件之事。

孔子說：「審理訴訟案件，我同別人也是一樣的。重要的是必須使訴訟的案件根本不發生！」

子張問「政」。子曰：「居之無倦；行之以忠。」

子張問如何治理政事。孔子說：「居於官位不懈怠，執行君令要忠實。」

子曰：「君子成人之美，不成人之惡；小人反是。」

孔子說：「君子成全別人的好事，而不助長別人的惡處。小人則與此相反。」

季康子問政於孔子，孔子對曰：「政者，正也，子帥以正，孰敢不正？」

季康子問孔子如何治理國家。孔子回答說：「政就是正的意思。您本人帶頭走正路，那麼還有誰敢不走正道呢？」

季康子患盜，問於孔子。孔子對曰：「苟子之不欲，雖賞之不竊。」

季康子擔憂盜竊，問孔子怎麼辦。孔子回答說：「假如你自己不貪圖財利，即使獎勵偷竊，也沒有人偷盜。」

季康子問政於孔子曰：「如殺無道①，以就有道②，何如？」孔子對曰：「子為政，焉用殺？子欲善，而民善矣！君子之德風；小人之德草；草上之風③，必偃④。」

①無道：指無道的人。
②有道：指有道的人。
③草上之風：指風加之於草。
④偃：僕，倒。

季康子問孔子如何治理政事，說：「如果殺掉無道的人來成全有道的人，怎麼樣？」孔子說：「您治理政事，哪裡用得著殺戮的手段呢？您只要想行善，老百姓也會跟著行善。在位者的品德好比風，在下位的人的品德好比草，風吹到草上，草就必定跟著倒。」

子張問士：「何如斯可謂之達①矣？」
子曰：「何哉？爾所謂達者！」
子張對曰：「在邦必聞②，在家必聞。」
子曰：「是聞也，非達也。夫達也者：質直而好義，察言而觀色，慮以下人③；在邦必達，在家必達。夫聞也者：色取仁而行違，居之不疑；在邦必聞，在家必聞。」

①達：通達，顯達。
②聞：有名望。
③下人：下，動詞。對人謙恭有禮。

子張問：「士怎樣才可以叫做通達？」
孔子說：「你說的通達是什麼意思？」
子張答道：「在國君的朝廷裡必定有名望，在大夫的封地裡也必定有名聲。」
孔子說：「這只是虛假的名聲，不是通達。所謂達，那是要品質正直，遵從禮義，善於揣摩別人的話語，觀察別人的臉色，經常想著謙恭待人。這樣的人，就可以在國君的朝廷和大夫的封地裡通達。至於有虛假名聲的人，只是外表上裝出的仁的樣子，而行動上卻正是違背了仁，自己還以仁人自居不慚愧。但他無論在國君的朝廷裡和大夫的封地裡都必定會有名聲。」

樊遲從遊於舞雩之下。曰：「敢問崇德、脩慝①、辨惑？」子曰：「善哉問！先事後得②，非崇德與？攻其惡，無攻人之惡，非脩慝與？一朝之忿③，忘其身以及其親，非惑與？」

①修慝：慝，邪惡的念頭。修，改正。這裡是指改正邪惡的念頭。

②先事後得：先致力於事，把利祿放在後面。

③忿：忿怒，氣憤。

樊遲陪著孔子在舞雩台下散步，說：「請問怎樣提高品德修養？怎樣改正自己的邪念？怎樣辨別迷惑？」

孔子說：「問得好！先努力致力於事，然後才有所收穫，不就可提高品德了嗎？檢討自己的邪念了嗎？由於一時的氣憤，就忘記自身的安危，以至於牽連自己的親人，這不就是迷惑嗎？」

樊遲問「仁」。子曰：「愛人。」問「知」。子曰：「知人。」樊遲未達。子曰：「舉直錯諸枉①，能使枉者直。」樊遲退，見子夏曰：「鄉②也，吾見於夫子而問：知，子曰：『舉直錯諸枉，能使枉者直』，何謂也？」子夏曰：「富哉言乎！舜有天下，選於眾，舉皋陶③，不仁者遠④矣；湯有天下，選於眾，舉伊尹⑤，不仁者遠矣。」

①舉直錯諸枉：錯，同「措」，放置。諸，這是「之於」二字的合音。枉，不正直，邪惡。意為選拔直者，罷黜枉者。

②鄉：同「向」，過去。

③皋陶：傳說中舜時掌握刑法的大臣。

④遠：動詞，遠離，遠去。

⑤伊尹：湯的宰相，曾輔助湯滅夏興商。

樊遲問什麼是仁。孔子說：「愛人。」

樊遲問什麼是智，孔子說：「瞭解人。」

樊遲還不明白。孔子說：「選拔正直的人，罷黜邪惡的人，這樣就能使邪者歸正。」

樊遲退出來，見到子夏說：「剛才我見到老師，問他什麼是智，他說『選拔正直的人，罷黜邪惡的人，這樣就能使邪者歸正。』這是什麼意思？」

子夏說：「這話說得多麼深刻呀！舜有天下，在眾人中逃選人才，把皋陶選拔出來，不仁的人就被疏遠了。湯有了天下，在眾人中挑選人才，把伊尹選拔出來，不仁的人就被疏遠了。」

子貢問「友」。子曰：「忠告而善道之，不可則止，毋自辱焉。」

子貢問怎樣對待朋友。孔子說：「忠誠地勸告他，恰當地引導他，如果不聽也就罷了，不要自取其辱。」

曾子曰：「君子以文會友；以友輔仁。」

曾子說：「君子以文章學問來結交朋友，依靠朋友幫助自己培養仁德。」

梁灝雪夜抄書

孔子強調民無信不立。君主誠信方可號令天下，人有誠信才可能獲得別人信賴。北宋時期的梁灝從小就是一個講究誠信的人，此後也深受皇帝信任，被委以重任。

梁灝，字太素，是北宋著名的政治家、文人。三字經裡面提到：「若梁灝，八十二，對大庭，魁多士」，說梁灝八十二歲考中狀元，其實是訛傳。梁灝年少多才，二十三歲就高中狀元。這位名人小時候雪夜抄書的故事，也傳為佳話，教育著後人要恪守承諾，不可食言。

梁灝出身與官宦之家，但他的父親在他很小的時候就去世了，梁灝是在叔父的撫養下長大的。少年時的梁灝很喜歡讀書，家裡的藏書他全讀完之後，又四處借書拿回家看。如果有特別喜歡的書，梁灝就動筆把它抄下來，方便以後查閱、鑽研。他對借來的書十分愛惜，也總是按時歸還，因此，有藏書的人家很樂意借書給他看。

一個冬天的下午，梁灝去拜訪一位鄰居。這位鄰居是一位學識淵博的老人，家裡珍藏了上百冊的書籍。他很欣賞梁灝的勤奮好學，所以梁灝每次去，他都推薦很多好書給他讀。這次，老人拿出一本珍貴的古籍給梁灝說：「此書學問深厚，你拿回去好好研讀兩天吧！」

梁灝十分感激地接過書，回家之後細細翻閱，覺得這果然是一本很好的書。不知不覺，一夜已經過去，但因為書太厚，梁灝唯讀了一半。如果再照這個速度研讀，肯定讀不完。該怎麼辦呢？梁灝卷起袖子研墨、鋪紙，決定把書全部抄下來，以後慢慢讀。

就這樣，從清早一直到深夜，梁灝一直都在抄書。因為太過疲倦，雙眼的視線都模糊了，加上燈影撲閃，他過了好一會兒才發覺筆下的墨已經凍住了，根本沒寫下字來。這時，叔父來到書房，說道：「賢侄，今天下過大雪，天氣寒冷，你就不要再熬夜抄書了，早點休息去吧！」

梁灝道：「叔父，讓我抄完這書吧！我答應人家明天就還書的，怎麼能因為天氣寒冷這點小事就食言呢？」叔父聽到侄兒小小年紀，就懂得恪守諾言，感到十分欣慰。梁灝在燈上將凍墨烤化，一夜沒有合眼，堅持把書抄完。

第二天，梁灝將書還給鄰居時，鄰居驚訝的說：「此書學理深奧，想不到你這麼快就能讀完了。」

梁灝笑道：「實不相瞞，晚生並未讀完。但借書時已然答應老先生，兩天之後要歸還的，所以我把全書抄下來了，正等著回去細讀呢！」

老人感慨道：「我雖然當時說是兩天，但就算你讀上幾天，我也不會怪罪你。難得的是，你小小年紀，就懂得一諾千金的道理，今後必成大器！這樣吧，以後我這裡的書，你可以盡情借閱，不必再限以時日。」

梁灝連連稱謝。自此以後，他讀書愈多，學問愈見深厚，終於在二十三歲那年金榜題名，高中狀元。由於才華橫溢，加之從小培養的誠信的品格，梁灝深得皇帝賞識，成為宋朝著名的文官。

✯解析

梁灝小時候就懂得一諾千金的道理。更難得的是，少年梁灝不懼風雪嚴寒，克服困難，兑現承諾的堅韌毅力。這令很多成年人都自歎弗如。很多時候，堅持自己的承諾是很艱苦的，需要克服人性的懶惰、貪婪、欲望，甚至獻出生命。但正是因為有著重重困難，承諾的實現才顯得寶貴和真誠。誠信，能感動客戶，也能感動對手。

美國麵包大王凱薩琳．克拉克

本篇中，孔子論及治國之道，強調在民信、軍隊、食物之中，重中之重就是信用。治理國家，最終要依賴人民，人民相信你，施令方案方可順利實行。不只是治理國家，在其他方面同樣需要誠信。有誠信才能夠贏得支持，企業才會被消費者買賬。從廚房走出來的麵包大王凱薩琳．克拉克以其成功，驗證出誠信是無往不勝的武器。

從廚房裡走出來的美國麵包大王凱薩琳．克拉克，是一位傳奇人士，她的成功與其信守承諾也是分不開的。

凱薩琳．克拉克是一個家庭主婦，因為自己烤的麵包非常有特色，所以想到出售麵包的主意。她知道麵包色、香、味的留存，不僅僅是烤的技術問題，烤好之後到食用的時間也很重要，所以新鮮度不可忽視。因此，她決定讓自己的麵包以新鮮度取勝，她要告訴顧客，她自己的麵包是「最新鮮的食品」，為取信於顧客，她還特地在包裝上注明製造日期，承諾決不出售超過三天的麵包。

新產品上市，銷路不會馬上就好。嚴格執行三天期限的承諾非常困難，顯然也給各經銷商店帶來不小的麻煩。雖然麵包可以定期收回，但是每天檢查過期的麵包、換來調去，實在麻煩，因此有些商店寧願出售過期的麵包。有的還抱怨凱薩琳太過認真，麵包超過三天期限也可以食用，何必自找麻煩？

凱薩琳卻不這樣認為，她想，吃的東西最重要的就是保持新鮮度。只有在消費者心中形成良好的信譽，自己的麵包才會有市場。為解決經銷商的麻煩，凱薩琳實施一套新措施。公司派人用麵包車逐個為經銷商送貨，按地區三天送貨一次，同時會收回到期麵包。如果麵包提前銷售一空，公司馬上送貨上門。就這樣，凱薩琳麻煩自己，方便銷售，也使自己不出售超過三天的麵包的原則堅持下來。正是因為凱薩琳的堅持，她的麵包逐漸獲得消費者的信賴，也贏得一次天賜良機。

有一年秋天，一場水災使得糧食緊缺，麵包也供不應求，但凱薩琳的送貨員仍堅持不出售超過三天的麵包。有一位送貨員，開車從幾個偏遠的商店收回超過時限的麵包，回來途中，卻被一幫搶購麵包的人團團圍住。他們要求購買麵包，送貨員堅守公司制度不肯出售，被人說是有私心，想據為己有。而此時，人群之中也有幾名記者。送貨員誠懇解釋：「不是我有私心，實在是制度太嚴格，老闆不許出售過期麵包。如果老闆知道我把它賣給你們，會開除我……」後來，有人想出辦法，讓這些需要麵包的人「強買」，送貨員作出阻攔的樣子，記者拍下這精彩的一幕，不就可以給老闆交差嗎？如法炮製，麵包很快被哄搶一空。之後，新聞記者也著力渲染，這則新聞轟動一時。由此，凱薩琳公司誠實守信的形象便深深地刻在消費者的心裡。

正是靠著堅守承諾，凱薩琳的麵包公司很快由家庭式麵包店轉型為現代化的大型企業。營業額也由每年的二萬美元迅速升至四百萬美元，凱薩琳也成為遠近聞名的「麵包大王」。

✡解析

凱薩琳的成功離不開那次機遇，但是，如果沒有凱薩琳之前的堅持守信，就不會有這則新聞的轟動效應，也就無所謂天賜良機。所謂機遇只留給有準備的人，就在於此。凱薩琳選擇堅持不出售超過三天的麵包，她必須兌現這個承諾。否則，事情將會走向反面。許諾是一件非常嚴肅的事情，作為領導者決不應允自己做不到的事情，還要讓所有的人相信，你絕不會許諾任何做不到的事情。一旦答應，便是君子一言，駟馬難追。商鞅變法「一木數金」的承諾到凱薩琳的堅持，都說明守信原則的重要性。

safeway公司說到做到

治家、治國、治理企業都需要做到說話算話，對家人、對人民、對顧客只有說到做到才能證明自己的可靠。朝令夕改，出爾反爾的人令人討厭；虛假廣告、誇大欺騙的企業同樣會失去消費者的信賴。safeway公司承受諸多的挑戰依然做到說到做到，這就是它的成功之道。

沃爾瑪這樣的零售業巨頭步步進逼，一些名牌的專營店如Whole Foods Market也來勢洶洶，使得一些傳統超市，諸如Safeway公司等正遭遇著生存的威脅。

二〇〇二年，Safeway公司就遇到前所未有的挑戰。有著八十多年歷史，一步步成為全美第三大連鎖超市的Safeway公司，在這一年第一次遇到虧損，這給正安於傳統超市地位的Safeway公司管理層當頭棒喝。作為這家公司的主席兼首席執行官，史蒂文・伯德意識到，多年來亙古不變的習慣已經限制公司的發展，在新的市場條件下，只有進行一些根本性的改變才能夠挽救公司。

於是在二〇〇三年，Safeway公司開始推行一系列改革，其中有一項，就是實施「真實行銷」的行銷策略。

向顧客講述可信的故事，展示真實的產品及其體驗，這就是被稱之為「真實行銷」，簡單來說，就是說到做到。但事實證明，說這容易做起來難。一九九八年，也有一個人們熟知的雜貨連鎖公司發起改革的宣傳攻勢，「要給顧客帶來新感覺」，可是顧客卻發現商店內部卻沒有任何改變，因此，銷售額依然如故，改革以失敗而告終。

鑒於他們的教訓，Safeway公司承諾，將在之後的六年時間內投入十六億美元，改造公司近一千八百家連鎖超市。為此，公司實行兩步走的策略：第一步：消滅勞動力，降低成本；第二步，耗資一億美元展開廣告攻勢。第一步成功之後，Safeway公司並不急於進行廣告宣傳，而是遵循先實踐再承諾的原則。Safeway公司考慮到顧客喜歡專賣店的健康衛生和環境優雅，於是，一方面選擇名牌產品和生鮮食品，提高產品品質，使肉更鮮美，水果更新鮮，麵包更是及時更換，另一方面，為給顧客一個好的購物環境，特意請當時著名的商店設計公司Avizia重新設計店內環境，將照明燈換成聚光燈，單調白色牆壁換成柔和的自然色，增添木地板以及可愛恰當的宣傳標語，再加上鮮花、花瓶等等，以保證顧客進門就會感受到天然、豐富和新鮮。在做完諸多的工作之後，Safeway公司才開始宣傳，但從不過分吹噓自己的改變。人們看到公司的廣告，必然會走進店鋪去體驗產品的真實品質。廣告和事實完全相付，當然會贏得廣大顧客的信賴。現在，顧客只要走進超市，就會感受到清新宜人的購物環境，就會看到自己想要得也能夠低價購買的名牌產品。與此同時，那些專賣店中的商品，這裡也應有盡有。Safeway公司說到做到，贏得顧客的心。

「真實行銷」戰略，使得Safeway公司在這個缺乏誠信的時代裡，展現出一道獨特而美麗的風景線。

✡解 析

先做後說，誠實的行動加上誠實的宣傳，是Safeway公司成功的秘訣。在人們為誠信的缺失而感慨時，Safeway公司以自己的成功，證明誠信的價值。說到不如做到，事實可以證明一切。誠信得來不易，失去卻輕而易舉。虛假廣告或者虛假宣傳，也許短期內會帶來豐厚利潤，但對企業和產品的長期發展，卻是致命的毒藥。只有贏得人們的信任，才能贏得市場，才能贏得最後的成功。

卷十三 子路

本篇內容廣泛，涉及孔子的理政、教育思想以及個人修身之道等。孔子主張禮治，為貫徹「禮」的準則，統治者應該以身作則，謹慎自持，「其身正，不令而行；其身不正，雖令不從」，正人先要正己，正己才可服眾。上樑不正下樑歪，作為領導者，無論是理政還是經商，如果不以身作則，就難以形成一個具有凝聚力並行之有效的集體，連發展都成問題，更別提成功。

【原文】

子路問「政」。子曰：「先之，勞之①。」請益②。曰：「無倦③。」

①先之勞之：先，引導，先導，即教化。之，指老百姓。做在老百姓之前，使老百姓勤勞。

②益：請求增加一些。

③無倦：不厭倦，不鬆懈。

子路問怎樣管理政事。孔子說：「做在老百姓之前，使老百姓勤勞。」子路請求多講一點。孔子說：「不要懈怠。」

仲弓爲季氏宰，問政。子曰：「先有司①，赦小過，舉賢才。」

曰：「焉知賢才而舉之？」

曰：「舉爾所不知，人其捨諸②！」

①有司：古代負責具體事務的官吏。

②諸：「之乎」二字的合音。

仲弓做了季氏的家臣，問怎樣管理政事。孔子說：「先責成手下負責具體事務的官吏，讓他們各負其責，赦免他們的小過錯，選拔賢才來任職。」

仲弓又問：「怎樣知道是賢才而把他們選拔出來呢？」

孔子說：「選拔你所知道的，至於你不知道的賢才，別人難道還會埋沒他們嗎？」

子路曰：「衛君①待子而爲政，子將奚②先？」

子曰：「必也正名乎！」

子路曰：「有是哉？子之迂也！奚其正？」

子曰：「野哉，由也！君子於其所不知，蓋闕③如也。名不正，則言不順；言不順，則事不成；事不成，則禮樂不興；禮樂不興，則刑罰不中④；刑罰不中，則民無所措手足。故君子名之必可言也，言之必可行也。君子於其言，無所苟⑤而已矣！」

①衛君：衛出公，名輒，衛靈公之孫。其父蒯聵被衛靈公驅逐出國，衛靈公死後，蒯輒繼位。蒯聵要回國爭奪君位，遭到蒯輒拒絕。這裡，孔子對此事提出了自己的看法。

②奚：什麼。

③闕：同「缺」，存疑的意思。

④中：得當。

⑤苟：苟且，馬馬虎虎。

子路對孔子說：「衛國國君要您去治理國家，您打算先從哪些事情做起呢？」

孔子說：「首先必須正名分。」

子路說：「有這樣做的嗎？您想得太不合時宜了。這名怎麼正呢？」

孔子說：「仲由，真粗野啊。君子對於他所不知道的事情，總是採取存疑的態度。名分不正，說起話來就不順當合理，說話不順當合理，事情就辦不成。事情辦不成，禮樂也就不能興盛。禮樂不能興盛，刑罰的執行就不會得當。刑罰不得當，百姓就不知怎麼辦。所以，君子一定要定下一個名分，必須能夠說得明白，說出來一定能夠行得通。君子對於自己的言行，是從不馬馬虎虎對待的。」

樊遲請學稼，子曰：「吾不如老農。」請學爲圃①，曰：「吾不如老圃。」樊遲出，子曰：「小人哉，樊須也！上好禮，則民莫敢不敬；上好義，則民莫敢不服；上好信，則民莫敢不用情②。夫如是，則四方之民，襁③負其子而至矣；焉用稼！」

①圃：菜地，引申為種菜。
②用情：情，情實。以真心實情來對待。
③襁：背嬰孩的背簍。

樊遲向孔子請教如何種莊稼。孔子說：「我不如老農。」樊遲又請教如何種菜。孔子說：「我不如老菜農。」

樊遲退出以後，孔子說：「樊遲真是小人。在上位者只要重視禮，老百姓就不敢不敬畏；在上位者只要重視義，老百姓就不敢不服從；在上位的人只要重視信，老百姓就不敢不用真心實情來對待你。要是做到這樣，四面八方的老百姓就會背著自己的小孩來投奔，哪裡用得著自己去種莊稼呢？」

子曰：「誦《詩》三百；授之以政，不達①；使於四方，不能專對②；雖多，亦奚以③為？」

①達：通達。這裡是會運用的意思。
②專對：獨立對答。
③以：用。

孔子說：「把《詩》三百篇背得很熟，讓他處理政務，卻不會辦事；讓他當外交使節，不能獨立地交涉；背得再多，又有什麼用呢？」

子曰：「其身正，不令而行；其身不正，雖令不從。」

孔子說：「自身正了，即使不發佈命令，老百姓也會去做，自身不正，即使發佈命令，老百姓也不會服從。」

子曰：「魯、衛之政，兄弟也。」

孔子說：「魯和衛兩國的政事，就像兄弟的政事一樣。」

子謂衛公子荊①：「善居室②。始有，曰：『苟③合④矣。』少有，曰：『苟完矣。』富有，曰：『苟美矣。』」

①衛公子荊：衛國大夫，字南楚，衛獻公的兒子。
②善居室：善於管理經濟，居家過日子。
③苟：差不多。
④合：足夠。

孔子談到衛國的公子荊時說：「他善於管理經濟，居家理財。剛開始有一點，他說：『差不多也就夠了。』稍為多一點時，他說：『差不多就算完備了。』更多一點時，他說：『差不多算是完美了』。」

子適衛，冉有僕①。子曰：「庶矣哉！」
冉有曰：「既庶②矣，又何加焉？」
曰：「富之。」
曰：「既富矣，又何加焉？」
曰：「教之。」

①僕：駕車。
②庶：眾多，這裡指人口眾多。

孔子到衛國去，冉有為他駕車。孔子說：「人口真多呀！」
冉有說：「人口已經夠多了，還要再做什麼呢？」
孔子說：「使他們富起來。」
冉有說：「富了以後又還要做些什麼？」
孔子說：「對他們進行教化。」

子曰：「苟有用我者，期月而已可也，三年有成。」

孔子說：「如果有人用我治理國家，一年便可以做出個樣子，三年就一定會有成效。」

子曰：「『善人爲邦百年，亦可以勝殘去殺矣。』誠哉是言也！」

孔子說：「善人治理國家，經過一百年，也就可以消除殘暴，廢除刑罰殺戮了。這話真對呀！」

子曰：「如有王者，必世而後仁。」

孔子說：「如果有王者興起，也一定要三十年才能實現仁政。」

子曰：「苟正其身矣，於從政乎何有？不能正其身，如正人何？」

孔子說：「如果端正了自身的行為，管理政事還有什麼困難呢？如果不能端正自身的行為，怎能使別人端正呢？」

冉子退朝，子曰：「何晏也？」
對曰：「有政。」
子曰：「其事也！如有政，雖不吾以，吾其與聞之！」

冉求退朝回來，孔子說：「為什麼回來得這麼晚呀？」
冉求說：「有政事。」
孔子說：「只是一般的事務吧？如果有政事，雖然國君不用我了，我也會知道的。」

定公問：「一言而可以興邦，有諸？」孔子對曰：「言不可以若是其幾也！人之言曰：『爲君難，爲臣不易。』如知爲君之難也，不幾乎一言而興邦乎？」曰：「一言而喪邦，有諸？」孔子對曰：「言不可以若是其幾也！人之言曰：『予無樂乎爲君，唯其言而莫予違也。』如其善而莫之違也，不亦善乎？如不善而莫之違也，不幾乎一言而喪邦乎？」

魯定公問：「一句話就可以使國家興盛，有這樣的話嗎？」

孔子答道：「不可能有這樣的話，但有近乎於這樣的話。有人說：『做君難，做臣不易。』如果知道了做君的難，這不近乎於一句話可以使國家興盛嗎？」

魯定公又問：「一句話可以亡國，有這樣的話嗎？」

孔子回答說：「不可能有這樣的話，但有近乎這樣的話。有人說過：『我做君主並沒有什麼可高興的，我所高興的只在於我所說的話沒有人敢於違抗。』如果說得對而沒有人違抗，不也好嗎？如果說得不對而沒有人違抗，那不就近乎於一句話可以亡國嗎？」

葉公問政。子曰：「近者說，遠者來。」

葉公問孔子怎樣管理政事。孔子說：「使近處的人高興，使遠處的人來歸附。」

子夏爲莒父①宰，問政。子曰：「無欲速；無見小利。欲速則不達；見小利則大事不成。」

①莒父：莒，魯國的一個城邑，在今山東省莒縣境內。

子夏做莒父的總管，問孔子怎樣辦理政事。孔子說：「不要求快，不要貪求小利。求快反而達不到目的，貪求小利就做不成大事。」

葉公語孔子曰：「吾黨有直躬者①：其父攘羊②而子證③之。」

孔子曰：「吾黨之直者異於是：父爲子隱，子爲父隱，直在其中矣。」

①直躬者：正直的人。
②攘羊：偷羊。
③證：告發。

葉公告訴孔子說：「我的家鄉有個正直的人，他的父親偷了人家的羊，他告發了父親。」

孔子說：「我家鄉正直的人和你講的正直之人不一樣：父親為兒子隱瞞，兒子為父親隱瞞。正直就在其中了。」

樊遲問「仁」。子曰：「居處恭，執事敬，與人忠；雖之夷狄，不可棄也。」

樊遲問怎樣才是仁。孔子說：「平常在家規規矩矩，辦事嚴肅認真，待人忠心誠意。即使到了夷狄之地，也不可背棄。」

子貢問曰：「何如斯可謂之士①矣？」

子曰：「行己有恥；使於四方，不辱君命；可謂士矣。」

曰：「敢問其次？」

曰：「宗族稱孝焉，鄉黨稱弟焉。」

曰：「敢問其次？」

曰：「言必信，行必果②；硜硜③然，小人哉！抑亦可以爲次矣。」

曰：「今之從政者何如？」子曰：「噫！斗筲之人④，何足算也！」

①士：士在周代貴族中位於最低層。此後，士成為古代社會知識分子的通稱。

②果：果斷、堅決。

③硜硜：象聲詞，敲擊石頭的聲音。這裡引申為像石塊那樣堅硬。

④斗筲之人：筲，竹器，容一斗二升。比喻器量狹小的人。

子貢問道：「怎樣才可以叫做士？」

孔子說：「自己在做事時有知恥之心，出使外國各方，能夠完成君主交付的使命，可以叫做士。」

子貢說：「請問次一等的呢？」

孔子說：「宗族中的人稱讚他孝順父母，鄉黨們稱他尊敬兄長。」

子貢又問：「請問再次一等的呢？」

孔子說：「說到一定做到，做事一定堅持到底，不問是非地固執己見，那是小人啊。但也可以說是再次一等的士了。」

子貢說：「現在的執政者，您看怎麼樣？」

孔子說：「唉！這些器量狹小的人，哪裡能數得上呢？」

子曰：「不得中行①而與之，必也狂狷②乎？狂者進取，狷者有所不爲也。」

①中行：行為合乎中庸。

②狷：拘謹，有所不為。

孔子說：「我找不到奉行中庸之道的人和他交往，只能與狂者、狷者相交往了。狂者敢作敢為，狷者對有些事是不肯做的。」

子曰：「南人有言曰：『人而無恆，不可以作巫醫①。』善夫！『不恆其德，或承之羞。』」②
子曰：「不占③而已矣。」

①巫醫：用卜筮為人治病的人。
②不恆其德，或承之羞：此二句引自《易經・恆卦・爻辭》。
③占：占卜。

孔子說：「南方人有句話說：『人如果做事沒有恆心，就不能當巫醫。』這句話說得真好啊！『人不能長久地保存自己的德行，免不了要遭受恥辱。』」
孔子說：「這句話是說，沒有恆心的人用不著去占卦了。」

子曰：「君子和①而不同②；小人同而不和。」

①和：不同的東西和諧地配合叫做和，各方面之間彼此不同。

②同：相同的東西相加或與人相混同，叫做同。各方面之間完全相同。

孔子說：「君子講求和諧而不同流合污，小人只求完全一致，而不講求協調。」

子貢問曰：「鄉人皆好之，何如？」

子曰：「未可也。」

「鄉人皆惡之，何如？」

子曰：「未可也。不如鄉人之善者好之，其不善者惡之。」

子貢問孔子說：「全鄉人都喜歡、讚揚他，這個人怎麼樣？」

孔子說：「這還不能肯定。」

子貢又問孔子說：「全鄉人都厭惡、憎恨他，這個人怎麼樣？」

孔子說：「這也是不能肯定的。最好的人是全鄉的好人都喜歡他，全鄉的壞人都厭惡他。」

子曰：「君子易事①而難說②也：說之不以道，不說也；及其使人也，器之③。小人難事而易說也；說之雖不以道，說也；及其使人也，求備焉。」

① 易事：易於與人相處共事。

② 難說：難於取得他的歡喜。

③ 器之：量才使用他。

孔子說：「為君子辦事很容易，但很難取得他的歡喜。不按正道去討他的喜歡，他是不會喜歡的。但是，當他用人的時候，總是量才而用人；為小人辦事很難，但要取得他的歡喜則是很容易的。不按正道去討他的喜歡，也會得到他的喜歡。但等到他用人的時候，卻是求全責備。」

子曰：「君子泰而不驕；小人驕而不泰。」

孔子說：「君子安靜坦然而不傲慢無禮，小人傲慢無禮而不安靜坦然。」

子曰：「剛、毅、木、訥，近仁。」

孔子說：「剛強、果敢、樸實、謹慎，這四種品德接近於仁。」

子路問曰：「何如斯可謂之『士』矣？」

子曰：「切切、偲偲①、怡怡②如也，可謂『士』矣。朋友切切偲偲，兄弟怡怡。」

①偲偲：勉勵、督促、誠懇的樣子。

②怡怡：和氣、親切、順從的樣子。

子路問孔子道：「怎樣才可以稱為士呢？」

孔子說：「互助督促勉勵，相處和氣，可以算是士了。朋友之間互相督促勉勵，兄弟之間相處和和氣氣。」

子曰：「善人教民七年，亦可以即戎矣。」

孔子說：「善人教練百姓用七年的時候，也就可以叫他們去當兵打仗了。」

子曰：「以不教民戰，是謂棄之。」

孔子說：「如果不先對老百姓進行作戰訓練，這就叫拋棄他們。」

贏家策略

包拯以身作則拒皇禮

本篇中，弟子樊遲請教孔子如何理政，孔子告訴他，只有統治者以身作則，做到禮、義、信，老百姓才會擁護你，愛戴你。榜樣的力量是無窮的，上級或領導公正廉潔，則往往能促進廉潔風氣的形成。宋代名臣包拯以身作則拒皇禮，千古流芳。

宋代名臣包拯，一生為官清廉、大公無私，被老百姓稱為「包青天」。但是宋朝不像現在的法制社會，雖有監督機制卻形同虛設，官場上的蠅營狗苟之事層出不窮。加上中國有重禮儀和重人情的傳統，所以官場上的禮尚往來極其平常。

但包公嚴於律己，從不收受人情禮物。北宋仁宗康定元年（西元一〇四〇年），包公任端州（今廣東省肇慶市）知州，端硯享譽天下，文人墨客視為至寶，朝廷列為「貢品」。到任後，他聽硯工反映，往年州縣官吏，往往在貢硯之外加征端硯，用來賄賂朝廷權貴。

廣大硯工不堪重負，有苦難言。包公決心興利除弊。他嚴令各地州縣官吏收「貢硯」時不准加碼，違者嚴懲不貸。包公以身作則，在任期間不曾用過一台端硯，離任時老百姓為表示感謝，偷偷船在頭放一硯，包公發現之後將其送回。

包拯不僅不收受老百姓和求他辦事者的禮物，還以身作則開官場廉政新風，這也是他鐵面無私的保證，他不收禮，所以不循任何人的私情。據史書記載，他六十歲生日時，皇上念其為朝廷出力，日夜操勞，要為他做壽，作為臣子的他只好遵命，但他吩咐兒子包貴概不收禮。可沒想到第一份賀禮就是皇上送的，這下包貴不知所措，皇禮不敢不收，父命又不能違背。萬般無奈，只好請皇宮的太監寫明送禮理由，太監當即作詩一首：「德高望重一品卿，日夜操勞似魏徵，今日皇上把禮送，拒禮門外禮不通。」包公看後也當即回寫一首：「鐵面無私丹心忠，為官最怕叨念功，操勞本是份內事，拒禮為開廉政風」，最後還是沒有收下皇禮。皇上看到包拯的回詩，感慨萬端，遂將其宣讀於文武百官，一時官場風氣大變，皇親國戚不敢再胡作非為，貪贓枉法者也再不敢猖獗。

包公不僅以身作則不收禮，還要求後輩子孫也要清正廉明。包公去世後，曾經留下《家訓》，其中有一條家規：「後世子孫仕宦，有犯贓濫者，不得放歸本家；亡歿之後，不得葬於大塋之中。不從吾志，非吾子孫」。這在封建時代，是十分嚴厲的家法。包公吩咐家人請來工匠，把這則《家訓》刻在石碑上，豎立在正房東牆上，時刻提醒子孫後代要為官清廉。

✵解析

包公嚴格自律，以身作則，是對「其身正，不令而行；其身不正，雖令不從」的生動闡述。正人先正己，管事先做人，榜樣的力量往往是驚人的。對於企業管理者來說，要想管好下屬，必須以身作則，事事為先。只有自己身先士卒，做出表率，才能樹立威望，才能更好地帶動團隊，發揮出更強的整體戰鬥力。得人心者得天下，一個威望很高的領導者，管理必能事半功倍。

艾科卡自降工資激勵員工

孔子曰：其身正，不令則行，是說領導應該起表率作用。在企業中，領導者的一舉一動都為員工所密切關注，能夠產生很大的影響，因此，企業領導一定要注意發揮自己的積極作用，特別是當企業陷於困境時，更要以自己的實際行動影響員工，鼓舞士氣。

克萊斯勒汽車公司，是美國三大汽車公司之一，一九二五年由沃爾特·克萊斯勒創立。克萊斯勒經營有方，憑藉著先進的技術和雄厚的財力，先佔領國內市場，而後進軍海外，先後在澳大利亞、法國、英國和巴西建廠，收買當地汽車公司股權，短短十餘年，就發展成為一個跨國汽車公司。三〇年代時，公司發展達到黃金時期，壓過福特公司。

但是，在一九七〇年代，克萊斯勒汽車公司因管理不善，瀕於倒閉，著名企業家李·艾科卡臨危受命，接管該公司。艾科卡接管公司以後，發現許多問題。如部分員工對公司前途完全喪失信心，準備去別的公司發展，對手上的工作十分馬虎，得過且過；還有部分員工情緒低下，怨天尤人，認為公司經營不善，是政府、公司管理者的失誤，因而工作懶散，效率低下。在這種情況下，艾科卡意識到，只有把員工的精神鼓舞起來，工作熱情激發出來，公司才能走出困境，獲得生機。

艾科卡在公司最困難的日子裡，主動把自己的年薪由一百萬美元降到一千美元，這一百萬美元和一千美元的差距，使艾科卡超乎尋常的精神在員工面前閃閃發光。那些準備離開的員工看到新的希望，決定留下來和艾科卡共同奮鬥，曾經抱怨公司管理層的員工因此感動得淚流滿面，開始積極為公司工作。除此之外，艾科卡上任後還大膽的進行了人力資源的更新換代，不斷為公司補充活力十足的新鮮血液。同時爭取外界資助，還在市場調查和產品開發上加大了投入和力度，廣告宣傳上也奇招百出。下屬和員工們都鼎力相助，密切配合，齊心協力，不到半年，克萊斯勒公司面貌一新，蓬勃發展。

終於，經過幾年的艱苦奮鬥，八〇年代初，克萊斯勒熬過低谷活過來，又一次置身於世界前五名汽車大公司行列。

✲解析

「士不可以不弘毅，任重而道遠」，用這句話來評價艾科卡，再貼切不過。在公司瀕臨倒閉，急需節約成本的情況下，艾科卡並沒有採取裁員和降低工資的行動，而是以身作則，率先降低自己工資，表達自己與員工、與公司同舟共濟的決心，激發員工們的工作熱情，公司上下團結一心，所以能打出一場漂亮的仗。有的領導者，總是抱怨手下工作不努力，那麼，是不是應該想一想，問題是不是出在自己身上呢？

「最佳」電器的金魚缸式管理

孔子認為，領導者本身行為正當，即使不強制命令，事情也能行的通，如果本身行為不正當，就是三令五申，百姓也不會信從。在企業管理中，一種管理模式能否有效運行，與管理者本身的行為有很大關係。員工們的眼睛都盯著管理者，管理者以身作則，員工自然心悅誠服，企業效率也必然直線上升。

金魚缸一般都是透明的玻璃器皿，人們可以從各個角度角度、一目了然地觀察到玻璃缸中金魚的活動情況。「金魚缸」式管理方法，其實就是一種透明的管理方式，相當於現在政府機構的透明行政。這種管理方式是日本最佳電器株式會社社長北田光男精心創造的。

北田光男建立這個管理方式有兩個目的，一是要求從總經理到每位員工，人人注重節儉而操守清廉，他有其獨特的經營理念。他認為管理一個企業就像餵金魚缸裡的魚一樣，要注意量的把握，一次不能餵太多，不然金魚不能消化，純屬浪費，而是保證金魚不餓死就行，要儘量節約。二是增加企業管理的透明度，重點放在公開各級經營管理者的金錢收入上。企業領導者的收入和費用報銷都以各種公開方式向職員展示，職工對企業領導者的開銷進行監督。企業會根據職員的意見，對經營管理者予以獎懲。

北田光男白手起家，深知創業的艱辛，所以他節儉持家，保持廉潔作風，勤儉節約也是「最佳」公司成功的一個重要因素。在「最佳」公司做事，沒有交際費可報銷，總經理沒有公家轎車使用。職員上班後，一進公司大門，就會從指示牌上看到昨天使用幾噸水、幾度電，電話費是多少，就會下意識地覺得自己應該節省，這樣，無形中公司的消耗就少，浪費也少。但是，節約下來的資金並不全歸公司，而是轉化為員工工資，所以。「最佳」公司的工資明顯高於其他公司。

北田光男作為公司管理者，以身作則，從不揩公司的油。他每星期和其他員工一樣工作六天，周日也很少出去玩。他自己的娛樂，每年只有一次，即利用年假陪妻子到世界各地旅行，但是一切費用絕不用公款，全部自費。北田光男曾經公開說過：「員工們的眼睛是雪亮的。當老闆的人，一舉一動，員工們都看在眼裡。你如果用公司的錢花天酒地，漏稅，員工知道後，就一定會瞧不起你。在這種情況下，你還能要求他們努力工作、操守清廉嗎？那是絕對辦不到的。」

這種魚缸式的透明管理制度，讓員工對企業資金的流向一清二楚，真正的表現出員工是主人的地位，激發他們的工作熱情，同時對企業的管理者也是一個有效的監督機制。職員可以從這個透明的魚缸中看到經營管理者的開銷，使得管理者不敢假公濟私，同時職員對經營管理者的開銷做到心中有數，也能使得他們對公司的管理更加信賴，同時也促使他們更好的為公司積極服務。幾十年來，北田光男以身作則，刻苦節儉，使得他的事業王國更加興盛。

✵解析

說一句話，抵不上做一件事，言教再多也不如身教有效。領導的作用，不在於空口說白話，而應該真正「領而導之」，以身作則，起到表率作用，這樣才能夠獲得下屬的信任和支援，帶動企業的良好發展。當然，以身作則，雖然主要靠自己，但有一個良好的環境或者行之有效的制度來制約或激勵，其效果，必然水漲船高。北田光男的「金魚缸」式透明管理，就是這樣一個範例。

論語智慧

卷十四 憲問

在這一篇中，孔子對齊桓公、晉文公、管仲等一些古今人物進行臧否。其中，弟子談到管仲不為舊主盡忠而降齊桓公，乃不仁不義，孔子則高度評價管仲，認為他「相桓公，霸諸侯，一匡天下，民到於今受其賜」，稱得上是真正的仁者。如此說來，孔子真可謂「知人」，管仲有此伯樂，當含笑九泉。商場競爭，很大程度上就是人才的競爭，發掘人才，有時比發現商機更可貴。企業的領導者，是不是能如孔子般知人呢？

【原文】

憲①問「恥」。子曰：「邦有道穀②，邦無道穀；恥也。」

「克、伐③、怨、欲，不行焉，可以爲『仁』矣？」

子曰：「可以爲難矣，仁則吾不知也。」

①憲：姓原名憲，孔子的學生。

②穀：這裡指做官者的俸祿。

③伐：自誇。

原憲問孔子什麼是可恥。孔子說：「國家有道，做官拿俸祿；國家無道，還做官拿俸祿，這就是可恥。」

原憲又問：「好勝、自誇、怨恨、貪慾都沒有的人，可以算做到仁了吧？」

孔子說：「這可以說是很難得的，但至於是不是做到了仁，那我就不知道了。」

子曰：「士而懷居①，不足以爲士矣！」

①懷居：懷，思念，留戀。居，家居。指留戀家居的安逸生活。

孔子說：「士如果留戀家庭的安逸生活，就不配做士了。」

子曰：「邦有道，危①言，危行；邦無道，危行，言孫②。」

①危：直，正直。

②孫：同「遜」。

孔子說：「國家有道，要正言正行；國家無道，還要正直，但說話要隨和謹慎。」

子曰：「有德者，必有言；有言者，不必有德。仁者，必有勇；勇者，不必有仁。」

孔子說：「有道德的人，一定有言論，有言論的人不一定有道德。仁人一定勇敢，勇敢的人都不一定有仁德。」

南宮适①問於孔子曰：「羿②善射，奡盪③舟④，俱不得其死然。禹稷⑤躬稼而有天下。」

夫子不答。南宮适出，子曰：「君子哉若人！尚德哉若人！」

①南宮适：适，同「括」，即南容。

②羿：傳說中夏代有窮國的國君，善於射箭，曾奪夏太康的王位，後被其臣寒浞所殺。

③奡：傳說中寒浞的兒子，後來為夏少康所殺。

④盪舟：用手推船。傳說中奡力大，善於水戰。

⑤禹稷：禹，夏朝的開國之君，善於治水，注重發展農業。稷，傳說是周朝的祖先，又為穀神，教民種植莊稼。

南宮適問孔子：「羿善於射箭，奡善於水戰，最後都不得好死。禹和稷都親自種植莊稼，卻得到了天下。」孔子沒有回答，南宮適出去後，孔子說：「這個人真是個君子呀！這個人真尊重道德。」

子曰：「君子而不仁者有矣夫？未有小人而仁者也！」

孔子說：「君子中沒有仁德的人是有的，而小人中有仁德的人是沒有的。」

子曰：「愛之，能勿勞乎？忠焉，能勿誨乎？」

孔子說：「愛他，能不為他操勞嗎？忠於他，能不對他勸告嗎？」

子曰：「爲命①：裨諶②草創之，世叔③討論之，行人④子羽⑤修飾之，東里⑥子產潤色之。」

①命：指國家的政令。

②裨諶：人名，鄭國的大夫。

③世叔：即子太叔，名游吉，鄭國的大夫。子產死後，繼子產為鄭國宰相。

④行人：官名，掌管朝覲聘問，即外交事務。

⑤子羽：鄭國大夫公孫揮的字。

⑥東里：地名，鄭國大夫子產居住的地方。

孔子說：「鄭國發表的公文，都是由裨諶起草的，世叔提出意見，外交官子羽加以修飾，由子產作最後修改潤色。」

或問子產。子曰：「惠人也。」問子西①。曰：「彼哉彼哉！」問管仲。曰：「人也②，奪伯氏③駢邑④三百，飯疏食，沒齒⑤，無怨言。」

①子西：這裡的子西指楚國的令尹，名申。
②人也：即此人也。
③伯氏：齊國的大夫。
④駢邑：地名，伯氏的采邑。
⑤沒齒：死。

有人問子產是個怎樣的人。孔子說：「是個有恩惠於人的人。」又問子西。孔子說：「他呀！他呀！」又問管仲。孔子說：「他是個有才幹的人，他把伯氏駢邑的三百家奪走，使伯氏終生吃粗茶淡飯，直到老死也沒有怨言。」

子曰：「貧而無怨，難；富而無驕，易。」

孔子說：「貧窮而能夠沒有怨恨是很難做到的，富裕而不驕傲是容易做到的。」

子曰：「孟公綽①，爲趙魏老②則優③，不可以爲滕薛④大夫。」

①孟公綽：魯國大夫，屬於孟孫氏家族。

②老：這裡指古代大夫的家臣。

③優：有餘。

④滕薛：滕，諸侯國家，在今山東滕縣。薛，諸侯國家，在今山東滕縣東南一帶。

孔子說：「孟公綽做晉國越氏、魏氏的家臣，是才力有餘的，但不能做滕、薛這樣小國的大夫。」

子路問「成人」①。子曰：「若臧武仲②之知，公綽之不欲，卞莊子③之勇，冉求之藝，文之以禮樂；亦可以爲成人矣！」曰：「今之成人者，何必然？見利思義，見危授命，久要④不忘平生之言；亦可以爲成人矣！」

①成人：人格完備的完人。
②臧武仲：魯國大夫臧孫紇。
③卞莊子：魯國卞邑大夫。
④久要：長久處於窮困中。

子路問怎樣做才是一個完美的人。孔子說：「如果具有臧武仲的智慧，孟公綽的克制，卞莊子的勇敢，冉求那樣多才多藝，再用禮樂加以修飾，也就可以算是一個完人了。」孔子又說：「現在的完人何必一定要這樣呢？見到財利想到義的要求，遇到危險能獻出生命，長久處於窮困還不忘平日的諾言，這樣也可以成為一位完美的人。」

子問公叔文子①於公明賈②，曰：「信乎？夫子③不言不笑不取乎？」

公明賈對曰：「以④告者過也！夫子時然後言，人不厭其言；樂然後笑，人不厭其笑；義然後取，人不厭其取。」

子曰：「其然！豈其然乎？」

①公叔之子：衛國大夫公孫拔，衛獻公之子。諡號「文」。

②公明賈：姓公明字賈。衛國人。

③夫子：文中指公叔文子。

④以：此處是「這個」的意思。

孔子向公明賈問到公叔文子，說：「先生他不說、不笑、不取錢財，是真的嗎？」

公明賈回答道：「這是告訴你話的那個人的過錯。先生他到該說時才說，因此別人不厭惡他說話；快樂時才笑，因此別人不厭惡他笑；合於禮要求的財利他才取，因此別人不厭惡他取。」

孔子說：「原來這樣，難道真是這樣嗎？」

子曰：「臧武仲以防，求爲後於魯，雖曰不要君，吾不信也。」

孔子說：「臧武仲憑借防邑請求魯君在魯國替臧氏立後代，雖然有人說他不是要挾君主，我不相信。」

子曰：「晉文公①譎②而不正；齊桓公③正而不譎。」

① 晉文公：姓姬名重耳，春秋時期有作為的政治家，著名的霸主之一。西元前六三六—前六二八年在位。

② 譎：欺詐，玩弄手段。

③ 齊桓公：姓姜名小白，春秋時期有作為的政治家，著名的霸主之一。西元前六八五—前六四三年在位。

孔子說：「晉文公詭詐而不正派，齊桓公正派而不詭詐。」

子路曰：「桓公殺公子糾①，召忽②死之，管仲不死。」曰：「未仁乎！」

子曰：「桓公九合諸侯③，不以兵車④，管仲之力也。如其仁⑤！如其仁！」

①公子糾：齊桓公的哥哥。齊桓公與他爭位，殺掉了他。

②召忽：管仲和召忽都是公子糾的家臣。公子糾被殺後，召忽自殺，管仲歸服於齊桓公，並當上了齊國的宰相。

③九合諸侯：指齊桓公多次召集諸侯盟會。

④不以兵車：即不用武力。

⑤如其仁：這就是他的仁德。

子路說：「齊桓公殺了公子糾，召忽自殺以殉，但管仲卻沒有自殺。管仲不能算是仁人吧？」

孔子說：「桓公多次召集各諸侯國的盟會，不用武力，都是管仲的力量啊。這就是他的仁德，這就是他的仁德。」

子貢曰：「管仲非仁者與？桓公殺公子糾，不能死，又相之。」子曰：「管仲相桓公，霸諸侯，一匡天下，民到于今受其賜。微①管仲，吾其被髮左衽②矣！豈若匹夫匹婦之爲諒③也，自經④於溝瀆⑤，而莫之知也！」

①微：無，沒有。
②被發左衽：被，同「披」。衽，衣襟。「被發左衽」是當時的夷狄之俗。
③諒：遵守信用。這裡指小節小信。
④自經：上吊自殺。
⑤瀆：小溝渠。

子貢問：「管仲不能算是仁人了吧？桓公殺了公子糾，他不能為公子糾殉死，反而做了齊桓公的宰相。」

孔子說：「管仲輔佐桓公，稱霸諸侯，匡正了天下，老百姓到了今天還享受到他的好處。如果沒有管仲，恐怕我們也要披散著頭髮，衣襟向左開了。哪能像普通百姓那樣恪守小節，自殺在小山溝裡，而誰也不知道呀。」

公叔文子之臣大夫僎①，與文子同升諸公②。子聞之曰：「可以爲『文』矣！」

①僎：人名。公叔文子的家臣。

②升諸公：公，公室。這是說僎由家臣升為大夫，與公叔文子同位。

公叔文子的家臣僎和文子一同做了衛國的大夫。孔子知道了這件事以後說：「他死後可以給他『文』的謚號了。」

子言衛靈公之無道也，康子曰：「夫如是，奚而不喪？」孔子曰：「仲叔圉①治賓客，祝鮀治宗廟，王孫賈治軍旅；夫如是，奚其喪？」

①仲叔圉：圉，即孔文子。他與後面提到的祝鮀、王孫賈都是衛國的大夫。

孔子講到衛靈公的無道，季康子說：「既然如此，為什麼他沒有敗亡呢？」

孔子說：「因為他有仲叔圉接待賓客，祝鮀管理宗廟祭祀，王孫賈統率軍隊，像這樣，怎麼會敗亡呢？」

子曰：「其言之不怍①，則爲之也難！」

①怍：慚愧的意思。

孔子說：「說話如果大言不慚，那麼實現這些話就是很困難的了。」

陳成子①弒簡公②。孔子沐浴而朝，告於哀公曰：「陳恆弒其君，請討之。」公曰：「告夫三子③。」孔子曰：「以吾從大夫之後④，不敢不告也！君曰：『告夫三子。』者！」之⑤三子告，不可。孔子曰：「以吾從大夫之後，不敢不告也！」

①陳成子：即陳恆，齊國大夫，又叫田成子。他以大斗借出，小斗收進的方法受到百姓擁護。西元前481年，他殺死齊簡公，奪取了政權。

②簡公：齊簡公，姓姜名壬。西元前四八四—前四八一年在位。

③三子：指季孫、孟孫、叔孫三家。

④從大夫之後：孔子曾任過大夫職，但此時已經去官家居，所以說從大夫之後。

⑤之：動詞，往。

陳成子殺了齊簡公。孔子齋戒沐浴以後，隨即上朝去見魯哀公，報告說：「陳恆把他的君主殺了，請你出兵討伐他。」

哀公說：「你去報告那三位大夫吧。」

孔子退朝後說：「因為我曾經做過大夫，所以不敢不來報告，君主卻說『你去告訴那三位大夫吧』！」

孔子去向那三位大夫報告，但三位大夫不願派兵討伐，孔子又說：「因為我曾經做過大夫，所以不敢不來報告呀！」

子路問「事君」。子曰：「勿欺也，而犯之。」

子路問怎樣事奉君主。孔子說：「不能欺騙他，但可以犯顏直諫。」

子曰：「君子上達；小人下達。」

孔子說：「君子向上通達仁義，小人向下通達財利。」

子曰：「古之學者爲己；今之學者爲人。」

孔子說：「古代的人學習是為了提高自己，而現在的人學習是為了給別人看。」

蘧伯玉①使人於孔子。孔子與之坐，而問焉。曰：「夫子何爲？」

對曰：「夫子欲寡其過而未能也。」

使者出。子曰：「使乎！使乎！」

①蘧伯玉：蘧，人名，衛國的大夫，名瑗，也孔子到衛國時曾住在他的家裡。

蘧伯玉派使者去拜訪孔子。孔子讓使者坐下，然後問道：「先生最近在做什麼？」
使者回答說：「先生想要減少自己的錯誤，但未能做到。」
使者走了以後，孔子說：「好一位使者啊，好一位使者啊！」

子曰：「不在其位，不謀其政。」
曾子曰：「君子思不出其位。」

孔子說：「不在那個職位，就不要考慮那個職位上的事情。」
曾子說：「君子考慮問題，從來不超出自己的職位範圍。」

子曰：「君子恥其言而過其行。」

孔子說：「君子認為說得多而做得少是可恥的。」

子曰：「君子道者三，我無能焉：仁者不憂；知者不惑；勇者不懼。」子貢曰：「夫子自道也！」

孔子說：「君子之道有三個方面，我都未能做到：仁德的人不憂愁，聰明的人不迷惑，勇敢的人不畏懼。」子貢說：「這正是老師的自我表述啊！」

子貢方人①。子曰：「賜也，賢乎哉②？夫我則不暇！」

①方人：評論、誹謗別人。
②賜也賢乎哉：疑問語氣，批評子貢不賢。

子貢評論別人的短處。孔子說：「賜啊，你真的就那麼賢良嗎？我可沒有閒工夫去評論別人。」

子曰：「不患人之不己知，患其不能也。」

孔子說：「不憂慮別人不知道自己，只擔心自己沒有本事。」

子曰：「不逆詐①，不億②不信。抑亦先覺者，是賢乎？」

①逆：迎。預先猜測。

②億：同「臆」，猜測的意思。

孔子說：「不預先懷疑別人欺詐，也不猜測別人不誠實，然而能事先覺察別人的欺詐和不誠實，這就是賢人了。」

微生畝①謂孔子曰：「丘何為是②栖栖③者與？無乃為佞乎？」

孔子曰：「非敢為佞也，疾固④也。」

①微生畝：魯國人。
②是：如此。
③棲棲：忙碌不安、不安定的樣子。
④疾固：疾，恨。固，固執。

微生畝對孔子說：「孔丘，你為什麼這樣四處奔波遊說呢？你不就是要顯示自己的口才和花言巧語嗎？」

孔子說：「我不是敢於花言巧語，只是痛恨那些頑固不化的人。」

子曰：「驥①不稱其力，稱其德也。」

①驥：千里馬。古代稱善跑的馬為驥。

孔子說：「千里馬值得稱讚的不是它的氣力，而是稱讚它的品德。」

或曰：「以德報怨，何如？」
子曰：「何以報德？以直報怨，以德報德。」

有人說：「用恩德來報答怨恨怎麼樣？」
孔子說：「用什麼來報答恩德呢？應該是用正直來報答怨恨，用恩德來報答恩德。」

子曰：「莫我知也夫！」
子貢曰：「何爲其莫知子也？」
子曰：「不怨天，不尤①人；下學而上達②。知我者，其天乎！」

① 尤：責怪、怨恨。
② 下學上達：下學學人事，上達達天命。

孔子說：「沒有人瞭解我啊！」
子貢說：「怎麼能說沒有人瞭解您呢？」

孔子說：「我不埋怨天，也不責備人，下學禮樂而上達天命，瞭解我的只有天吧！」

公伯寮①愬②子路於季孫，子服景伯③以告，曰：「夫子固有惑志於公伯寮，吾力猶能逮諸市朝④。」

子曰：「道之將行也與？命也；道之將廢也與？命也；公伯寮其如命何！」

①公伯寮：姓公伯名寮，字子周，孔子的學生，曾任季氏的家臣。

②愬：同「訴」，告發，誹謗。

③子服景伯：魯國大夫，姓子服名伯，景是他的謚號。

④肆諸市朝：古時處死罪人後陳屍示眾。

公伯寮向季孫告發子路。子服景伯把這件事告訴給孔子，並且說：「季孫氏已經被公伯寮迷惑了，我的力量能夠把公伯寮殺了，把他陳屍於市。」

孔子說：「道能夠得到推行，是天命決定的；道不能得到推行，也是天命決定的。公伯寮能把天命怎麼樣呢？」

子曰：「賢者辟①世，其次辟地，其次辟色，其次辟言。」

子曰：「作者七人②矣！」

① 辟：同「避」，逃避。

② 七人：即伯夷、叔齊、虞仲、夷逸、朱張、柳下惠、少連。

孔子說：「賢人逃避動盪的社會而隱居，次一等的逃避到另外一個地方去，再次一點的逃避別人難看的臉色，再次一點的迴避別人難聽的話。」

孔子又說：「這樣做的已經有七個人了。」

子路宿於石門①。晨門②曰：「奚自？」

子路曰：「自孔氏。」

曰：「是知其不可而爲之者與？」

①石門：地名。魯國都城的外門。

②晨門：早上看守城門的人。

子路夜裡住在石門，看門的人問：「從哪裡來？」子路說：「從孔子那裡來。」看門的人說：「是那個明知做不到卻還要去做的人嗎？」

子擊磬①於衛。有荷蕢②而過孔氏之門者，曰：「有心哉，擊磬乎！」既而曰：「鄙哉，硜硜③乎！莫己知也，斯已而已矣！深則厲④，淺則揭⑤。」

子曰：「果哉！末⑥之難⑦矣！」

①磬：一種打擊樂器的名稱。

②荷蕢：荷，肩扛。蕢，草筐，肩背著草筐。

③硜硜：擊磬的聲音。

④深則厲：穿著衣服涉水過河。

⑤淺則揭：提起衣襟涉水過河。「深則厲，淺出揭」是《詩經・衛風・匏有苦葉》的詩句。

⑥末：無。

⑦難：責問。

孔子在衛國，一次正在敲擊磬，有一位背扛草筐的人從門前走過說：「這個擊磬的人有心思啊！」一會兒又說：「聲音硜硜的，真可鄙呀，沒有人瞭解自己，就只為自己就是了。好像涉水一樣，水深就穿著衣服趟過去，水淺就撩起衣服趟過去。」

孔子說：「說得真乾脆，沒有什麼可以責問他了。」

子張曰：「《書》云：『高宗①諒陰②三年不言』何謂也？」

子曰：「何必高宗？古之人皆然。君薨③，百官總己以聽於冢宰④，三年。」

①高宗：商王武宗。

②諒陰：古時天子守喪之稱。

③ 薨：周代時諸侯死稱此。
④ 塚宰：官名，相當於後世的宰相。

子張說：「《尚書》上說，『高宗守喪，三年不談政事。』這是什麼意思？」
孔子說：「不僅是高宗，古人都是這樣。國君死了，朝廷百官都各管自己的職事，聽命於塚宰三年。」

子曰：「上好禮，則民易使也。」

孔子說：「在上位的人喜好禮，那麼百姓就容易指使了。」

子路問「君子」。子曰：「修己以敬。」
曰：「如斯而已乎？」
曰：「修己以安人①。」
曰：「如斯而已乎？」
曰：「修己以安百姓②。修己以安百姓，堯舜其猶病諸。」

① 安人：使上層人物安樂。
② 安百姓：使老百姓安樂。

子路問什麼叫君子。孔子說：「修養自己，保持嚴肅恭敬的態度。」
子路說：「這樣就夠了嗎？」
孔子說：「修養自己，使周圍的人們安樂。」
子路說：「這樣就夠了嗎？」
孔子說：「修養自己，使所有百姓都安樂。修養自己使所有百姓都安樂，堯舜還怕難於做到呢？」

原壤①夷俟②。子曰：「幼而不孫弟③，長而無述焉，老而不死，是為賊。」以杖叩其脛。

①原壤：魯國人，孔子的舊友。他母親死了，他還大聲歌唱，孔子認為這是大逆不道。

②夷俟：夷，雙腿分開而坐。俟，等待。

③孫弟：同遜悌。

原壤叉開雙腿坐著等待孔子。孔子罵他說：「年幼的時候，你不講孝悌，長大了又沒有什麼可說的成就，老而不死，真是害人蟲。」說著，用手杖敲他的小腿。

闕黨①童子將命②。或問之曰：「益者與？」

子曰：「吾見其居於位③也，見其與先生並行也；非求益者也，欲速成者也。」

①闕黨：即闕里，孔子家住的地方。

②將命：在賓主之間傳言。

③居於位：童子與長者同坐。

闕里的一個童子，來向孔子傳話。有人問孔子：「這是個求上進的孩子嗎？」孔子說：「我看見他坐在成年人的位子上，又見他和長輩並肩而行，他不是要求上進的人，只是個急於求成的人。」

呂蒙正知人善任

本篇內容，體現出孔子對歷史人物的瞭解。然而，知人不易，不是每個人都能夠瞭解身邊的人。做一個領導，應該知人善任，才能夠發揮下屬或員工最大的潛力。作為國君或者領導要選好人才，把不同的人放到他們最適應的環境中去，才能夠使國家強盛。北宋丞相呂蒙正，就是一位知人善任的名相。

古代知人善任的例子比比皆是，北宋宰相呂蒙正就是這樣一位善於觀察人、善於任用人的名臣。

呂蒙正年輕的時候，正值國家由分裂走向統一的關鍵時期，朝廷加強中央集權制，當呂蒙正一進入仕圖，也正好適應宋朝朝廷建設的需要。他不僅自己直言敢諫，有膽有識，還為朝廷挑選出優秀的人才，剔除那些不稱職、阿諛奉承的官員。

據說呂蒙正做宰相後，有一次，朝廷的一位官員想巴結他，自稱家裡收藏著一面古鏡，並且吹噓說能照二百里，想獻給呂蒙正，以換得呂蒙正對自己的照顧。呂蒙正一聽這話，非常生氣，但是他不動聲色，幽默地對群臣說：「我的臉不過盤子般大小，怎麼用得到可照二百里的鏡子呢？」斷然拒絕此人的賄賂，眾人對他的高尚情操，都讚歎不已。

呂蒙正愛才識才，並且秉公薦才。他為發現人才，經常隨身帶一記事本，一旦發現有才能的人，便根據不同的才能特點，將他們的情況詳細記錄。如果朝廷需要用人的時候，就據本抄報，以供選用，故所薦官員眾多，且都稱職。有一次，太宗皇帝要派人出使邊疆，命令中書選一個既要有真才實學，又能擔當重任的人。呂蒙正考慮許久，給皇帝一個人選，但太宗沒有批准，之後，又催促他好幾次，要另選他人，但呂蒙正卻堅持當初的那個人選。太宗見呂蒙正不肯換人，龍顏大怒，把奏章扔在地上說：「你為什麼這樣固執！」呂蒙正毫無懼色，說：「不是臣固執，我之所以推薦這個人，是從多方面考慮過的。我認為別人都不如他。我決不願意用討您喜歡、迎合陛下歡心的方法來危害國家大事。」同朝的官員們聽到呂蒙正這樣和皇帝說話，都惴惴不安，這可是觸犯龍顏的話啊。但是，在退朝後，太宗卻對眾臣說：「我的氣量不如呂蒙正啊！」太宗終於接受那個被推薦的人，結果證明，那個人果然很稱職。

宋真宗景德年間，呂蒙正辭去官職，住在洛陽。他的兒子卻還都在朝內供職，真宗去汾陰祭祀土地神，途經洛陽，兩次去呂府探視。當他看到呂蒙正年紀已大，行動也不方便的時候，便問他：「哪個兒子可以接你的班，予以重用？」呂蒙正告訴真宗，他的兩個兒子都不值得重用，但有一個侄子呂夷簡，是可以提拔之才。就這樣，呂夷簡得到重用，此後成為北宋的名臣。呂蒙正推薦賢才，公正無私，以國家利益為重，真正成為後人學習的典範。

✡解析

千里馬常有、而伯樂不常有。古今多少好人才，因為缺少伯樂而不被發掘，湮沒在歷史的滾滾風塵之中。與呂蒙正同時代的人，無疑非常幸運，因為他們有一位知人善任、公正無私的好宰相。當今的領導者，也要向呂蒙正學習，一是要知人，慧眼識英才；二是要善用，把合適的人才安排在合適的位置上，而不能讓張飛去繡花。另外，要敢於破格提拔人才。

鴻海公司唯才是用

治理國家需要善用人才，治理企業同樣需要善用人才。慧眼識英雄，不拒絕人才的企業才有可能成為成功的企業。郭台銘唯才是用，知人善任才成就鴻海公司今天的業績。

營業額從一百萬新臺幣增長到一兆，十年間滾雪球般增長十倍，並且還在不斷向前、愈滾愈大，鴻海集團如何創造出這一商海傳奇？答案就在其領導者——臺灣首富郭台銘身上，而郭台銘的秘訣之一，就是知人善任。

在招納人才上，郭台銘從來是不惜重金。他曾開出年薪一千萬的價格來公開招聘光通訊專家，只為順利推行公司最初的「鳳凰計畫」。在收購奇海通訊之後，為留住原公司的人才，郭台銘允許員工以低價現金入股實現增值，將企業的大蛋糕慷慨分給眾人。而在鴻海公司，經理級別的年薪加紅利高達三百萬，副總以上級別更是達到一千萬以上。在每年的新年晚會上，郭台銘更是會給員工送出巨額紅包——如此之高的薪水、福利，怎能不吸引並留住高素質、高能力的人才！

在廣納人才之後，一方面要善用，讓人才揚長避短、各司其職，真正有用武之地。這不光需要領導者獨具慧眼，還需要其有膽有識。郭台銘就集這兩點於一身。他曾任用在豐田汽車工作多年的戴豐樹來管理「富士康」控股公司，別人對毫無手機方面工作經驗的戴豐樹表示懷疑，但郭台銘卻大膽任用。事實證明他是正確的，戴豐樹手下的富士康快速發展，在五年內創造出兩千億新臺幣的業績。另外，在用人的同時還要注意培養人才，「問渠哪得清如許，為有源頭活水來」，要想不斷進步，只有不斷學習，郭台銘也深諳此點。鴻海公司不惜花費上千萬美元，在世界各地舉辦「世界幹部培訓班」，讓自己的員工到海外受訓，成為全球化的人才。

外界的人才日益被鴻海招攬入內，同時內部的員工也慢慢成長為將才，這時最重要的，就是領導者的一顆容人之心。不能容人，如何用人？嫉賢妒能是領導者的大忌。郭台銘自身並非名校出身，但在他手下，單機械博士就幾十位，高學歷人才林立，成百上千的優秀員工願意為之賣命，為鴻海的發展不辭辛苦，這與郭台銘豁達的心胸、平易近人的態度不無關係。沒有名校的鍍金，反而使郭台銘為鴻海吸引來一批金鳳凰。而且，鴻海公司在發展壯大之後，進行招聘時仍然不強調學歷，而是唯才是用。如此，才創造出今日龐大的鴻海帝國。

✯解　析

「千軍易得，一將難求」。領導者要將企業管理得井井有條，帶領企業向著確定的目標不斷邁進，就必須深諳用人之道。郭台銘為我們樹立起一個很好的榜樣。他慧眼獨具，對難得的將才不惜重金，用人之氣魄令人不得不服。現成的將才資源畢竟有限，對企業中更多的普通員工進行培訓，使之成為將才，這個資源才是無限的，在這一點上，郭台銘的遠見卓識值得學習。

▼飛雅特公司大膽任用維托雷・吉德拉

孔子認為君主治國，用人需謹慎，現代企業用人也是如此。在沒有十足把握的情況下，用還是不用？菲亞特公司就敢用，正是因為它能大膽任用維托雷・吉德拉，才挽救菲亞特集團。

提起義大利，愛好旅遊的人便會想起威尼斯、佛洛倫薩和比薩斜塔，學者則會想起古老的羅馬文明和文藝復興，而對汽車迷及足球迷來說，他們一定會提起另一件更能引起他們興趣的東西，那就是飛雅特集團——世界第一跑車品牌法拉利在其麾下，而義大利足球強隊尤文圖斯俱樂部也歸其所有。

從汽車及其零件到飛機發動機、從出版通訊到金融保險，飛雅特集團經營範圍極其廣泛，二〇〇〇年營業額已超過五百七十億歐元，而旗下的飛雅特汽車公司更是聲名顯赫，是世界十大汽車公司之一。而誰又曾想到，這樣一個公司，在一九七九年前負債累累，甚至不得不出賣自己的股份，瀕臨倒閉。那麼，飛雅特公司是如何起死回生的呢？關鍵在一個人身上，那就是維托雷・吉德拉。

飛雅特汽車公司創辦於一八九九年，一直由阿涅利家族掌控。一九七〇年代，由於經濟普遍不景氣，加上內部管理出現問題，公司業績連年下滑，陷入危機。這個時候，集團董事長賈尼．阿涅利果斷決定，替換公司的高層管理者，為公司「換血」。可是此時的阿涅利家族中並沒有合適人選。怎麼辦呢？賈尼．阿涅利力排眾議，果斷任用一個外人——維托雷．吉德拉。

吉德拉平易近人，工作起來腳踏實地、勤勤懇懇，同時才能出眾。他被任命為總經理之後，果然沒有辜負阿涅利的殷切厚望，他首先深入基層調查，瞭解公司的問題所在，然後就放新官上任的三把火，裁員、改進設備和管理代理商。雖然頗受非議，但最後吉德拉還是裁掉三分之一的員工，淘汰四分之一的代理商，通過引進新技術、新設備等措施，使飛雅特汽車公司重新煥發生機，到一九八四年成為汽車銷售量歐洲第一，然後持續發展到現在的規模。如果沒有賈尼．阿涅利不囿成見，唯才是用，就沒有飛雅特的今天。

✡解析

不管是白貓黑貓，能抓老鼠的貓就是好貓。真正的伯樂，重點不在於「知人」，而在於「知人」而能「任人」，有的時候，更要敢於「任人」。賈尼・阿涅利就是這樣一個伯樂。作為一個嚴謹的家族集團，他能夠力排眾議，將一個非本家族的外人，安排在一個如此重要的位置上，真可稱得上是知人善任，知人敢任。一個優秀的企業家，應該以開放的胸懷，招納四方賢才，不能任人唯親，更不能嫉賢妒能，否則將是畫地為牢，固步自封。

論語智慧

卷十五　衛靈公

在這一篇裡，集中闡釋孔子的君子之道。孔子提倡謙謙君子之風，強調要「言忠信，行篤敬」，要實行一以貫之的忠恕之道，做到「躬自厚而薄責於人」，還要做到「己所不欲，勿施於人」。商場風雨變幻，但無論市場形勢如何捉摸不定，只要抓住顧客的心，就有立於不敗之地的根本。而要抓住顧客的心，就應該以謙謙君子之風，多多設身處地為顧客著想。

【原文】

衛靈公問陳①於孔子。孔子對曰：「俎豆②之事，則嘗聞之矣；軍旅之事，未之學也。」明日遂行。

①陳：同「陣」，軍隊作戰時，布列的陣勢。

②俎豆：俎豆是古代盛食物的器皿，被用作祭祀時的禮器。

衛靈公向孔子問軍隊列陣之法。孔子回答說：「祭祀禮儀方面的事情，我還聽說過；用兵打仗的事，從來沒有學過。」第二天，孔子便離開了衛國。

在陳絕糧。從者病，莫能興。子路慍①見曰：「君子亦有窮乎？」子曰：「君子固窮②；小人斯濫矣。」

①慍：怒，怨恨。

②固窮：固守窮困，安守窮困。

孔子一行在陳國斷了糧食，隨從的人都餓病了。子路很不高興地來見孔子，說道：「君子也有窮得毫無辦法的時候嗎？」

孔子說：「君子雖然窮困，但還是堅持著；小人一遇窮困就無所不為了。」

子曰：「賜也，女以予爲多學而識之者與？」

對曰：「然，非與？」

曰：「非也！予一以貫之。」

孔子說：「賜啊！你以為我是學習得多了才一一記住的嗎？」

子貢答道：「是啊，難道不是這樣嗎？」

孔子說：「不是的。我是用一個根本的東西把它們貫徹始終的。」

子曰：「由，知德者鮮矣！」

孔子說：「由啊！懂得德的人太少了。」

子曰：「無爲而治①者，其舜也與！夫②何爲哉？恭己正南面而已矣。」

①無為而治：國家的統治者不必有所作為便可以治理國家了。

②夫：代詞，他。

孔子說：「能夠無所作為而治理天下的人，大概只有舜吧？他做了些什麼呢？只是莊嚴端正地坐在朝廷的王位上罷了。」

子張問行①。子曰：「言忠信，行篤敬，雖蠻貊②之邦行矣；言不忠信，行不篤敬，雖州里③行乎哉？立，則見其參④於前也；在輿，則見其倚於衡⑤也；夫然後行！」子張書諸紳⑥。

①行：通達的意思。

②蠻貊：古人對少數民族的貶稱，蠻在南，貊，在北方。

③州里：五家為鄰，五鄰為裡。五黨為州，二千五百家。州里指近處。

④參：列，顯現。

⑤衡：車轅前面的橫木。

⑥紳：貴族繫在腰間的大帶。

子張問如何才能使自己到處都能行得通。孔子說：「說話要忠信，行事要篤敬，即使到了蠻貊地區，也可以行得通。說話不忠信，行事不篤敬，就是在本鄉本土，能行得通嗎？站著，就彷彿看到忠信篤敬這幾個字顯現在面前，坐車，就好像看到這幾個字刻在車轅前的橫木上，這樣才能使自己到處行得通。」子張把這些話寫在腰間的大帶上。

子曰：「直哉史魚①！邦有道，如矢②；邦有道，如矢。君子哉蘧伯玉！邦有道，則仕；邦無道，則可卷③而懷之。」

①史魚：衛國大夫，字子魚，他多次向衛靈公推薦蘧伯玉。

②如矢：矢，箭，形容其直。

③卷：同「捲」。

孔子說：「史魚真是正直啊！國家有道，他的言行像箭一樣直；國家無道，他的言行也像箭一樣直。蘧伯玉也真是一位君子啊！國家有道就出來做官，國家無道就辭退官職把自己的主張收藏在心裡。

子曰：「可與言，而不與之言，失人；不可與言，而與之言，失言。知者不失人，亦不失言。」

孔子說：「可以同他談的話，卻不同他談，這就是失掉了朋友；不可以同他談的話，卻同他談，這就是說錯了話。有智慧的人既不失去朋友，又不說錯話。」

子曰：「志士仁人，無求生以害仁，有殺身以成仁。」

孔子說：「志士仁人，沒有貪生怕死而損害仁的，只有犧牲自己的性命來成全仁的。」

子貢問爲仁。子曰：「工欲善其事，必先利其器。居是邦也，事其大夫之賢者，友其士之仁者。」

子貢問怎樣實行仁德。孔子說：「做工的人想把活兒做好，必須首先使他的工具鋒利。住在這個國家，就要事奉大夫中的那些賢者，與士人中的仁者交朋友。」

顏淵問爲邦。子曰：「行夏之時①，乘殷之輅②。服周之冕③。樂則韶舞④。放⑤鄭聲⑥，遠⑦佞人；鄭聲淫，佞人殆⑧。」

①夏之時：夏代的曆法，便於農業生產。

②殷之輅：輅，天子所乘的車。殷代的車是木製成，比較樸實。

③周之冕：周代的帽子。

④韶舞：是舜時的舞樂，孔子認為是盡善盡美的。

⑤放：禁絕、排斥、拋棄的意思。

⑥鄭聲：鄭國的樂曲，孔子認為是淫聲。

⑦遠：遠離。

⑧殆：危險。

顏淵問怎樣治理國家。孔子說：「用夏代的曆法，乘殷代的車子，戴周代的禮帽，奏《韶》樂，禁絕鄭國的樂曲，疏遠能言善辯的人，鄭國的樂曲浮靡不正派，佞人太危險。」

子曰：「人無遠慮，必有近憂。」

孔子說：「人沒有長遠的考慮，一定會有眼前的憂患。」

子曰：「已矣乎！吾未見好德如好色者也！」

孔子說：「完了，我從來沒有見像好色那樣好德的人。」

子曰：「臧文仲，其竊位①者與？知柳下惠②之賢，而不與立也。」

①竊位：身居官位而不稱職。

②柳下惠：春秋中期魯國大夫，姓展名獲，又名禽，他受封的地名是柳下，惠是他的私謚，所以，人稱其為柳下惠。

孔子說：「臧文仲是一個竊居官位的人吧！他明知道柳下惠是個賢人，卻不舉薦他一起做官。」

子曰：「躬自厚，而薄責於人，則遠怨矣！」

孔子說：「多責備自己而少責備別人，那就可以避免別人的怨恨了。」

子曰：「不曰：『如之何①，如之何』者，吾末②如之何也已矣？」

① 如之何：怎麼辦的意思。

② 末：這裡指沒有辦法。

孔子說：「從來遇事不說『怎麼辦，怎麼辦』的人，我對他也不知怎麼辦才好。」

子曰：「群居終日，言不及義，好行小慧；難矣哉！」

孔子說：「整天聚在一塊，說的都達不到義的標準，專好賣弄小聰明，這種人真難教導。」

子曰：「君子義以爲質，禮以行之，孫以出之，信以成之；君子哉！」

孔子說：「君子以義作為根本，用禮加以推行，用謙遜的語言來表達，用忠誠的態度來完成，這就是君子了。」

子曰：「君子病無能焉，不病人之不己知也。」

孔子說：「君子只怕自己沒有才能，不怕別人不知道自己。」

子曰：「君子疾沒世①而名不稱焉。」

①沒世：死亡之後。

孔子說：「君子擔心死亡以後他的名字不為人們所稱頌。」

子曰：「君子求諸己；小人求諸人。」

孔子說：「君子求之於自己，小人求之於別人。」

子曰：「君子矜①而不爭，群而不黨。」

①矜：莊重的意思。

孔子說：「君子莊重而不與別人爭執，合群而不結黨營私。」

子曰：「君子不以言舉人；不以人廢言。」

孔子說：「君子不憑一個人說的話來舉薦他，也不因為一個人不好而不採納他的好話。」

子貢問曰：「有一言而可以終身行之者乎？」子曰：「其恕乎！己所不欲，勿施於人。」

子貢問孔子問道：「有沒有一個字可以終身奉行的呢？」孔子回答說：「那就是恕吧！自己不願意的，不要強加給別人。」

子曰：「吾之於人也，誰毀誰譽？如有所譽者，其有所試矣。斯民也，三代之所以直道而行也。」

孔子說：「我對於別人，詆毀過誰？讚美過誰？如有所讚美的，必須是曾經考驗過他的。夏商週三代的人都是這樣做的，所以三代能直道而行。」

子曰：「吾猶及史之闕文①也；有馬者，借人乘之②；今亡矣夫！」

①闕文：史官記史，遇到有疑問的地方便缺而不記，這叫做闕文。

②有馬者借人乘之：有人認為此句系錯出，另有一種解釋為：有馬的人自己不會調教，而靠別人訓練。本書依從後者。

孔子說：「我還能夠看到史書存疑的地方，有馬的人自己不會調教，先給別人使用，這種精神，今天沒有了罷。」

子曰：「巧言亂德。小不忍，則亂大謀。」

孔子說：「花言巧語就敗壞人的德行，小事情不忍耐，就會敗壞大事情。」

子曰：「眾惡之，必察焉；眾好之，必察焉。」

孔子說：「大家都厭惡他，我必須考察一下；大家都喜歡他，我也一定要考察一下。」

子曰：「人能弘道，非道弘人。」

孔子說：「人能夠使道發揚光大，不是道使人的才能擴大。」

子曰：「過而不改，是謂過矣！」

孔子說：「有了過錯而不改正，這才真叫錯了。」

子曰：「吾嘗終日不食，終夜不寢，以思；無益，不如學也。」

孔子說：「我曾經整天不吃飯，徹夜不睡覺，去左思右想，結果沒有什麼好處，還不如去學習為好。」

子曰：「君子謀道不謀食；耕也，餒①在其中矣；學也，祿②在其中矣。君子憂道不憂貧。」

① 餒：飢餓。

② 祿：做官的俸祿。

孔子說：「君子只謀求道行道，不謀求衣食。耕田，也常要餓肚子；學習，可以得到俸祿。君子只擔心道不能行，不擔心貧窮。」

子曰：「知及之①，仁不能守之；雖得之，必失之。知及之，仁能守之，不莊以蒞②之；則民不敬。知及之，仁能守之，莊以涖之，動之不以禮；未善也。」

① 知及之：知，同「智」。之，一說是指百姓，一說是指國家。此處我們認為指祿位和國家天下。

② 蒞：臨，到的意思。

孔子說：「憑借聰明才智足以得到它，但仁德不能保持它，即使得到，也一定會喪失。憑借聰明才智足以得到它，仁德可以保持它，不用嚴肅態度來治理百姓，那麼百姓就會不敬；聰明才智足以得到它，仁德可以保持它，能用嚴肅態度來治理百姓，但動員百姓時不照禮的要求，那也是不完善的。」

子曰：「君子不可小知①，而可大受②也；小人不可大受，而可小知也。」

① 小知：知，作為的意思，做小事情。

② **大受**：受，責任，使命的意思，承擔大任。

孔子說：「君子不能讓他們做那些小事，但可以讓他們承擔重大的使命。小人不能讓他們承擔重大的使命，但可以讓他們做那些小事。」

子曰：「民之於仁也，甚於水火。水火，吾見蹈而死者矣；未見蹈仁而死者也。」

孔子說：「百姓們對於仁的需要，比對於水的需要更迫切。我只見過人跳到水火中而死的，卻沒有見過實行仁而死的。」

子曰：「當仁，不讓於師。」

孔子說：「面對著仁德，就是老師，也不同他謙讓。」

子曰：「君子貞①而不諒②。」

①貞：一說是「正」的意思，一說是「大信」的意思。這裡選用「正」的說法。

②諒：信，守信用。

孔子說：「君子固守正道，而不拘泥於小信。」

子曰：「事君敬其事而後其食①。」

①食：食祿，俸祿。

孔子說：「事奉君主，要認真辦事而把領取俸祿的事放在後面。」

子曰：「有教無類。」

孔子說：「人人都可以接受教育，不分族類。」

子曰：「道不同，不相爲謀。」

孔子說：「主張不同，不互相商議。」

子曰：「辭，達而已矣！」

孔子說：「言辭只要能表達意思就行了。」

師冕①見。及階，子曰：「階也！」及席，子曰：「席也！」皆坐，子告之曰：「某在斯！某在斯！」師冕出，子張問曰：「與師言之道與？」子曰：「然，固相②師之道也。」

①師冕：樂師，這位樂師的名字是冕。

②相：幫助。

樂師冕來見孔子，走到台階沿，孔子說：「這兒是台階。」走到坐席旁，孔子說：「這是坐席。」等大家都坐下來，孔子告訴他：「某某在這裡，某某在這裡。」師冕走了以後，子張就問孔子：「這就是與樂師談話的道嗎？」孔子說：「這就是幫助樂師的道。」

請君入甕的周興

君子之道在於忠恕。己欲立而立人，己欲達而達人，己所不欲，勿施於人。送人玫瑰，手留餘香，反之，搬起石頭砸自己的腳。唐代酷吏周興就是自作自受的最好注腳。

請君入甕，講的是唐代酷吏周興作惡多端，自作自受的故事。武則天登上寶座後，擔心許多大臣反對自己，她為除掉這些人，穩固帝位，下令開全國告密之風氣。於是，來自全國各地的告密資料如雪片般飛來，這些資料總要有人審查，這樣就出現許多殘酷的官吏。他們個個殘忍，往往不分青紅皂白，嚴刑逼供。犯人招架不住，便胡亂招一些假口供，害死不少人。這些官吏之中，最殘酷的就是周興和來俊臣兩個。他們手下養有幾百流氓，專門告密。只要他們認為誰有謀反嫌疑，就派人同時在幾個地方告密，並且捏造證據。有個正直的大臣對武則天說，現在下面告發的謀反案件大多是冤假錯案，還有人陰謀離間陛下和大臣的關係，不可以不慎重。但是，武則天聽不進這種勸告，告密風氣愈來愈盛。就連武則天的親信，也有被人告發謀反而被殺掉的。

有一天，武則天接到告密信，說周興跟已經處死的某案犯同謀。武則天大吃一驚，立刻下密旨給來俊臣，讓他負責這個案件。說來也巧，密旨送達的時候，來俊臣正跟周興在一起，邊吃酒，邊議論案件。看完密旨後，來俊臣有些頭疼，他知道周興的為人，是不會輕易招供的。於是，來俊臣不動聲色地把密旨放起來，仍然笑著對周興說：「最近抓住一批犯人，大多不肯老實交待，您看怎麼辦呢？」周興撚著鬍鬚，奸笑著說：「這還不容易，我最近就想出一個新辦法，拿一個大甕放在炭火上。誰不肯招認，就把它放在大甕裡烤，還怕他不招？」來俊臣聽後，連連稱讚說：「好辦法，好辦法。」他一面說，一面叫公差去搬一口大甕和一盆炭火到大廳來，把甕放在火盆上。盆裡炭火熊熊，整個大廳的人都禁不住流汗。

周興正在奇怪，來俊臣站起來，拉長臉說：「接皇上密旨，有人告發周兄謀反。你如果不老實招供，只好把你請進這個大甕。」此時的周興方知中計，悔之晚矣，只好乖乖招供。據其口供，理應死罪，可是武則天想，周興畢竟為她出過不少力，再說他是不是真的謀反，令人懷疑，所以就赦免周興的死罪，把他革職流放到嶺南去。但是周興作惡多端，流放路上，就被人暗殺。

因為武則天的信任，來俊臣胃口愈來愈大，想獨掌朝廷大權。他嫌武則天的侄兒武三思和女兒太平公主實力大，索性告到他們的頭上。可是這次他沒能得逞，反對他的人愈來愈多，武則天只好下令將其處死。就這樣，兩個蓄意害人的人，終究以害自己的結果而告終。

✡解　析

君子應有仁德之心，「己所不欲，勿施於人」，周興和來俊臣這兩個酷吏，以害人、殺人為樂，結果自作自受，不得好死，成為「害人終害己」的典型注腳。做任何事情，不要只考慮自己的快樂，而不顧及他人的感受，更不要把自己的快樂建立在他人的痛苦上。做事留有餘地，從長遠來看，才會更有發揮的空間。

吉野店精益求精

孔子提出「己所不欲，勿施於人」的換位思考，這不僅適用于為人處事，還適用于治理國家和管理企業。日本百年老店吉野能夠取得今天的成就，與其能夠為顧客換位思考是分不開的。

日本吉野店，有著上百年的歷史，據統計，吉野店年收入高達五百多億日元，僅在美國就有五十家分店，在中國和其他一些國家的重要城市，都開有分店。如今，吉野店已經跨出飲食業，成為兼營旅遊、金融、房地產等眾多行業的大型企業。吉野店成功的秘密是什麼呢？

時時刻刻為顧客著想，吉野店總是站在顧客的角度上，思考顧客的需求與感受，提供優質的服務。只有讓顧客滿意，公司才滿意。當今社會，隨著生活水準的提高，以及愈來愈多的婦女開始出來工作，很多人不願意花時間做飯，而更傾向於在外就餐。因此，他們要求的是速度和整潔。吉野店正是看中這一點，開始發展飲食產業的中低檔消費群體，力求更快捷、更便宜以滿足中低消費需求。在開始的時候，為避免和其他店進行你死我活的鬥爭，吉野店只出售牛肉蓋飯，因為只出售一種類型的商品，因此，管理簡單，烹調也更容易，成本也更低。恰如吉野店的標語所說，牛肉蓋飯，既快捷又便宜。吉野店的這種優質、快捷的服務贏得眾多消費者的喜愛，吃牛肉蓋飯的人絡繹不絕。

其次，就是嚴把品質關。這種做法實質上也是想顧客之所想。吉野店為讓顧客吃得既便宜又放心，最重要的還是要嚴把品質關。吉野店明文規定：為保證食品的新鮮度，製作好的食物如果在八小時內沒有售出，就禁止出售。不僅如此，吉野店對牛肉蓋飯上使用的牛肉片厚度也有嚴格規定，必須是一·三毫米。據專家測算，這個厚度的牛肉片口感最好。增之一分則太厚，減之一分則太薄，吉野店對事物的品質可謂是精益求精。另外，為保證牛肉麵更便宜，更放心，吉野店還建立自己的原材料生產基地，進一步從生產原料上把關，保證顧客在此吃得既開心，又放心。

正是憑藉這些招數，吉野店讓顧客乘興而來，滿意而歸。吉野店的生意當然也是愈做愈大，愈做愈旺。

✡解　析

做生意的換位思考，就是設身處地為顧客著想。顧客永遠是商家的衣食父母，擁有顧客便是擁有財富。吉野店正是想顧客之所想，投顧客之所好，嚴把品質關，才大獲成功。如今在市場上，卻還有不少商家，與吉野家截然相反，他們臉難看，話難聽，產品品質跟不上，價格還挺貴。這些淩駕於顧客之上的「太上皇」，遲早會被顧客踩在腳下，為市場浪潮所淘汰。

▼東京下北澤的音樂屋「MEMOK」

孔子提出「己所不欲，勿施於人」的換位思考，對於商家來說，換位思考能夠更好地理解消費者心理，從而投其所好，滿足消費者的需要，自己也獲得利潤。東京的「MEMOK」正是一家肯與顧客換位思考，揣摩體會消費者心理從而獲得巨大成功的「小店」。

位於東京下北澤的音樂屋「MEMOK」是個小酒店，經常充滿歡聲笑語。音樂屋店面不大，店裡只有鋼琴與吉他兩種樂器，但經常顧客滿坐，每月平均營業額達到二百萬元。一個小店卻能有如此驚人的業績，與女老闆的經營理念和獨特經營方式不無關係。

「MEMOK」音樂屋的女老闆叫增田周子，大學畢業後開辦這家店，她能歌善舞，會彈鋼琴，個性爽朗隨和。剛開店時候，店裡客人並不多，周子便把自己想像成為一個來音樂屋消費的客人，這時她發現自己並不想乾巴巴的坐著欣賞舞臺上的表演，而是有一種躍躍欲試上臺表演的衝動，於是便上臺演唱一曲，而後發現心情大好。將心比心，她覺得應該順應顧客的心理需求來經營，於是，她開始調整經營策略。

當一個客人剛到店裡坐定時，她的員工除問明所需飲料之外，會取出歌本問他想不想演唱，請顧客選出所預備演唱的歌曲，一會就可以自由上臺表演。顧客到店裡來，一般都想放鬆下心情，員工所提供的歌曲都是簡單易唱的，於是往往選擇演唱，結果發現表演後自己完全獲得放鬆，心情也很好。由於顧客演唱歌曲，店裡形形色色的來賓被融入同一個氣氛之內，客人之間都倍感親切，因此而只要是來過一次的客人，一定會再度光臨。

同時，音樂屋還照顧到一些音樂素養較高的顧客，小店中央有一架鋼琴，吉他也可以在此演奏，同時採用集中式燈光照射，使會場的注意力完全轉移到此處。客人可以在此演奏一曲。周子認為要想真正滿足顧客需求，必須把自己放在顧客的位置，這樣才能真正理解顧客。於是到心血來潮時，她也會上臺高歌一曲，在營業時間內，總是以輕鬆的心情和顧客談天，而且時常轉換位置，很少有靜下來的時刻。這種完全與顧客融為一體的做法，讓她對顧客的需求有更為深入的瞭解，從而使得自己的經營更為人性化，也吸引更多的顧客，音樂屋的生意更加興隆。

✯解析

古語有云：將心比心，生鐵成金，講的就是要設身處地，真誠相待。增田周子，將自己放在顧客的位置上，去親身體驗顧客的消費感覺，以女性特有的細心和體貼，滿足不同消費者的放鬆需求，讓客人有賓至如歸的感覺，也讓自己的小店生意興隆，一舉兩得。周子的故事又一次證明，只有真正設身處地考慮消費者的需求，才能真正抓住消費者的心，進而打開市場，走向成功。

論語智慧

卷十六　季氏

本篇內容主要涉及孔子的政治思想和交際之道。關於治國之道，開篇第一章，孔子就精闢地指出「有國有家者，不患貧而患不均，不患寡而患不安。蓋均無貧，和無寡，安無傾」，認為平等互利、團結一心，是國家安定發展的前提，否則就會「禍起蕭牆」，造成國家分崩離析。參與市場競爭的各個企業，彼此之間並不完全是你死我活的關係，而在某種程度上相互依存。企業要想穩定發展，就要互利互惠、利人利己，達到共贏的目的。

【原文】

季氏將伐顓臾①。冉有、季路見於孔子曰：「季氏將有事②於顓臾。」

孔子曰：「求，無乃爾是過與？夫顓臾，昔者先王以為東蒙主③，且在邦域之中矣；是社稷之臣也，何以伐為？」

冉有曰：「夫子欲之；吾二臣者，皆不欲也。」

孔子曰：「求！周任④有言曰：『陳力就列⑤，不能者止。』危而不持，顛而不扶，則將焉用彼相⑥矣？且爾言過矣！虎兕⑦出於柙⑧，龜玉毀於櫝⑨中，是誰之過與？」

冉有曰：「今夫顓臾，固而近於費⑩；今不取，後世必為子孫憂。」

孔子曰：「求！君子疾夫舍曰『欲之』而必為之辭。丘也，聞有國有家者，不患寡而患不均，不患貧而患不安⑪；蓋均無貧，和無寡，安無傾。夫如是，故遠人不服，則修文德以來之。既來之，則安之。今由與求也，相夫子，遠人不服而不能來也，邦分崩離析，而不能守也，而謀動干戈於邦內，吾恐季孫之憂，不在顓臾，而在蕭牆⑫之內也！」

①顓臾：魯國的附屬國，在今山東省費縣西。
②有事：指有軍事行動，用兵作戰。
③東蒙主：東蒙，蒙山。主，主持祭祀的人。
④周任：人名，周代史官。
⑤陳力就列：陳力，發揮能力，按才力擔任適當的職務。
⑥相：攙扶盲人的人叫相，這裡是輔助的意思。
⑦兕：雌性犀牛。
⑧柙：用以關押野獸的木籠。
⑨櫝：匣子。
⑩費：季氏的采邑。
⑪貧、寡：可能有錯誤，應為寡、貧。
⑫蕭牆：照壁屏風。指宮廷之內。

季氏將要討伐顓臾。冉有、子路去見孔子說：「季氏快要攻打顓臾了。」

孔子說：「冉求，這不就是你的過錯嗎？顓臾從前是周天子讓它主持東蒙的祭祀的，而且已經在魯國的疆域之內，是國家的臣屬啊，為什麼要討伐它呢？」

冉有說：「季孫大夫想去攻打，我們兩個人都不願意。」

孔子說：「冉求，周任有句話說：『盡自己的力量去負擔你的職務，實在做不好就辭職。』有了危險不去扶助，跌倒了不去攙扶，那還用輔助的人幹什麼呢？而且你說的話錯了。老虎、犀牛從籠子裡跑出來，龜甲、玉器在匣子裡毀壞了，這是誰的過錯呢？」

冉有說：「現在顓臾城牆堅固，而且離費邑很近。現在不把它奪取過來，將來一定會成為子孫的憂患。」

孔子說：「冉求，君子痛恨那種不肯實說自己想要那樣做而又一定要找出理由來為之辯解的作法。我聽說，對於諸侯和大夫，不怕貧窮，而怕財富不均；不怕人口少，而怕不安定。由於財富均了，也就沒有所謂貧窮；大家和睦，就不會感到人少；安定了，也就沒有傾覆的危險了。因為這樣，所以如果遠方的人還不歸服，就用仁、義、禮、樂招徠他們；已經來了，就讓他們安心住下去。現在，仲由和冉求你們兩個人輔助季氏，遠方的人不歸服，而不能招徠他們；國內民心離散，你們不能保全，反而策劃在國內使用武力。我只怕季孫的憂患不在顓臾，而是在自己的內部呢！」

孔子曰：「天下有道，則禮樂征伐，自天子出；天下無道，則禮樂征伐，自諸侯出；自諸侯出，蓋十世希不失矣；自大夫出，五世希不失矣；陪臣執國命，三世希不失矣。天下有道，則政不在大夫；天下有道，則庶人不議。」

孔子說：「天下有道的時候，製作禮樂和出兵打仗都由天子作主決定；天下無道的時候，製作禮樂和出兵打仗，由諸侯作主決定。由諸侯作主決定，大概經過十代很少有不垮臺的；由大夫決定，經過五代很少有不垮臺的。天下有道，國家政權就不會落在大夫手中。天下有道，老百姓也就不會議論國家政治了。」

孔子曰：「祿之去公室，五世①矣；政逮②於大夫，四世③矣；故夫三桓④之子孫微矣。」

①五世：指魯國宣公、成公、襄公、昭公、定公五世。
②逮：及。
③四世：指季孫氏文子、武子、平子、桓子四世。

④ 三桓：魯國仲孫、叔孫、季孫都出於魯桓公，所以叫三桓。

孔子說：「魯國失去國家政權已經有五代了，政權落在大夫之手已經四代了，所以三桓的子孫也衰微了。」

孔子曰：「益者三友，損者三友；友直，友諒①，友多聞；益矣。友便辟②，友善柔③，友便佞④損矣。」

① 諒：誠信。
② 便辟：慣於走邪道。
③ 善柔：善於和顏悅色騙人。
④ 便佞：慣於花言巧語。

孔子說：「有益的交友有三種，有害的交友有三種。同正直的人交友，同誠信的人交友，同見聞廣博的人交友，這是有益的。同慣於走邪道的人交朋友，同善於阿諛奉承的人交朋友，同慣於花言巧語的人交朋友，這是有害的。」

孔子曰：「益者三樂，損者三樂：樂節禮樂①，樂道人之善，樂多賢友，益矣。樂驕樂②，樂佚③遊，樂宴樂④，損矣。」

①節禮樂：孔子主張用禮樂來節制人。
②驕樂：驕縱不知節制的樂。
③佚：同「逸」。
④晏樂：沉溺於宴飲取樂。

孔子說：「有益的喜好有三種，有害的喜好有三種。以禮樂調節自己為喜好，以稱道別人的好處為喜好，以有許多賢德之友為喜好，這是有益的。喜好驕傲，喜歡閒遊，喜歡大吃大喝，這就是有害的。」

孔子曰：「侍於君子有三愆①：言未及之而言，謂之『躁』；言及之而不言，謂之『隱』；未見顏色而言，謂之『瞽』②。」

①愆：過失。

②瞽：盲人。

孔子說：「侍奉在君子旁邊陪他說話，要注意避免犯三種過失：還沒有問到你的時候就說話，這是急躁；已經問到你的時候你卻不說，這叫隱瞞；不看君子的臉色而貿然說話；這是瞎子。」

孔子曰：「君子有三戒：少之時，血氣未定，戒之在色；及其壯也，血氣方剛，戒之在鬥；及其老也，血氣既衰，戒之在得。」

孔子說：「君子有三種事情應引以為戒：年少的時候，血氣還不成熟，要戒除對女色的迷戀；等到身體成熟了，血氣方剛，要戒除與人爭鬥；等到老年，血氣已經衰弱了，要戒除貪得無厭。」

孔子曰：「君子有三畏：畏天命，畏大人，畏聖人之言。小人不知天命而不畏也，狎大人，侮聖人之言。」

孔子說：「君子有三件敬畏的事情：敬畏天命，敬畏地位高貴的人，敬畏聖人的話，小人不懂得天命，因而也不敬畏，不尊重地位高貴的人，輕侮聖人之言。」

孔子曰：「生而知之者，上也；學而知之者，次也；困而學之，又其次也。困而不學，民斯爲下矣！」

孔子說：「生來就知道的人，是上等人；經過學習以後才知道的，是次一等的人；遇到困難再去學習的，是又次一等的人；遇到困難還不學習的人，這種人就是下等的人了。」

孔子曰：「君子有九思：視思明，聽思聰，色思溫，貌思恭，言思忠，事思敬，疑思問，忿思難，見得思義。」

孔子說：「君子有九種要思考的事：看的時候，要思考看清與否；聽的時候，要思考是否聽清楚；自己的臉色，要思考是否溫和，容貌要思考是否謙恭；言談的時候，要思考是否忠誠；辦事要思考是否謹慎嚴肅；遇到疑問，要思考是否應該向別人詢問；忿怒時，要思考是否有後患，獲取財利時，要思考是否合乎義的準則。」

孔子曰：「見善如不及，見不善而探湯。吾見其人矣，吾聞其語矣！隱居以求其志，行義以達其道。吾聞其語矣，未見其人也！」

孔子說：「看到善良的行為，就擔心達不到，看到不善良的行動，就好像把手伸到開水中一樣趕快避開。我見到過這樣的人，也聽到過這樣的話。以隱居避世來保全自己的志向，依照義而貫徹自己的主張。我聽到過這種話，卻沒有見到過這樣的人。」

「齊景公有馬千駟，死之日，民無德而稱焉；伯夷、叔齊餓於首陽之下，民到于今稱之。其斯之謂與？」

齊景公有馬四千匹，死的時候，百姓們覺得他沒有什麼德行可以稱頌。伯夷、叔齊餓死在首陽山下，百姓們到現在還在稱頌他們。說的就是這個意思吧。

陳亢①問於伯魚曰：「子亦有異聞②乎？」對曰：「未也。嘗獨立，鯉趨而過庭。曰：『學詩乎？』對曰：『未也。』『不學詩，無以言！』鯉退而學詩。他日，又獨立，鯉趨而過庭。曰：『學禮乎？』對曰：『未也。』『不學禮，無以立！』鯉退而學禮。聞斯二者。」陳亢退而喜曰：「問一得三：聞詩，聞禮。又聞君子遠③其子也。」

①陳亢：亢，即陳子禽。
②異聞：這裡指不同於對其他學生所講的內容。
③遠：不親近，不偏愛。

陳亢問伯魚：「你在老師那裡聽到過什麼特別的教誨嗎？」

伯魚回答說：「沒有呀。有一次他獨自站在堂上，我快步從庭裡走過，他說：『學《詩》了嗎？』我回答說：『沒有。』他說：『不學詩，就不懂得怎麼說話。』我回去就學《詩》。又有一天，他又獨自站在堂上，我快步從庭裡走過，他說：『學禮了嗎？』我回答說：『沒有。』他說：『不學禮就不懂得怎樣立身。』我回去就學禮。我就聽到過這兩件事。」

陳亢回去高興地說：「我提一個問題，得到三方面的收穫，聽了關於《詩》的道理，聽了關於禮的道理，又聽了君子不偏愛自己兒子的道理。」

邦君之妻，君稱之曰「夫人」；夫人自稱「小童」；邦人稱之曰「君夫人」，稱諸異邦曰「寡小君」；異邦人稱之，亦曰「君夫人」。

國君的妻子，國君稱她為夫人，夫人自稱為小童，國人稱她為君夫人；對他國人則稱她為寡小君，他國人也稱她為君夫人。

唐朝和回紇友好往來

本篇中，孔子提出「不患寡而患不均，不患貧而患不安」的思想，被捧為治國理論之圭臬。國家內部容易出現不均現象，大國和小國之間由於地位的不平等，往往發生征戰。一個國家之內，應該使各個階層都受益，而國家之間，則應該和平友好，互惠互利。我國的盛世王朝唐朝和回鶻的友好往來，一直為歷史學家所推崇。

唐朝是中國歷史的極盛時代，都城長安是當時的國際性大都會，政治、經濟、文化都極度繁盛，和波斯、印度、日本等國家都有密切的文化交流和貿易往來。唐朝作為中原王朝，和西部、北部的突厥、回紇等少數民族的關係也非常密切。雖為泱泱大國，唐朝並沒有仗勢欺人，而是在平等、自願的基礎上，與之簽訂貿易和政治條約。大唐盛世，並沒有讓這些國家感到恐慌。

其中，北方少數民族回紇，長期與唐朝保持友好關係，唐朝也不把回紇列為敵人。唐朝和回紇除政治上互信互助，文化、經濟交流也非常頻繁。利用這種交流，兩國互相借鑒，互惠互利。回紇人非常愛好漢文，對漢文化非常感興趣，唐朝先進的手工業技術，傳到回紇，帶動當地絲織業的發展。而回紇服裝很有特色，彩色豔麗，線條精緻流暢，受到當時長安貴婦人的喜愛。長安當時有許多歌舞教坊的歌舞藝伎，也非常喜歡回紇服裝。回紇的馬匹比中原地區的要強健有力，且耐力超常，受到中原男子的喜愛。於是，回紇用馬匹和皮毛等換取唐朝的絲綢和茶葉，而唐朝則購買回紇的馬匹、服裝還有其他特產。由於兩國貿易交往頻繁，長安也曾一度出現「回紇服裝回紇馬」的現象。

貿易往來的日益頻繁，進一步促進兩國的政治軍事友好。唐玄宗曾冊封骨力裴羅為「懷仁可汗」，後來又有公主嫁到回紇。唐玄宗後期，爆發「安史之亂」，回紇曾經出兵幫助唐朝收復長安和洛陽，平定叛亂。唐朝和回紇政權的友好往來，成為中國歷史上的一段佳話，至今為人津津樂道。

✵解析

唐朝最為人所稱道的，不在於政治如何先進，軍事如何強大，經濟多麼繁榮，而在於開放的視野和海納百川的氣度。唐朝雖貴為泱泱大國，卻並不歧視回紇而視其為蠻夷小邦。相反，兩國平等互待，和平共處，經由經濟、文化、政治和軍事的交流互惠互助，達到共贏的目的。商場之中，企業和企業之間除去競爭的關係，還有一種關係叫合作，這才應該是企業關係的主流，雙方共贏，才能長遠發展。另外，不同的行業之間，也可以優勢互補，合理調配資源，共同發展，互利共贏。

可樂與褲襪：聯合促銷達共贏

孔子「不患寡而患不均」的思想，反映在商業上，則是反對壟斷，聯合共贏。商戰中的各個企業，除了競爭對手的關係外，實際上也是彼此依存的關係。每個企業都有其獨特的資源優勢，企業之間的合作有利於資源的優化配置，提高資源利用率，同時也能促進合作雙方共同獲利。

一九八一年，美國No Nonsense牌褲襪準備為其各式新款褲襪做一次促銷活動。No Nonsense公司經過一番研究，決定採用現場展示與媒體宣傳相結合的形式推出產品。但僅僅依靠自身的力量，能引起公眾的注意嗎？No Nonsense深感勢單力薄，於是委託其廣告代理商，尋找一家廠商與其合作廣告，進行聯合促銷活動。No Nonsense要求，所找的合作廠商必須要和No Nonsense牌褲襪的顧客層次相匹配，擁有強有力的品牌形象，並同意共同在超市、藥店及各大百貨店銷售，這樣才能形成共同促銷的衝擊力。

最後，經多方洽商，百事可樂同意參與這項聯合促銷廣告，並決定以「減肥可樂」及「低卡路里百事」兩個品牌參與。雙方認為，No Nonsense是成長最快的褲襪，深受年輕女性的喜愛，而低卡路里百事的消費者百分之七十五以上為年輕女性，雙方的消費者年齡層次極為吻合，這兩種商品聯合廣告，必定相輔相成，互惠互利。

聯合促銷活動的內容在No Nonsense褲襪方面，有五百萬雙褲襪包裝中均附有低卡路里百事可樂或減肥百事可樂五十美分的折扣券，積夠折扣券，就可以換取百事可樂。同時，為鼓勵零售商，賣出一定數量的褲襪，就可任選電視機、收音機等贈品作為回報。而對百事可樂方面，顧客在購買低卡路里百事或減肥百事時，利用撕下的標籤附上三十美分郵資，寄給No Nonsense褲襪公司，即可獲得免費的No Nonsense褲襪一雙。另外，在促銷期間，這兩個公司以高密度的電視廣告，使廣告到達率達百分之八十，平均每人收視五次。

結果證明，聯合促銷行動，促進雙方共贏。百事可樂方面，低卡路里百事的銷售增加百分之十八，減肥百事的銷售量增加百分之十。市場佔有率增加百分之十二。而No Nonsense褲襪公司，也輕鬆達到自己的促銷目標。

✵解析

聯合促銷，一般是指兩家或兩家以上的企業，借用相互資源聯合進行的促銷行為。聯合促銷可以降低行銷成本，同時可以增加消費項目，實現品牌互動，達到共贏。百事和褲襪的聯合，乍聽似乎荒誕不經，結果卻妙不可言，聯合促銷確實魅力無窮。對於許多企業尤其是中小企業來說，在市場上尋求聯合促銷的夥伴，可以降低促銷的成本，獲取更大的利潤，是一個不錯的選擇。聯合促銷，已經愈來愈成為獲得高利潤的最佳方式。

殼牌聯營獲共贏

孔子認為國家衰敗在於內部矛盾。要想國家安定必須團結。在商場上，每個企業都有其優勢和劣勢，因此在商業競爭中，企業之間可以尋求合作夥伴，取長補短，對抗共同的強大競爭對手，以求得雙方的長久發展。石油業的老大哥英荷殼牌就是這種合作經營的成功典範。

老牌企業英荷殼牌石油公司，已有一百多年歷史，是當今世界最大的能源企業，分公司遍佈世界一百多個國家和地區。殼牌石油公司的前身，是曾為競爭對手的英國殼牌運輸公司和皇家荷蘭石油公司。那麼，這兩家公司是如何聯合在一起的呢？

英國殼牌運輸公司，得名於它最初經營遠東的貝殼生意。殼牌公司發展的很好，經營的業務範圍也不斷擴大，很快發展成為一個具有潛力的進出口公司。一九〇〇年以後，殼牌運輸公司進入汽油和燃油的運輸、銷售市場，一開始發展的十分順利。

皇家荷蘭石油公司的前身，是荷蘭勘探公司，其業務早期主要在東印度尼西亞開展。從一九八〇年開始，該公司在印尼的蘇門答臘開發油田，之後生意迅速發展，擁有自己的油船和大型儲藏設施。

長期以來，美國洛克菲勒財團的標準石油公司，憑藉其雄厚的財力，在石油市場上佔據支配甚至壟斷地位。但面對石油業的巨額利潤，殼牌運輸公司與皇家石油公司抓住低成本油輪運油的契機，迅速打入石油界，不久即形成與標準石油公司三足鼎立的情勢。三家公司開展錯綜複雜的爭奪利潤大戰，持續十六年之久。但標準石油公司畢竟還是實力略高一籌，它迅速對兩位「暴發戶」發動一連串的反擊，企圖重新維持它對全球的壟斷。標準石油公司促使全世界的石油價格進一步下跌，殼牌與皇家石油受到嚴重衝擊。

兩家公司看到這種形勢，一致認為美國標準石油公司實力雄厚，要想對付它，得兩家公司聯合起來才有可能取勝，而不應該繼續競爭。一九〇七年，原殼牌公司和原皇家荷蘭石油公司合併成為「皇家荷蘭殼牌公司」。皇家公司有鑽探和煉油優勢，殼牌公司的有運輸和銷售經驗，二者的聯合，簡直是天衣無縫。

皇家荷蘭殼牌公司開始向由美國標準石油公司壟斷的石油王國發起進攻。一九一二年，皇家荷蘭殼牌公司揮矛直搗美國，由加州開始先後設立子公司。幾年以後，皇家荷蘭殼牌公司行銷世界的石油總量中，已經有一半是從美國本土上開採出來的。一九二七年，標準石油公司失去「世界石油大王」的霸主地位。合併後的殼牌在世界石油市場上的產量已達百分之十六，而美國石油公司已下降到百分之二十三。經由聯合，使兩家公司都更加強大，獲得共贏。現在，由英國殼牌運輸公司和皇家荷蘭石油公司聯合組成的皇家荷蘭殼牌公司，被公認為世界上最成功的聯合公司之一。

✡解析

在商場上，沒有永遠的競爭，只有永遠的利益。商業競爭的最終目的，並不是打敗對方，而是獲得更多的利潤。英國殼牌運輸公司和皇家荷蘭殼牌，為應對美國標準石油公司的競爭，果斷放下成見，實施聯合，優勢互補，終於打破美國公司的壟斷，是對「合作雙贏」的最好詮釋。當今商界，合併、收購成風，聯合已經成為共識，但是聯合應該具有理性和前瞻性，而不能只是盲目地配合與擴張。

論語智慧

卷十七　陽貨

本篇內容廣泛，涉及孔子的教育思想、「仁」的理念以及君子之道等等。在本篇中，孔子表示對勇而無謀、做事魯莽者的不屑，「暴虎馮河，死而無悔者，吾不與也」，卻毫不掩飾對處事慎重、懂謀略好思考的人的欣賞，「必也臨事而懼，好謀而成者也。」人說商場如戰場，形勢瞬息萬變，如果處事魯莽欠考慮，永遠不能取得成功，只有那些深思熟慮、有勇有謀的人，才可能取得成功。

【原文】

陽貨①欲見孔子，孔子不見，歸孔子豚②。孔子時其亡③也，而往拜之。遇諸塗④。謂孔子曰：「來！予與爾言。」

曰：「懷其寶而迷其邦⑤，可謂仁乎？」

曰：「不可。」

「好從事而亟⑥失時，可謂知乎？」

曰：「不可。」

「日月逝矣！歲不我與⑦！」

孔子曰：「諾，吾將仕矣！」

①陽貨：又叫陽虎，季氏的家臣。

②歸孔子豚：歸，贈送。豚，小豬。贈給孔子一隻熟小豬。

③時其亡：等他外出的時候。

④遇諸塗：塗，同「途」，道路。在路上遇到了他。

⑤迷其邦：聽任國家迷亂。
⑥亟：屢次。
⑦與：在一起，等待的意思。

陽貨想見孔子，孔子不見，他便贈送給孔子一隻熟小豬，想要孔子去拜見他。孔子打聽到陽貨不在家時，往陽貨家拜謝，卻在半路上遇見了。陽貨對孔子說：「來，我有話要跟你說。」

孔子走過去。陽貨說：「把自己的本領藏起來而聽任國家迷亂，這可以叫做仁嗎？」

孔子回答說：「不可以。」

陽貨說：「喜歡參與政事而又屢次錯過機會，這可以說是智嗎？」

孔子回答說：「不可以。」

陽貨說：「時間一天天過去了，年歲是不等人的。」

孔子說：「好吧，我將要去做官了。」

子曰：「性相近也，習相遠也。」

孔子說：「人的本性是相近的，由於習染不同才相互有了差別。」

子曰：「唯上知與下愚，不移。」

孔子說：「只有上等的智者與下等的愚者是改變不了的。」

子之武城①，聞弦歌②之聲，夫子莞爾而笑曰：「割雞焉用牛刀？」子游對曰：「昔者，偃也聞諸夫子曰：『君子學道則愛人；小人學道則易使也。』」子曰：「二三子！偃之言是也。前言戲之耳！」

① 武城：魯國的一個小城，當時子游是武城宰。

② 絃歌：弦，指琴瑟。以琴瑟伴奏歌唱。

孔子到武城，聽見彈琴唱歌的聲音。孔子微笑著說：「殺雞何必用宰牛的刀呢？」

子游回答說：「以前我聽先生說過，『君子學習了禮樂就能愛人，小人學習了禮樂就容易指使。』」

孔子說：「學生們，言偃的話是對的。我剛才說的話，只是開個玩笑而已。」

公山弗擾①以費畔，召，子欲往。子路不說，曰：「末之也已②，何必公山民之之也③？」

子曰：「未召我者，而豈徒④哉？如有用我者，吾其爲東周乎⑤！」

①公山弗擾：人名，又稱公山不狃，字子洩，季氏的家臣。

②末之也已：末，無。之，到、往。末之，無處去。已，止，算了。

③之之也：第一個「之」字是助詞，後一個「之」字是動詞，去到的意思。

④徒：徒然，空無所據。

⑤吾其為東周乎：為東周，建造一個東方的周王朝，在東方復興周禮。

公山弗擾據費邑反叛，來召孔子，孔子準備前去。子路不高興地說：「沒有地方去就算了，為什麼一定要去公山弗擾那裡呢？」

孔子說：「他來召我，難道只是一句空話嗎？如果有人用我，我就要在東方復興周禮，建設一個東方的西周。」

子張問「仁」於孔子。孔子曰：「能行五者於天下，爲仁矣。」「請問之？」曰：「恭、寬、信、敏、惠。恭則不侮，寬則得眾，信則人任焉，敏則有功，惠則足以使人。」

子張向孔子問仁。孔子說：「能夠處處實行五種品德。就是仁人了。」

子張說：「請問哪五種。」

孔子說：「莊重、寬厚、誠實、勤敏、慈惠。莊重就不致遭受侮辱，寬厚就會得到眾人的擁護，誠信就能得到別人的任用，勤敏就會提高工作效率，慈惠就能夠使喚人。」

佛肸①召，子欲往。子路曰：「昔者由也聞諸夫子曰：『親於其身爲不善者，君子不入也』。佛肸以中牟②畔，子之往也如之何？」子曰：「然，有是言也。不曰『堅』乎？磨而不磷③；不曰『白』乎？涅④而不緇⑤。吾豈匏瓜⑥也哉？焉能繫⑦而不食！」

①佛肸：晉國大夫范氏家臣，中牟城地方官。
②中牟：地名，在晉國，約在今河北邢台與邯鄲之間。
③磷：損傷。
④涅：一種礦物質，可用作顏料染衣服。
⑤緇：黑色。
⑥匏瓜：葫蘆中的一種，味苦不能吃。
⑦繫：結，扣。

佛肸召孔子去，孔子打算前往。子路說：「從前我聽先生說過：『親自做壞事的人那裡，君子是不去的。』現在佛肸據中牟反叛，你卻要去，這如何解釋呢？」孔子說：「是的，我有過這樣的話。不是說堅硬的東西磨也磨不壞嗎？不是說潔白的東西染也染不黑嗎？我難道是個苦味的葫蘆嗎？怎麼能只掛在那裡而不給人吃呢？」

子曰：「由也，女聞六言六蔽矣乎？」

對曰：「未也。」

「居①！吾語女：好『仁』不好學，其蔽也『愚』②；好『知』不好學，其蔽也『蕩』③；好『信』不好學，其蔽也『賊』④；好『直』不好學，其蔽也『絞』⑤；好『勇』不好學，其蔽也『亂』；好『剛』不好學，其蔽也『狂』。」

①居：坐。

②愚：受人愚弄。

③蕩：放蕩。好高騖遠而沒有根基。

④賊：害。

⑤絞：說話尖刻。

孔子說：「由呀，你聽說過六種品德和六種弊病了嗎？」

子路回答說：「沒有。」

孔子說：「坐下，我告訴你。愛好仁德而不愛好學習，它的弊病是受人愚弄；愛好智慧而不愛好學習，它的弊病是行為放蕩；愛好誠信而不愛好學習，它的弊病是危害親人；愛好直率卻不愛好學習，它的弊病是說話尖刻；愛好勇敢卻不愛好學習，它的弊病是犯上作亂；愛好剛強卻不愛好學習，它的弊病是狂妄自大。」

子曰：「小子！何莫學夫詩？詩，可以興①，可以觀②，可以群③，可以怨④；邇⑤之事父，遠之事君；多識於鳥、獸、草、木之名。」

①興：激發感情的意思。一說是詩的比興。
②觀：觀察瞭解天地萬物與人間萬象。
③群：合群。
④怨：諷諫上級，怨而不怒。
⑤邇：近。

孔子說：「學生們為什麼不學習《詩》呢？學《詩》可以激發志氣，可以觀察天地萬物及人間的盛衰與得失，可以使人懂得合群的必要，可以使人懂得怎樣去諷諫上級。近可以用來事奉父母，遠可以事奉君主；還可以多知道一些鳥獸草木的名字。」

子謂伯魚曰：「女爲《周南》、《召南》①矣乎？人而不爲《周南》、《召南》，其猶正牆面而立②也與？」

① 《周南》、《召南》：《詩經・國風》中的第一、二兩部分篇名。周南和召南都是地名。這是當地的民歌。

② 正牆面而立：面向牆壁站立著。

孔子對伯魚說：「你學習《周南》、《召南》了嗎？一個人如果不學習《周南》、《召南》，那就像面對牆壁而站著吧？」

子曰：「禮云禮云！玉帛云乎哉！樂云樂云！鐘鼓云乎哉！」

孔子說：「禮呀禮呀，只是說的玉帛之類的禮器嗎？樂呀樂呀，只是說的鐘鼓之類的樂器嗎？」

子曰：「色厲而內荏①，譬諸小人，其猶穿窬②之盜也與！」

①色厲內荏：厲，威嚴，荏，虛弱。外表嚴厲而內心虛弱。

②窬：洞。

孔子說：「外表嚴厲而內心虛弱，以小人作比喻，就像是挖牆洞的小偷吧？」

子曰：「鄉原，德之賊也！」

孔子說：「沒有道德修養的偽君子，就是破壞道德的人。」

子曰：「道聽而塗說，德之棄也！」

孔子說：「在路上聽到傳言就到處去傳播，這是道德所唾棄的。」

子曰：「鄙夫！可與事君也與哉！其未得之也，患得之；既得之，患失之；苟患失之，無所不至矣！」

孔子說：「可以和一個鄙夫一起事奉君主嗎？他在沒有得到官位時，總擔心得不到。已經得到了，又怕失去它。如果他擔心失掉官職，那他就什麼事都幹得出來了。」

子曰：「古者民有三疾，今也或是之亡也。古之狂①也肆②，今之狂也蕩③；古之矜也廉④，今之矜也忿戾⑤；古之愚也直，今之愚也詐而已矣。」

①狂：狂妄自大，願望太高。

②肆：放肆，不拘禮節。

③蕩：放蕩，不守禮。
④廉：不可觸犯。
⑤戾：火氣太大，蠻橫不講理。

孔子說：「古代人有三種毛病，現在恐怕連這三種毛病也不是原來的樣子了。古代的狂者不過是願望太高，而現在的狂妄者卻是放蕩不羈；古代驕傲的人不過是難以接近，現在那些驕傲的人卻是兇惡蠻橫；古代愚笨的人不過是直率一些，現在的愚笨者卻是欺詐啊！」

子曰：「惡紫之奪朱也。惡鄭聲之亂雅樂也。惡利口之覆邦家者。」

孔子說：「我厭惡用紫色取代紅色，厭惡用鄭國的聲樂擾亂雅樂，厭惡用伶牙利齒而顛覆國家這樣的事情。」

子曰：「予欲無言！」
子貢曰：「子如不言，則小子何述焉？」
子曰：「天何言哉！四時行焉，百物生焉；天何言哉？」

孔子說：「我不想說話了。」
子貢說：「你如果不說話，那麼我們這些學生還傳述什麼呢？」
孔子說：「天何嘗說話呢？四季照常運行，百物照樣生長。天說了什麼話呢？」

孺悲①欲見孔子，孔子辭以疾。將命者出戶，取瑟而歌，使之聞之。

① 孺悲：魯國人，魯哀公曾派他向孔子學禮。

孺悲想見孔子，孔子以有病為由推辭不見。傳話的人剛出門，孔子便取來瑟邊彈邊唱，有意讓孺悲聽到。

宰我問：「三年之喪期已久矣！君子三年不爲禮，禮必壞；三年不爲樂，樂必崩。舊穀既沒，新穀既升；鑽燧改火①，期②可已矣。」
子曰：「食夫稻③，衣夫錦，於女安乎？」
曰：「安！」
「女安，則爲之！夫君子之居喪，食旨④不甘，聞樂不樂，居處不安，故不爲也。今女安，則爲之！」
宰我出。子曰：「予之不仁也！子生三年，然後免於父母之懷。夫三年之喪，天下之通喪也；予也，有三年之愛於其父母乎？」

①鑽燧改火：古人鑽木取火，四季所用木頭不同，每年輪一遍，叫改火。
②期：一年。
③食夫稻：古代北方少種稻米，故大米很珍貴。這裡是說吃好的。
④旨：甜美，指吃好的食物。

宰我問：「服喪三年，時間太長了。君子三年不講究禮儀，禮儀必然敗壞；三年不演奏音樂，音樂就會荒廢。舊谷吃完，新谷登場，鑽燧取火的木頭輪過了一遍，有一年的時間就可以了。」

孔子說：「才一年的時間，你就吃開了大米飯，穿起了錦緞衣，你心安嗎？」

宰我說：「我心安。」

孔子說：「你心安，你就那樣去做吧！君子守喪，吃美味不覺得香甜，聽音樂不覺得快樂，住在家裡不覺得舒服，所以不那樣做。如今你既覺得心安，你就那樣去做吧！」

宰我出去後，孔子說：「宰予真是不仁啊！小孩生下來，到三歲時才能離開父母的懷抱。服喪三年，這是天下通行的喪禮。難道宰子對他的父母沒有三年的愛嗎？」

子曰：「飽食終日，無所用心，難矣哉！不有博弈者乎？爲之猶賢乎已！」

孔子說：「整天吃飽了飯，什麼心思也不用，真太難了！不是還有玩博和下棋的遊戲嗎？幹這個，也比閒著好。」

子路曰：「君子尚勇乎？」子曰：「君子義以爲上。君子有勇而無義爲亂，小人有勇而無義爲盜。」

子路說：「君子崇尚勇敢嗎？」孔子答道：「君子以義作為最高尚的品德，君子有勇無義就會作亂，小人有勇無義就會偷盜。」

子貢曰：「君子亦有惡①乎？」子曰：「有惡。惡稱人之惡者，惡居下流②而訕③上者，惡勇而無禮者，惡果敢而窒④者。」曰：「賜也亦有惡乎？」「惡徼⑤以爲知⑥者，惡不孫⑦以爲勇者，惡訐⑧以爲直者。」

① 惡：厭惡。
② 下流：下等的，在下的。

③訕：誹謗。
④窒：阻塞，不通事理，頑固不化。
⑤徼：竊取，抄襲。
⑥知：同「智」。
⑦孫：同「遜」。
⑧訐：攻擊、揭發別人。

子貢說：「君子也有厭惡的事嗎？」
孔子說：「有厭惡的事。厭惡宣揚別人壞處的人，厭惡身居下位而誹謗在上者的人，厭惡勇敢而不懂禮節的人，厭惡固執而又不通事理的人。」
孔子又說：「賜，你也有厭惡的事嗎？」
子貢說：「厭惡偷襲別人的成績而作為自己的知識的人，厭惡把不謙虛當做勇敢的人，厭惡揭發別人的隱私而自以為直率的人。」

子曰：「唯女子與小人爲難養也！近之則不係，遠之則怨。」

孔子說：「只有女子和小人是難以教養的，親近他們，他們就會無禮，疏遠他們，他們就會報怨。」

子曰：「年四十而見惡焉，其終也已！」

孔子說：「到了四十歲的時候還被人所厭惡，他這一生也就終結了。」

贏家策略

賈島「推敲」

孔子認為「臨事而懼，好謀而成者」，意思是：人遇到任何事情需小心謹慎，做事也需善於謀劃，這樣的人才能成就大業。這里選擇了一篇關於著名詩人賈島做詩精心琢磨的故事。正是他這種一絲不苟的精神，才使他在文學上取得了巨大的成功。而賈島「推敲」的故事，也成為激勵後人不斷追求完美，追求卓越的最佳事例。

賈島是晚唐時期的著名詩人，他對詩歌創作特別執著，深思熟慮，一絲不苟。每作一詩，他都會反復吟誦，仔細斟酌，有時甚至會把一首詩修改數十遍才滿意。他還常常大清早就跑到朋友家，要朋友幫他改詩，並且常常會為一個字跟朋友爭論不休，直到傍晚。朋友們無可奈何，戲謔道：「人家都管寫詩的人叫『詩翁』，你呢，簡直就是『詩瘋』啊！」

有一天，賈島騎著毛驢去拜訪一位朋友，經過一座寺廟時，忽來興致，沉吟道：「鳥宿池邊樹，僧推月下門。」剛吟完，他又覺得不對勁：「推」字不大好，還是改成「敲」字吧！於是又念一遍：「鳥宿池邊樹，僧敲月下門。」但是琢磨一下，覺得念起來沒有原來那句有味道，於是又想用那個「推」字，但是又覺得「敲」字也有「敲」字的好處。這樣遲疑不決，念一遍「僧敲月下門」，再念一遍「僧推月下門」，這麼思量著，早已忘記胯下的毛驢。那毛驢沒人約束，樂得隨意走走，賈島滿腦子都是詩句，信「驢」由韁，直被毛驢馱到市集上。

集市上人們熙熙攘攘，沒人留意到這位心不在焉的詩人。那毛驢雖然主人忘了管束，但還不曾撞翻小商販的胭脂攤，香粉鋪。這一人一驢正「各得其樂」，忽然人群一陣騷動，道：「大人出巡啦！大家趕快回避啊！」這一喊，商家們忙不迭的收拾東西，逛集市的人們也紛紛退到路邊。只有賈島的毛驢，哪懂什麼禮儀，聽得鑼鼓喧囂，正好上前看看熱鬧呢！衙役們被這毛驢擋住隊伍，敲鑼的也不再敲鑼，喊道的也不再喊道，大家七手八腳想要趕走毛驢，這麼鬧哄哄的，早已驚動轎中的大人。

賈島終於回過神來，一把拉住韁繩，不停的向衙役們道歉。大人掀起轎簾，上下打量賈島一番，便讓人把他喊過來，問道：「看你的樣子應是個讀書人，怎麼不懂國禮，擋住本座的巡隊？」

賈島賠禮道：「學生無知，因斟酌一句詩，忘記約束坐騎，犯下過錯，望大人見諒。」

你道這大人是誰？原來也是個大名鼎鼎的人物——韓愈。韓愈是大文豪，一聽說是改詩，忙問：「你作的是什麼詩？不妨念來聽聽？」

賈島依言誦讀一遍，然後說：「大人以為，是用『敲』字好呢，還是用『推』字好？」

韓愈沉思一會，道：「還是用『敲』字好。詩句的意境是很靜很美的，用『敲』字，以有聲襯無聲，顯得越發靜謐。況且，你想，深更半夜，寺門必定緊閉，你用『推』，怎麼可能推的開呢？」

一席話說得賈島茅塞頓開，他笑道：「大人高見！就用『敲』字好！」

於是「鳥宿池邊樹，僧敲月下門」流傳下來，成為名句。而賈島在「推」、「敲」之間斟酌入迷，也成為佳話。後來，人們就稱認真琢磨、修改詩句為「推敲」。

✯解析

在中國古代文學史上，賈島是著名的「苦吟」詩人。何謂「苦吟」？苦苦思索，反復吟誦。賈島常常為「吟安一個字」而「拈斷數莖須」，他對詩詞用字的推敲和錘煉達到走火入魔的境界。正是賈島這種勤思、忘我的精神，奠定他在文學史上地位，成為一位卓有成就的詩人。現代社會，雖然商機無限，但也時時隱含著危機，既要不失時機，又要避免危機，不善於發現、勤於思考、深謀遠慮，顯然是不行的，這個時候，我們也需要賈島的「推敲」精神。

張榮發成為「海上之帝」

孔子認為有勇有謀的人必成大事。臺灣長榮集團總裁張榮發的成功，除了擁有吃苦耐勞的毅力，還因為他有著勤於思考，善於總結的好習慣。同樣是工作，張榮發能夠發現其中的規律，窺見其中的商機，從而抓住機遇，改寫命運。正是這一點，造就出不同的人生軌跡。

長榮集團總裁張榮發，一直以來被人看作是傳奇人物。他本是一個船員的孩子，父親早逝，寡母一人要撫養七個孩子，家境艱難可想而知。雖然出身寒微，張榮發卻奮鬥成為一代商業鉅子，被稱為「海洋之帝」，「海運大王」。他成功的秘訣，一言以蔽之，就是勤於學習，善於思考。

張榮發年輕時就十分勤奮。他剛從臺北商業職業學校畢業，就跑到海運公司打工，從事務員做起，一步步升為事務長、理貨員、二副、大副，最後考到航長執照。張榮發也逐漸累積海運的經驗，並察覺到「定期化航線」對運輸的重要性。在成立長榮海運股份有限公司後，他慎重地選擇航線，不管貨多貨少，都定期開出航次。這樣時間一長，長榮就擁有固定的客戶群。張榮發以其謹慎的思考，使自己的公司站穩腳跟。

在企業的發展階段，張榮發善於謀略的特點發揮到極致。他常常思考別人尚未想到的，儘早地把握商機。他最早注意到貨櫃會進入海運的先兆，立刻就在長榮推行大規模的革新，因此使得企業大幅度快速的擴展。張榮發還有諸多的技術創新，「雙向行駛環球航線」，「船員海陸輪調工作制」等等，都大量降低海運成本，使長榮一躍而成為世界海運行業的翹楚。

張榮發的善於思考，不僅表現在他的前瞻性和企業的技術革新上，還表現在他處理與員工的關係上。有一次，張榮發偶然看到職員們在下午買麵包吃，立即想到要以這些小事表達對員工的關心。他請總務部去精挑細選一家麵包廠為員工供應麵包，並在麵包做好後親自試吃，確保員工吃得滿意。就是這樣的小事，使長榮企業內部形成一種「企業愛護員工，員工熱愛企業」的「麵包文化」，增強企業的凝聚力和向心力，為企業更進一步發展創造出良好的氛圍。

即使在功成名就之後，張榮發依然保持著多觀察、多思考的習慣。去日本出差的時候，別人都在車上睡覺，張榮發卻在研究日本建築的設計。在酒店住宿時，他也會利用各種機會觀察五星級飯店的客房佈置、空間利用，為自己企業的規劃做參考。每次出國考察回來，他還會召開管理層的會議，把所見所思告訴大家，讓大家集中討論，集思廣益，為企業的發展提出創意。

張榮發以自己的善於學習，善於發現、善於思考，創造出「海運之王」的神話，也為渴望成功的後來人提供可以借鑒的榜樣。

✡解 析

與其說張榮發的成功是由於機遇，不如說他的成功是必然的更貼切。因為一個時時刻刻注意著市場動向，思考著前途未來的人，是絕對不會錯過任何一次機會的，所以才有「好謀而成」的說法。當我們抱怨自己的平凡和無所成就時，是否能捫心自問一下，在機遇向你招手的時候，你是不是因為心不在焉而錯過呢？

「黑馬騎士」皮根斯

孔子認為，人除了要有過人的膽識、堅韌的毅力之外，還要有敏銳的頭腦。皮根斯能夠取得成功的重要原因是他有著比別人更敏銳的頭腦，比別人更獨到的眼光，能夠發現別人發現不了的商業前景，這樣才使得他能夠做到別人做不到的事。華爾街有千千萬萬的金融人才，但只有始終保持冷靜、機警、靈敏的頭腦，才能迅速捕捉到商機，使自己立於市場競爭的有利位置。

美國的金融中心——華爾街，每天都上演著驚心動魄的企業兼併和併購遊戲。投資者動用全部的腦力，展示著精煉嫻熟的併購技術和操盤手法，謀取自己最大的利益。

在華爾街，「黑衣騎士」指那些企圖兼併其他公司的個人或小公司。博納・皮根斯就是華爾街的傳奇人物，美國石油業的兼併大王，一位著名的「黑衣騎士」。

皮根斯小時候是一個羞澀的孩子，他不愛講話，連讀課文都要找同學代讀。但他也顯示出冷靜，有頭腦的個性，敢於堅持自己的意見。在大學裡他學的是地質，畢業後在菲力浦石油公司找到一份石油勘查員的工作。但是皮根斯很快的就厭倦那裡的官僚氣氛，離開時他只有二十六歲。

離開菲力浦石油公司後，皮根斯開始創建梅薩山石油公司。他無法滿足公司緩慢發展，一個計畫在他心中逐漸形成——吞併一家石油公司來加快自己的發展！他四處尋找合適的標的，最終將目標鎖定在哈戈通公司。

那時的華爾街雖然也有併購的現象，但都是經過併購者和併購對象友好協商之後才進行的。皮根斯也是先由中間人找哈戈通公司的董事商量合作事項，結果被對方拒絕。皮根斯很沮喪，但並未喪失希望，他決心以韌性來達到目的。連續幾個月，皮根斯一邊大力遊說哈戈通的股東，向他們說明哈戈通被梅薩山兼併後可以得到多少好處，一邊以自己公司的股東優先股交換哈戈通的普通股，通過這種公開換股，大量吞進哈戈通的股票。經過長達數月的苦戰，皮根斯最終取得勝利，成功兼併哈戈通公司。

這是皮根斯事業史上的一次重要事件。在這之後，皮根斯借助哈戈通的資產繼續進行大規模的擴張。很多人都認為股票投機生意風險重重，但皮根斯在股票市場上看到的卻是寶貴的機會。他有著高超的分析技巧和嫺熟的資產運用能力，他的併購手法淩厲狠毒，不給對手喘息的機會。在併購過程中，皮根斯聯合信託機構，在短時間內就能籌集到大批的資金。儘管自己的公司比對手小幾倍甚至數十倍，但卻總能創造出「小魚吃大魚、弱者打敗強者」的併購神話。

✡解　析

皮根斯憑藉自己的勇氣和智謀，一次又一次地創造出併購史上的神話。很多人認為華爾街是一個危機四伏的地方，認為「一百個人興沖沖的走進華爾街，結果會有九十九個人被抬出來」，但這只是相對於那些不善思考卻魯莽投資的人而言，對善於思考得皮根斯而言，華爾街是「海闊憑魚躍，天高任鳥飛」。借鏡皮根斯，我們或許可以列出取得成功的必要條件，那就是信心、思考和勇氣。

論語智慧

卷十八 微子

本篇內容既涉及孔子的政治理念和修身思想，也涉及別人對孔子的評價。生逢亂世，孔子素有濟世救國的志向，宣導禮治和仁道，為此，他周遊列國，風塵僕僕卻四處碰壁，甚至好幾次，差點丟掉自己的性命。身體上的折磨就難以忍受，精神上的非議又接踵而來，然而孔子都坦然處之，矢志不渝。他讚揚柳下惠以「直道事人」，多次貶黜而意志不頹，他自己又何嘗不是這樣！矢志不渝、愈挫愈勇、老而彌堅，這就是聖人本色！

【經文】

衛子①去之；箕子②爲之奴；比干③諫而死。孔子曰：「殷有三仁焉！」

①微子：殷紂王的同母兄長，見紂王無道，勸他不聽，遂離開紂王。

②箕子：殷紂王的叔父。他去勸紂王，見王不聽，便披髮裝瘋，被降為奴隸。

③比干：殷紂王的叔父，屢次強諫，激怒紂王而被殺。

微子離開了紂王，箕子做了他的奴隸，比干被殺死了。孔子說：「這是殷朝的三位仁人啊！」

柳下惠爲士師①，三黜②。人曰：「子未可以去乎？」曰：「直道而事人，焉往而不三黜！枉道而事人，何必去父母之邦！」

①士師：典獄官，掌管刑獄。

②黜：罷免不用。

柳下惠當典獄官，三次被罷免。有人說：「你不可以離開魯國嗎？」柳下惠說：「按正道事奉君主，到哪裡不會被多次罷官呢？如果不按正道事奉君主，為什麼一定要離開本國呢？」

齊景公待孔子，曰：「若季氏則吾不能，以季、孟之閒待之。」曰：「吾老矣。不能用也。」孔子行。

齊景公講到對待孔子的禮節時說：「像魯君對待季氏那樣，我做不到，我用介於季氏孟氏之間的待遇對待他。」又說：「我老了，不能用了。」孔子離開了齊國。

齊人歸①女樂，季桓子②受之，三日不朝。孔子行。

①歸：同饋，贈送。

②季桓子：魯國宰相季孫斯。

齊國人贈送了一些歌女給魯國，季桓子接受了，三天不上朝。孔子於是離開了。

楚狂接輿①，歌而過孔子，曰：「鳳兮鳳兮！何德之衰？往者不可諫，來者猶可追。已而！已而！今之從政者殆而！」孔子下，欲與之言。趨而辟之，不得與之言。

①楚狂接輿：一說楚國的狂人接孔子之車；一說楚國叫接輿的狂人；一說楚國狂人姓接名輿。本書採用第二種說法。

楚國的狂人接輿唱著歌從孔子的車旁走過，他唱道：「鳳凰啊，鳳凰啊，你的德運怎麼這麼衰弱呢？過去的已經無可挽回，未來的還來得及改正。算了吧，算了吧。今天的執政者危乎其危！」孔子下車，想同他談談，他卻趕快避開，孔子沒能和他交談。

長沮、桀溺①耦而耕②。孔子過之，使子路問津③焉。長沮曰：「夫執輿④者為誰？」

子路曰：「為孔丘。」

曰：「是魯孔丘與？」

曰：「是也。」

曰：「是知津矣！」

問於桀溺，桀溺曰：「子為誰？」

曰：「為仲由。」

曰：「是魯孔丘之徒與？」

對曰：「然。」

曰：「滔滔者，天下皆是也，而誰以易之⑤？且而與其從辟⑥人之士也，豈若從辟世之士哉？」耰⑦而不輟。

子路行以告，夫子憮然⑧曰：「鳥獸不可與同群！吾非斯人之徒與而誰與？天下有道，丘不與易也。」

①長沮、桀溺：兩位隱士，真實姓名和身世不詳。
②耦而耕：兩個人合力耕作。
③問津：津，渡口。尋問渡口。
④執輿：即執轡。
⑤之：與。
⑥辟：同「避」。
⑦耰：用土覆蓋種子。
⑧憮然：悵然，失意。

長沮、桀溺在一起耕種，孔子路過，讓子路去尋問渡口在哪裡。長沮問子路：「那個拿著韁繩的是誰？」
子路說：「是孔丘。」
長沮說；「是魯國的孔丘嗎？」
子路說：「是的。」
長沮說：「那他是早已知道渡口的位置了。」

子路再去問桀溺。桀溺說：「你是誰？」

子路說：「我是仲由。」

桀溺說：「你是魯國孔丘的門徒嗎？」

子路說：「是的。」

桀溺說：「像洪水一般的壞東西到處都是，你們同誰去改變它呢？而且你與其跟著躲避人的人，為什麼不跟著我們這些躲避社會的人呢？」說完，仍舊不停地做田裡的農活。

子路回來後把情況報告給孔子。孔子很失望地說：「人是不能與飛禽走獸合群共處的，如果不同世上的人群打交道還與誰打交道呢？如果天下太平，我就不會與你們一道來從事改革了。」

子路從而後，遇丈人，以杖荷蓧①。子路問曰：「子見夫子乎？」丈人曰：「四禮不勤，五穀不分②，孰爲夫子！」植其杖而芸。子路拱而立。止子路宿，殺雞爲黍③而食④之，見其二子焉。明日，子路行以告。子曰：「隱者也。」使子路反見之。至，則行矣。子路曰：「不士無義。長幼之節，不可廢也；君臣之義，如之何其廢之？欲潔其身，而亂大倫。君子之仕也，行其義也。道之不行，已知之矣！」

①蓧：古代耘田所用的竹器。

②四體不勤，五穀不分：一說這是丈人指自己。分是糞；不，是語氣詞，意為：我忙於播種五穀，沒有閒暇，怎知你夫子是誰？另一說是丈人責備子路。說子路手腳不勤，五穀不分。多數人持第二種說法。我們以為，子路與丈人剛說了一句話，丈人並不知道子路是否真的四體不勤，五穀不分，沒有可能說出這樣的話。所以，我們同意第一種說法。

③黍：黏小米。

④食：拿東西給人吃。

子路跟隨孔子出行，落在了後面，遇到一個老丈，用枴杖挑著除草的工具。子路問道：「你看到我的老師嗎？」

老丈說：「我手腳不停地勞作，五穀還來不及播種，哪裡顧得上你的老師是誰？」說完，便扶著枴杖去除草。

子路拱著手恭敬地站在一旁。老丈留子路到他家住宿，殺了雞，做了小米飯給他吃，又叫兩個兒子出來與子路見面。

第二天，子路趕上孔子，把這件事向他作了報告。孔子說：「這是個隱士啊。」叫子路回去再看看他。

子路到了那裡，老丈已經走了。子路說：「不做官是不對的。長幼間的關係是不可能廢棄的；君臣間的關係怎麼能廢棄呢？想要自身清白，卻破壞了根本的君臣倫理關係。君子做官，只是為了實行君臣之義的。至於道的行不通，早就知道了。」

逸①民：伯夷、叔齊、虞仲②、夷逸、朱張、柳下惠、少連。子曰：「不降其志，不辱其身，伯夷、叔齊與？」謂：「柳下惠、少連，降志辱身矣；言中倫，行中慮，其斯而已矣！」謂：「虞仲、夷逸，隱居放③言，身中清，廢中權。我則異於是，無可無不可。」

①逸：同「佚」，散失、遺棄。
②虞仲、夷逸、朱張、少連：此四人身世無從考，從文中意思看，當是沒落貴族。
③放：放置，不再談論世事。

被遺落的人有：伯夷、叔齊、虞仲、夷逸、朱張、柳下惠、少連。孔子說：「不降低自己的意志，不屈辱自己的身份，這是伯夷叔齊吧。」說柳下惠、少連是「被迫降低自己的意志，屈辱自己的身份，但說話合乎倫理，行為合乎人心。」說虞仲、夷逸「過著隱居的生活，說話很隨便，能潔身自愛，離開官位合乎權宜。我卻同這些人不同，可以這樣做，也可以那樣做。」

大師摯①適齊；亞飯②干適楚；三飯繚適蔡；四飯缺適秦；鼓方叔③，入於河；播鼗武④，入於漢；少師⑤陽，擊磬襄⑥，入於海。

①大師摯：大同「太」。太師是魯國樂官之長，摯是人名。
②亞飯、三飯、四飯：都是樂官名。干、繚、缺是人名。
③鼓方叔：擊鼓的樂師名方叔。
④鼗：小鼓。
⑤少師：樂官名，副樂師。
⑥擊磬襄：擊磬的樂師，名襄。

太師摯到齊國去了，亞飯干到楚國去了，三飯繚到蔡國去了，四飯缺到秦國去了，打鼓的方叔到了黃河邊，敲小鼓的武到了漢水邊，少師陽和擊磬的襄到了海濱。

周公謂魯公①曰：「君子不施②其親，不使大臣怨乎不以③。故舊無大故，則不棄也。無求備於一人。」

①魯公：指周公的兒子伯禽，封於魯。

②施：同「弛」，怠慢、疏遠。

③以：用。

周公對魯公說：「君子不疏遠他的親屬，不使大臣們抱怨不用他們。舊友老臣沒有大的過失，就不要拋棄他們，不要對人求全責備。」

周有八士①：伯達、伯適、仲突、仲忽、叔夜、叔夏、季隨、季騧。

①八士：本章中所說八士已不可考。

周代有八個士：伯達、伯適、伯突、仲忽、叔夜、叔夏、季隨、季。

贏家策略

張衡研製「地震儀」

孔子堅定志向，矢志不渝的追求精神，值得每一個人學習。想要實現自己的理想，肯定會遇到有很多具有挑戰性的工作，為了實現目標，必須經得起困難的考驗。張衡能夠早西方幾百年發明地動儀，與他堅持真理、絕不退縮是分不開的。

張衡是東漢時期著名的文學家、天文學家，也精通數學、地理和繪畫，是難得的「全才」。少年時期的張衡，父親過早離世，家境貧苦。但即使這樣，也沒有磨滅張衡求知的欲望。當時的地方長官看他如此刻苦，知道日後必成大器，想要推薦張衡做官。然而張衡志不在高官厚祿，而是到生活中尋找科學的真知，他婉言謝絕官長的推薦，走上遍訪名師，探索科學真理的艱難旅程。

漢安帝元初六年（西元一一九年）二月的一天，京都洛陽本應清新涼爽，卻突然間變得酷熱，雷雨急降，不久天空就出現一道耀眼的光芒，隨之而來的是隆隆轟響，地動山搖，天旋地轉，洪水湧出，城郭倒塌。這是一次特大地震，洛陽及其周圍地區或多或少都受到地震影響。同年冬天，洛陽又一次地震。據當時記載，西元九十二年之後，幾乎年年發生地震，有些還是特大地震，給人們帶來巨大的驚恐。張衡眼見如此，決心研究預測地震的辦法，以降低損失，減輕人們的痛苦。當時，張衡擔任太史令，掌管天象地理，這使他有機會進一步展開研究。他不斷的翻閱前人資料，注意實際經驗，同時記錄每一次地震發生的細節，研究地震發生時的異常現象。就這樣苦苦研究六年時間，經過多次的挫折和磨難，終於，世界上第一台觀測地震的儀器——地動儀誕生。時年，張衡五十五歲。

地動儀研製成功，洛陽城百姓們奔相走告，可是只關心自己利益，無視民眾安危的統治階級卻對張衡恨之入骨。他們為加強對人民的統治，宣傳迷信思想，把地震說成是天意，曾遭到張衡的強烈反對。所以，張衡發明地動儀，就難免遭受這些人的惡意攻擊。他們說地動儀是「雕蟲小技」，不值一提，是「屠龍之術」，徒勞無益。張衡憤怒指斥他們：「你們為獻媚權貴，謀得一己福利，故意歪曲歷史，編造謊言，使百姓受苦，達官得利，實在是虛偽之途，有何資格在此渾說？」被擊中要害的惱羞成怒，誣稱張衡的地動儀是無用之物。而張衡回擊道，「你們這些不學無術的無能之輩，只能在這裡評頭論足，事實會告訴你們到底誰是正確的。」他當即寫出《應間賦》，批駁那些流言蜚語，決心以事實證明一切。

西元一三八年，地動儀西方龍嘴的銅球「噹啷」一聲落下來，但是當時洛陽城內絲毫沒有地震的感覺。反對張衡的人們得意洋洋，開始肆意攻擊張衡，說他吹牛，造謠生事，可是張衡堅信自己。幾天後，驛馬來報，甘肅發生地震，正是地動儀指示的方向。事實勝於雄辯，那些攻擊張衡的人啞口無言。

然而，不幸的是，儘管地動儀價值無比，在當時卻不能得到應有的重視，第二年，張衡就在洛陽鬱鬱而終，地動儀從此失傳。

✵解析

張衡一生，在各個方面都有重要貢獻，得益於他不懼挑戰，排除萬難，執著於科學的精神。經商亦如科學研究，企業要發展壯大，就難免遇到挑戰，遇到挑戰就難免會有失敗和懷疑，這個時候，不要輕易懷疑自己，要咬緊牙關，乘風破浪，勇往直前！

吉列公司十年磨一劍

對於君子修身之道，孔子特別強調「不降其志」，要有堅強的意志和持之以恆的毅力。許多成功的企業家深有體會，創業如此艱難，經營也十分不易，沒有無比堅定的信念和永不放棄的毅力是難以堅持的。金·坎普·吉列做到了，他用十年時間終於磨出了吉列公司的輝煌。

「吉利」是目前世界上最受歡迎的刮鬍刀。二〇〇五年，《商業週刊》評出世界品牌一百強，「吉利」位居第十五位，品牌價值達一七五·三億美元。

吉利公司創始人金·坎普·吉利，出生在美國芝加哥一個小商人家庭，家境時好時壞。他從十六歲開始做推銷員，二十四年推銷生涯，到四十歲時仍無任何起色，這無疑讓他很苦悶。當時男人們剃鬚，一般都要到理容院裡去，很不方便，所以吉利萌發出製作低成本刮鬍刀的想法，並開始付諸行動。剛開始，他就遇到困難，由於自己缺乏專業知識和相關訓練，對製作刮鬍刀幾乎一籌莫展。但吉利並不灰心，他經過幾年的鑽研，終於發明一種安全刮鬍刀。

然而，第二個困難馬上到來，資金不足。於是他又開始尋找合作對象，但四處碰壁，終於，有個好友願意成為吉利的合夥人。二人共籌措五千美元購買生產設備，成立美國安全刮鬍刀公司。第二年，公司第一批新型刮鬍刀問世。令人失望的是，整整一年，這種新型刮鬍刀才賣出五十一個刀架和一百六十八個刀片。

但吉利並沒有被殘酷的現實壓垮。經過市場調查，他發現很多人並不知道這種安全刮鬍刀。他接受教訓，一方面繼續在刀片上下功夫，一方面開始展開廣告攻勢。為節省資金，他決定採取漫畫廣告，並在幾個鬧區設立大招牌，將畫貼在招牌上，這樣比直接畫在招牌上要省錢、省事。廣告宣傳使公司銷路大開，兩年以後，這種剃刀架售出九萬把，刀片銷售出一千二百四十萬個，終於打開全美市場。後來大戰爆發，吉利又趁機將產品作為隨軍物品配備到軍隊中，從此吉利刮鬍刀開始走向世界。

從發明安全刮鬍刀，到把它成功推向市場並取得成功，吉利花費整整十年時間。在這段漫長而艱難的時間內，吉利不懼挑戰，愈挫愈勇，終於用小刀片佔領全球市場。

✡解　析

吉利公司最終取得成功，是不懼挑戰、愈挫愈勇的最好嘉獎。繩鋸木斷，水滴石穿，對勇於創業的企業家來說，要做好不斷失敗的準備。不斷失敗並不可怕，可怕的是一蹶不振，灰心喪氣。堅忍不拔的毅力和持之以恆的精神是取得成功的保障，再堅持一下，也許成功就在前方。

市村清持之以恆終成功

孔子在追求理想的道路上飽經挫折，但從不輕言放棄，總是矢志不渝地向著自己的目標前進。商場坎坷、飽經挫折的成功企業家有很多，他們往往都有一個共同的特點：認准目標，持之以恆，不達目的誓不甘休。日本最成功的企業家之一市村清的成功，就鮮明的體現了這一點。

市村清曾長期擔任理研光學、三學、理光鐘錶、三愛石油等公司的總經理，是公認的成功人士。但他年輕時，事業曾一度跌入谷底，但他憑著一股愈挫愈勇的精神，終於走出低谷，登上事業的頂峰。

市村清原本任職的大東銀行，在一九二七年四月的金融恐慌中倒閉，他成為一個一文不名的人。當時他非常灰心，但為維持家用，決定去當保險業務員。他去富國生命的九州分店應聘，條件是不支薪水，但只要簽下一萬日元的合約，就可以拿到五十日元的回扣。親友勸阻說：「保險工作最令人討厭，還是不要去做。」但他決心已定，不為所動，開始負責熊本地區的保險業務。

然而事情進展很不順利。儘管他勇於嘗試，從早到晚到處奔波，但三個月時間一晃而過，連一份合約也沒有簽下。他覺得沒有必要耗下去，於是對妻子說：「唉，又一次失敗，去東京擺個攤子也比現在強。」但妻子說：「你最初不是堅持只要想做，凡事都可做嗎？連一筆生意都沒簽到，就想放棄嗎？在你的履歷是一個完全失敗的記錄，你甘心嗎？要是連夜逃到東京，豈不更招來恥辱嗎？不如現在拿出男人的氣魄給我看！」市村清受到極大的震撼，決心從頭再來。

重新調整心態後，市村清第九次去拜會母校校長，校長終於為他的熱誠所感動，當即簽約。市村清覺悟到：「即便是到失敗的盡頭，也不可以放棄工作，失敗或成功僅一線之隔」。市村清曾經一個月最多簽到五萬日元的合約，獲得總公司頒贈的全國第一的業務獎，成為頂尖推銷人員，當時他才二十六歲。可以想見，如果不是市村清的恒心和毅力，他能堅持下去嗎？還會有以後的成功嗎？

✲ 解析

「苦心人，天不負，百二秦關終屬楚；有志者，事竟成，三千越甲可吞吳」，「艱難困苦，玉汝于成」等諺語都強調矢志不渝和持之以恆對成就事業的重大意義。市村清處於事業的谷底，卻並沒有喪失鬥志，而是積極尋找新的出路，雖挫愈勇，終獲成功，這使人想起另一句話：「天將降大任於是人也，必先苦其心志，勞其筋骨，餓其體膚，空乏其身，行拂亂其所為，所以動心忍性，曾益其所不能。」

取自孔子的智慧結晶，
典藏儒家的博大思想。

卷十九 子張

本篇主要記述子夏、子貢、曾子、子張、子由等孔子弟子的言論。在這其中，子夏談到「學」與「仕」的關係時，提出「學而優則仕」的命題。他認為，不能直接做官，做官之前必須學習，而且還必須「學而優」，表現突出，才能做官。而要學而優，顯然要踏踏實實，要循序漸進。這啟發我們，做事情要一步一個腳印，不能操之過急，如果違反事物的發展規律，就會欲速則不達。

【原文】

子張曰：「士見危致命，見得思義，祭思敬，喪思哀，其可已矣。」

子張說：「士遇見危險時能獻出自己的生命，看見有利可得時能考慮是否符合義的要求，祭祀時能想到是否嚴肅恭敬，居喪的時候想到自己是否哀傷，這樣就可以了。」

子張曰：「執德不弘，信道不篤，焉能為有？焉能為亡？」

子張說：「實行德而不能發揚光大，信仰道而不忠實堅定，這樣的人怎麼能說有，又怎麼說他沒有？」

子夏之門人，問「交」於子張。子張曰：「子夏云何？」對曰：「子夏曰：『可者與之，其不可者拒之。』」子張曰：「異乎吾所聞：君子尊賢而容眾，嘉善而矜不能。我之大賢與，於人何所不容。我之不賢與，人將拒我，如之何其拒人也！」

子夏的學生向子張尋問怎樣結交朋友。子張說：「子夏是怎麼說的？」答道：「子夏說：『可以相交的就和他交朋友，不可以相交的就拒絕他。』」子張說：「我所聽到的和這些不一樣：君子既尊重賢人，又能容納眾人；能夠讚美善人，又能同情能力不夠的人。如果我是十分賢良的人，那我對別人有什麼不能容納的呢？我如果不賢良，那人家就會拒絕我，又怎麼談能拒絕人家呢？」

子夏曰：「雖小道①，必有可觀者焉；致遠恐泥②，是以君子不為也。」

① 小道：指各種農工商醫卜之類的技能。

② 泥：阻滯，不通，妨礙。

子夏說：「雖然都是些小的技藝，也一定有可取的地方，但用它來達到遠大目標就行不通了。」

子夏曰：「日知其所亡，月無忘其所能，可謂好學也已矣！」

子夏說：「每天學到一些過去所不知道的東西，每月都不能忘記已經學會的東西，這就可以叫做好學了。」

子夏曰：「博學而篤志①，切問②而近思；仁在其中矣。」

① 篤志：志，意為「識」，此為強記之義。
② 切問：問與切身有關的問題。

子夏說：「博覽群書廣泛學習而已記得牢固，就與切身有關的問題提出疑問並且去思考，仁就在其中了。」

子夏曰：「百工居肆①以成其事；君子學以致其道。」

①百工居肆：百工，各行各業的工匠。肆，古代社會製作物品的作坊。

子夏說：「各行各業的工匠住在作坊裡來完成自己的工作，君子通過學習來撐握道。」

子夏曰：「小人之過也必文。」

子夏說：「小人犯了過錯一定要掩飾。」

子夏曰：「君子有三變：望之儼然；即之也溫；聽其言也厲。」

子夏說：「君子有三變：遠看他的樣子莊嚴可怕，接近他又溫和可親，聽他說話語言嚴厲不苟。」

子夏曰：「君子信而後勞其民；未信，則以爲厲己也。信而後諫；未信，則以爲謗己也。」

子夏說：「君子必須取得信任之後才去役使百姓，否則百姓就會以為是在虐待他們。要先取得信任，然後才去規勸；否則，君主就會以為你在誹謗他。」

子夏曰：「大德①不踰閑②；小德出入可也。」

① 大德、小德：指大節小節。
② 閒：木欄，這裡指界限。

子夏說：「大節上不能超越界限，小節上有些出入是可以的。」

子游曰：「子夏之門人小子，當洒掃，應對，進退，則可矣。抑①末也；本之則無，如之何？」

子夏聞之曰：「噫！言游過矣！君子之道，孰先傳焉？孰後倦②焉？譬諸草木，區以別矣。君子之道，焉可誣③也？有始有卒者，其惟聖人乎！」

①抑：但是，不過。轉折的意思。

②倦：誨人不倦。

③誣：欺騙。

子游說：「子夏的學生，做些打掃和迎送客人的事情是可以的，但這些不過是末節小事，根本的東西卻沒有學到，這怎麼行呢？」

子夏聽了，說：「唉，子游錯了。君子之道先傳授哪一條，後傳授哪一條，這就像草和木一樣，都是分類區別的。君子之道怎麼可以隨意歪曲，欺騙學生呢？能按次序有始有終地教授學生們，恐怕只有聖人吧！」

子夏曰：「仕而優①則學；學而優則仕。」

①優：有餘力。

子夏說：「做官還有餘力的人，就可以去學習，學習有餘力的人，就可以去做官。」

子游曰：「喪致①乎哀而止。」

①致：極致、竭盡。

子游說：「喪事做到盡哀也就可以了。」

子游曰：「吾友張也，爲難能也；然而未仁。」

子游說：「我的朋友子張可以說是難得的了，然而還沒有做到仁。」

曾子曰：「堂堂乎張也！難與並爲仁矣。」

曾子說：「子張外表堂堂，難於和他一起做到仁的。」

曾子曰：「吾聞諸夫子：『人未有自致者也必也，親喪乎！』」

曾子說：「我聽老師說過，人不可能自動地充分發揮感情，如果有，一定是在父母死亡的時候。」

曾子曰：「吾聞諸夫子：『孟莊子①之孝也，其他可能也，其不改父之臣與父之政，是難能也。』」

① 孟莊子：魯國大夫孟孫速。

曾子說：「我聽老師說過，孟莊子的孝，其他人也可以做到，但他不更換父親的舊臣及其政治措施，這是別人難以做到的。」

孟氏使陽膚①爲士師，問於曾子。曾子曰：「上失其道，民散久矣！如得其情，則哀矜②而勿喜。」

①陽膚：曾子的學生。

②矜：憐憫。

孟氏任命陽膚做典獄官，陽膚向曾子請教。曾子說：「在上位的人離開了正道，百姓早就離心離德了。你如果能弄清他們的情況，就應當憐憫他們，而不要自鳴得意。」

子貢曰：「紂①之不善，不如是之甚也。是以君子惡居下流②，天下之惡皆歸焉。」

①紂：商代最後一個君主，名辛，紂是他的謚號，歷來被認為是一個暴君。

②下流：即地形低窪各處來水彙集的地方。

子貢說：「紂王的不善，不像傳說的那樣厲害。所以君子憎恨處在下流的地方，使天下一切壞名聲都歸到他的身上。」

子貢曰：「君子之過也，如日月之食焉。過也，人皆見之；更也，人皆仰之。」

子貢說：「君子的過錯好比日月蝕。他犯過錯，人們都看得見；他改正過錯，人們都仰望著他。」

衛公孫朝[①]問於子貢曰：「仲尼[②]焉學？」子貢曰：「文武之道，未墜於地，在人。賢者識其大者，不賢者識其小者，莫不有文武之道焉。夫子焉不學，而亦何常師之有！」

①衛公孫朝：衛國的大夫公孫朝。

②仲尼：孔子的字。

衛國的公孫朝問子貢說：「仲尼的學問是從哪裡學來的？」子貢說：「周文王武王的道，並沒有失傳，還留在人們中間。賢能的人可以瞭解它的根本，不賢的人只瞭解它的末節，沒有什麼地方無文王武王之道。我們老師何處不學，又何必要有固定的老師傳播呢？」

叔孫武叔①語大夫於朝曰：「子貢賢於仲尼。」子服景伯②以告子貢。子貢曰：「譬之宮牆③，賜之牆也及肩，窺見屋家之好；夫子之牆數仞④，不得其門而入，不見宗廟之美，百官⑤之富。得其門者或寡矣！夫子之云，不亦宜乎！」

①叔孫武叔：魯國大夫，名州仇，三桓之一。
②子服景伯：魯國大夫。
③宮牆：宮也是牆。圍牆，不是房屋的牆。
④仞：古時七尺為仞，一說八尺為仞，一說五尺六寸為仞。
⑤官：這裡指房舍。

叔孫武叔在朝廷上對大夫們說：「子貢比仲尼更賢。」子服景伯把這一番話告訴了子貢。子貢說：「拿圍牆來作比喻，我家的圍牆只有齊肩高，老師家的圍牆卻有幾仞高，如果找不到門進去，你就看不見裡面宗廟的富麗堂皇，和房屋的絢麗多彩。能夠找到門進去的人並不多。叔孫武叔那麼講，不也是很自然嗎？」

叔孫武叔毀仲尼。子貢曰：「無以爲也！仲尼不可毀也。他人之賢者丘陵也，猶可踰也；仲尼，日月也，無得而踰焉。人雖欲自絕，其何傷於日月乎？多①見其不知量也！」

① 多：用作副詞，只是的意思。

叔孫武叔誹謗仲尼。子貢說：「這樣做是沒有用的！仲尼是譭謗不了的。別人的賢德好比丘陵，還可超越過去，仲尼的賢德好比太陽和月亮，是無法超越的。雖然有人要自絕於日月，對日月又有什麼損害呢？只是表明他不自量力而已。」

陳子禽謂子貢曰：「子爲恭也，仲尼豈賢於子乎？」子貢曰：「君子一言以爲知，一言以爲不知，言不可不慎也！夫子之不可及也，猶天之不可階而升也。夫子之得邦家者。所謂『立之斯立，道之斯行，綏之斯來，動之斯和。其生也榮，其死也哀』，如之何其可及也？」

陳子禽對子貢說：「你是謙恭了，仲尼怎麼能比你更賢良呢？」

子貢說：「君子的一句話就可以表現他的智識，一句話也可以表現他的不智，所以說話不可以不慎重。夫子的高不可及，正像天是不能夠順著梯子爬上去一樣。夫子如果得國而為諸侯或得到采邑而為卿大夫，那就會像人們說的那樣，教百姓立於禮，百姓就會立於禮，要引導百姓，百姓就會跟著走；安撫百姓，百姓就會歸順；動員百姓，百姓就會齊心協力。夫子活著是十分榮耀的，夫子死了是極其可惜的。我怎麼能趕得上他呢？」

贏家策略

馬武抱犢成力士

如同「學而優則仕」，事情出現結果，都要經歷一定的過程。這個過程是循序漸進、日積月累的。事物發生變化，也不是一朝一夕就可以顯現的，當量變積累的一定程度，質變必然發生。馬武從抱一頭小牛犢過河開始，到成為力大無比的力士，就是這樣一個日積月累的過程。

馬武，輔佐光武皇帝劉秀南征北戰，是東漢的開國大將之一，位列「雲台二十八將」，被封為捕虜將軍和楊虛侯。馬武最突出之處，是膂力驚人，能單手舉起石墩，是東漢大將中少有的大力士。馬武的神力到底是怎麼練成的？這還要從他小時候說起。

馬武小時候為躲避仇家追殺，曾經躲到深山中，以替人放牧為生。小馬武的主人非常苛刻，對他的牛群十分關心，不准丟失或者被山裡的野獸吃掉，也不准有別的意外，不然，小馬武就要受到毒打。

小馬武每天要趕著牛群過河，到對面山坡上放牧。乾旱季節，河水較淺，小牛犢可以自己過河，可是等到漲水季節，只有大牛才能過得去。有一年的漲水季節，牛群中有一頭新生的牛犢，實在太小，河水那麼深，下水可能會被淹死，好心的小馬武便把它抱在懷裡過河。小牛犢很輕，馬武並沒有覺得吃力。

第二天、第三天……小馬武天天抱著這頭牛犢過河，幾個月之後，漲水期過去，小牛犢已經長成大牛。小馬武由於每天抱它過河，不知不覺氣力大增，反倒沒有覺得牛重，後來他才發現自己的力氣已經在隨著小牛體重的增加而慢慢增大，已經可以輕易抱起一頭大牛，不久便成為方圓百里有名的大力士。

馬武成為大將軍後，常常回憶小時候抱牛犢過河的情景，認為如果不是當初不是如此，他是不會成為大將軍的。為表示紀念，他派人在河上修建一座橋，方便群眾過往。後人把這座橋叫做「抱犢橋」，把這條河叫做「抱犢河」。

✵解析

冰凍三尺，非一日之寒。成功的取得，往往非一日之功，而是一個循序漸進、慢慢積累的過程。對於馬武來說，其神力並非天生，一下子就抱起一頭大牛顯然不可能，而是在循序漸進中日積月累，慢慢增強。開始創業，最需要耐性，要不急不躁，須知任何事物都有一個發展過程，不可能一步登天。企業管理者要按市場規律辦事，牢記「欲速則不達」的道理，精心管理，站穩腳跟，步步為營，保障企業健康、穩定向前發展。

東南亞塑膠射出成型機大王蔣震

孔子說：「學而優」方能「士」，學習以求更好，學習好了，則更便於推行仁道。事業的發展，同樣如此，不能急於求成，而是要穩步前進，慢慢提升。蔣震就是以香港為事業基地，穩紮穩打，步步為營，最後終於佔領了整個東南亞市場，成為注塑機大王。

無論是在大陸、香港，還是在臺灣、東南亞，蔣震都享有「塑膠射出成型機大王」的美譽。他的成功，是他艱苦奮鬥，踏踏實實，一步一個腳印走出來的。

蔣震出身農家，少年貧苦，直到進入香港飛機工程公司當技工，生活才算安定下來。他利用一切時間刻苦學技術，三年之後，他不但會修理多種機器，還能設計。後來，他又在一澳大利亞籍工程師辦的精密飛機零件廠中任過主管。掌握不少技術和具有一定管理經驗的基礎上，蔣震盡其所有，拿出二千港元，與朋友譚雄合資開辦「震雄」機械廠。起初，該廠以維修水龍頭為業，生意僅限於維持生存。於是「震雄」轉產塑膠吹氣機，還成功研製出雙色吹氣機，然而銷路並不旺。工廠開辦不到兩年，譚雄退股，只剩下蔣震一人孤軍作戰。

六〇年代初，香港塑膠花生意興隆，對塑膠射出的需求也愈來愈大。當時香港塑膠射出成型機全部依賴進口，而進口的訂貨期長，價格昂貴。蔣震當即決定研製塑膠射出成型機，但努力將近五年，生產的機器還是不能過關，資金也開始告急。危難之中，一個找上門來訂貨的商人為蔣震的精神所感動，決定為其提供資金。蔣震又苦幹三個月，終於造出性能良好的直射塑膠成型機，並在一九六六年「香港第二十四屆工業展覽會」上奪得「最新產品獎」。從此，「震雄」塑膠射出成型機暢銷香港、新加坡、馬來西亞，蔣震和他的「震雄」終於走出谷底。

蔣震不斷尋求發展，又研製出新型塑膠射出成型機，並向銀行貸款，迅速大量生產。這時，世界石油危機突然爆發，整個香港經濟陷入危機，原料暴漲，使得塑膠花行業產品賣不出去，連鎖反應迅速波及塑膠射出成型機行業。此時銀行卻又開始催討貸款。蔣震果斷採取措施，猛削價格推銷產品，力爭工廠不倒閉。苦撐兩年，蔣震終於將「震雄」廠從破產邊緣挽救回來。

渡過危機之後，蔣震沒有把目光局限在香港，而是投向海外。一九七七年，他買下大阪進和工業株式會社一半的股權，同時引進先進技術和管理經驗，結果，他很快就擊敗香港、大陸、臺灣、東南亞各國市場上的日本、德國和美國貨。在此基礎上，他又與美國尼寶公司聯合經營，打開歐美市場，震雄的天地更加廣闊。

✲解析

千里之行，始於足下。蔣震先是艱難地在香港站住腳跟，接著佔領香港市場，再佔領亞太市場，再進一步打開歐美市場，其發展、壯大的脈絡是如此清晰。腳踏實地、循序漸進、步步拓展，這就是造就「塑膠射出成型機大王」的秘訣。不少企業家，往往會錯誤估計目前的形勢，貪功冒進，盲目擴張，結果很快失敗。蔣震的成功經歷告訴我們，只有穩紮穩打，循序漸進，逐步佔領市場，才能達到成功的頂峰。

霍爾馬克——從賀卡開始的億萬富翁

孔子希望學生循序漸進，腳踏實地地學習，才能夠步入仕途。希望事業順利地發展，必須打好基礎，步步為營，才能走向成功。成功是慢慢積累起來的，這就是所謂聚沙成塔，接下來就告訴大家，賀卡是如何造就億萬富翁的。

霍爾馬克卡片公司，是美國賀卡產銷量最大的公司，佔據美國近半的賀卡市場。另外，美國第三位的賀卡生產商——「大使賀卡公司」，甚至只是它的一個子公司。現在，公司每年要推出二萬四千個新設計，用二十種文字向世界一百多個國家和地區推銷，其子公司遍及歐美和大洋洲，是名符其實的「世界賀卡之王」。

公司創始人喬伊絲・霍爾，出身於一個傳教士家庭，從小就喜歡做生意。十五歲時，他就跑到密蘇里州的坎薩斯城，租一個很小的房間，銷售明信片。由於善於經營，產品對路，生意不錯。幾年後，他的兄弟來禮從家鄉來到坎薩斯城，於是二人共同經營，並正式成立一個公司，取名叫「霍爾兄弟公司」。二人努力拓展業務，除銷售明信片之外，還經營小禮品、書籍和文具等。正當公司的事業蒸蒸日上時，情人節的一場大火讓一切化為灰燼。二人沒有絕望，而是絞盡腦汁對付殘局，他們決定利用耶誕節東山再起。因為美國人耶誕節有送賀卡的習慣，所以二人買下一家設計公司的版權並加以修改，設計出一系列內容詼諧幽默，卡通形象，惹人憐愛的賀卡。沒想到這一系列的賀卡大受歡迎，兄弟二人的公司起死回生，人們也因此而記住這家公司的賀卡。

二戰後，霍爾兄弟公司的業務雖然拓展得很快，但仍以經營賀卡為主。他們設計的賀卡非常有創意，深受顧客歡迎，尤其是他們創造的系列賀卡，如「大使系列」（雍容高貴）、「霍爾馬克王冠系列」（端莊大方）等。直到一九七三年以後，公司已經擁有非常雄厚的資本，才陸續經營耶誕商品、各類粉筆、麥克筆、結婚用品和禮品、招待會用品等項目。後來霍爾馬克公司成為美國禮品包裝、粉筆、麥克筆、蠟筆、顏色鉛筆、繪畫用品、聖誕飾物、結婚用品的主要生產商，此外，它還擁有坎薩斯城兩家大百貨公司。

如今，霍爾馬克卡片公司已經成長為美國最大的五百家企業之一，霍爾家族事業的第二代傳人唐納德・霍爾，也被美國權威的富士比雜誌評為當今世界上最富有的四百名億萬富翁之一，而他的財富，主要建立在小小的賀卡之上。

✡解析

積水成海，聚沙成塔，再多的財富，也是一點一點積累起來的。霍爾馬克從最小的賀卡做起，一步步擴大業務範圍，從禮品包裝到文具、飾品，直到發展到大百貨公司，成為億萬富翁，這是一個從小到大、循序漸進的過程。企業的發展，固然需要大手筆，但也不要忽視細節。要珍惜每一個小機遇，珍惜每一位顧客，珍惜每一筆小生意、重視每一次技術上的小進步……須知「不積跬步，無以至千里；不積小流，無以成江海。」

論語智慧

卷二十　堯曰

這是《論語》的最後一篇。這一篇中，主要談到堯舜禹三代的善政和孔子關於理政的基本要求。孔子之所以如此推崇三代聖王，是因為他們皆以天下為己任，「朕躬有罪，無以萬方；萬方有罪，罪在朕躬」，又有寬仁之心，「百姓有過，在予一人」，其莊嚴懇切，拳拳愛民之心溢於言表。此外，孔子談到從政所需的「五美」、應去的「四惡」，實際上也異曲同工地表明，在位者應嚴格要求自己公平、公正，善待人民。其實不只是理政，一個企業的管理者，也需要寬仁待人，善待下屬。

【原文】

堯曰：「咨①！爾舜！天之曆數在爾躬，允②執其中！四海困窮，天祿永終。」舜亦以命禹。曰：「予小子履③，敢用玄牡④，敢昭告于皇皇后帝：有罪不敢赦，帝臣不蔽，簡⑤在帝心！朕⑥躬有罪，無以萬方；萬方有罪，罪在朕躬。」「周有大賚⑦，善人是富。」「雖有周親⑧，不如仁人；百姓有過，在予一人。」謹權量⑨，審法度⑩，修廢官，四方之政行焉。興滅國，繼絕世，舉逸民，天下之民歸心焉。所重：民、食、喪、祭。寬則得眾，信則民任焉。敏則有功，公則說。

①咨：即「嘖」，感歎詞，表示讚譽。
②允：真誠：誠信。
③履：這是商湯的名字。
④玄牡：玄，黑色謂玄。牡，公牛。
⑤簡：閱，這裡是知道的意思。

⑥朕：我。從秦始皇起，專用作帝王自稱。

⑦賚：賞賜。下面幾句是說周武王。

⑧周親：至親。

⑨權量：權，秤錘。指量輕重的標準。量，斗斛。指量容積的標準。

⑩法度：指量長度的標準。

堯說：「嘖嘖！你這位舜！上天的大命已經落在你的身上了。誠實地保持那中道吧！假如天下百姓都隱於困苦和貧窮，上天賜給你的祿位也就會永遠終止。」

舜也這樣告誡過禹。商湯說：「我小子履謹用黑色的公牛來祭祀，向偉大的天帝禱告：有罪的人我不敢擅自赦免，天帝的臣僕我也不敢掩蔽，都由天帝的心來分辨、選擇。我本人若有罪，不要牽連天下萬方，天下萬方若有罪，都歸我一個人承擔。」

周朝大封諸侯，使善人都富貴起來。周武王說：「我雖然有至親，不如有仁德之人。百姓有過錯，都在我一人身上。」認真檢查度量衡器，周密地制定法度，全國的政令就會通行了。恢復被滅亡了的國家，接續已經斷絕了家族，提拔被遺落的人才，天下百姓就會真心歸服了。所重視的四件事：人民、糧食、喪禮、祭祀。寬厚就能得到眾人的擁護，誠信就能得到別人的任用，勤敏就能取得成績，公平就會使百姓公平。

子張問於孔子曰：「何如，斯可以從政矣？」

子曰：「尊五美，屏四惡，斯可以從政矣。」

子張曰：「何謂五美？」

子曰：「君子惠而不費；勞而不怨；欲而不貪；泰而不驕；威而不猛。」

子張曰：「何謂惠而不費？」

子曰：「因民之所利而利之，斯不亦惠而不費乎？擇可勞而勞之，又誰怨！欲仁而得仁，又焉貪！君子無眾寡，無小大，無敢慢，斯不亦泰而不驕乎！君子正其衣冠，尊其瞻視，儼然人望而畏之，斯不亦威而不猛乎！」

子張曰：「何謂四惡？」

子曰：「不教而殺謂之虐；不戒視成謂之暴；慢令致期謂之賊；猶之與人也，出納之吝，謂之有司。」

子張問孔子說：「怎樣才可以治理政事呢？」

孔子說：「尊重五種美德，排除四種惡政，這樣就可以治理政事了。」

子張問：「五種美德是什麼？」

孔子說：「君子要給百姓以恩惠而自己卻無所耗費；使百姓勞作而不使他們怨恨；要追求仁德而不貪圖財利；莊重而不傲慢；威嚴而不兇猛。」

子張說：「怎樣叫要給百姓以恩惠而自己卻無所耗費呢？」

孔子說：「讓百姓們去做對他們有利的事，這不就是對百姓有利而不掏自己的腰包嘛！選擇可以讓百姓勞作的時間和事情讓百姓去做。這又有誰會怨恨呢？自己要追求仁德便得到了仁，又還有什麼可貪的呢？君子對人，無論多少，勢力大小，都不怠慢他們，這不就是莊重而不傲慢嗎？君子衣冠整齊，目不邪視，使人見了就讓人生敬畏之心，這不也是威嚴而不兇猛嗎？」

子張問：「什麼叫四種惡政呢？」

孔子說：「不經教化便加以殺戮叫做虐；不加告誡便要求成功叫做暴；不加監督而突然限期叫做賊，同樣是給人財物，卻出手吝嗇，叫做小氣。」

子曰：「不知命，無以爲君子也；不知禮，無以立也；不知言，無以知人也。」

孔子說：「不懂得天命，就不能做君子；不知道禮儀，就不能立身處世；不善於分辨別人的話語，就不能真正瞭解他。」

贏家策略

得民心者得天下，君主實行「仁政」，方可贏得天下民心。三代聖主之所以備受愛戴，就是因為他們為民眾著想，以天下為己任。自古以來，君主體恤百姓，才會名垂青史。明仁宗、明宣宗父子兩代共同開創「仁宣之治」，青史留芳。

「仁宣之治」

「仁」是指明仁宗朱高熾，「宣」則指其子明宣宗朱瞻基。清代的谷應泰，在《明史紀事本末》一書中評價道：「明有仁、宣，猶周有成、康，漢有文、景」，將之與周代的成康二王、漢代的文景二帝相提並論，可見這兩個皇帝相對于明代的其他皇帝來說，還是屬於「賢明君主」的。明仁宗僅在位10個月，明宣宗在位10年，在明代長達二百七十餘年的國祚中，這十幾年是其極盛時期。那麼，這父子倆是如何做到的呢？

從外表來看，明仁宗體態肥胖，系一文弱書生，而明宣宗則能文能武，英姿勃發；從性格來看，仁宗性緩，仁厚待人，宣宗喜動，敏而有功；但是，他們之間的相似經歷還真不少。比如，明仁宗很受自己的祖父——明太祖朱元璋的喜愛和器重，明宣宗則受自己的祖父——明成祖朱棣的喜愛和器重。在治國上，兩人顯然也有共同之處。

首先就是體貼下民。「民為貴」的儒家思想向來為開明君主所秉持，仁、宣二帝也不例外。明仁宗當太子二十多年才當上皇帝，在他當太子期間，他就多次親自探訪民家，與民同食，體會民間疾苦；明宣宗尚在太子之時，就在成祖的帶領下與百姓近距離接觸，在繼位之後，曾在出行途中下車到田中，親手接過農民手中的犁耙，體驗勞動的艱辛，在民間發生蝗災時，曾作《捕蝗詩》頒給大臣，以示高度重視。真可謂「勞而不怨」，不愧為愛民之主。

他們不僅愛民如子，在對待下屬的態度上也是如此。明仁宗還是太子的時候，大早上，明太祖朱元璋讓他和其他三位世子一起去檢閱軍隊，而仁宗最後一個回來複命，原因是因為早上天冷，因此他讓士兵先吃早飯以暖身，再開始檢閱；宣宗繼位後，主動放棄平定多年仍戰亂頻繁的安南，為士兵免去連年征戰之苦，使人民得到休養生息的機會。

在用人問題上，他們任人唯賢，讓人才各得其所。宣宗最倚重的幾位大臣，都各有所長，比如，關於選拔人才的事就請教蹇義，關於軍旅之事就請教楊榮，關於禮儀制度之事就請教楊士奇，關於民生問題則請教夏原吉。其次就是寬以待人。對周圍之人，即使是競爭對手，他們也寬仁對待。仁宗曾多次為犯下大錯的兄弟向成祖涕淚求情；宣宗剛繼位不久，其叔漢王朱高煦欺其年幼，發動叛亂，宣宗率軍親征，不動干戈將之降獲，周圍人紛紛要求宣宗判其死刑，但宣宗卻只是將之軟禁，事後仍一度想將之釋放。這在親人相軋的封建社會實屬難得。

上述種種，使得仁、宣二帝得以繼往開來，造就歷史上著名的「仁宣之治」。

✡解析

「打天下容易，守天下難。」中國兩千多年的封建史上，開國之君固然不易，「守成之君」更難。仁宣二帝，深諳「水能載舟，亦能覆舟」之理，愛民如子，寬仁禦下，賢以用人，故能開創「仁宣之治」，青史流芳。管理企業亦如治國，須知職工是企業之本。人無完人，對職工，不可求全責備，寬厚待人，就是夯實根基。

桑得利善待下屬

治理國家，君主需要體恤百姓；管理企業，領導需要善待下屬。以嚴格聞名的桑得利，又以善待下屬而著稱。正是贏得員工的衷心愛戴，桑得利才能芝麻開花節節高。

日本與中國文化的承繼淵源有目共睹。許多當代日本名流都受儒家等中國傳統思想影響，如日本三大企業之一的西武集團老闆堤義明就非常推崇荀子。眾多學者在研究日本企業時，都認為「以人為中心」是日本企業文化的一個重要組成部分。在這方面，日本的桑得利公司為我們提供一個很好的例證。

《論語・堯問》中論及治國：「所重：民、食、喪、祭。」日本原來與中國一樣偏重于農耕，社會結構亦與此相應，非常注重家族的生老病死與繁衍生息。家庭、喪祭，這些看來跟公司毫無關係的因素，對於個體來說卻至關重要。處理得好，會給員工以莫大安慰；處理不好，會直接影響員工精神狀態，從而間接影響到公司的運作。桑得利公司老闆島井信治郎就深諳此道，他對員工的悉心照顧和人文關懷將公司的員工緊緊吸引在自己周圍，為公司的發展竭盡全力。

桑得利公司創業之初，條件較差，員工所住的房間經常有臭蟲出沒，嚴重影響員工休息。有一天，島井信治郎聽到員工的抱怨，就於當天深夜犧牲自己的睡眠時間，手持蠟燭，輕手輕腳地到員工的休息室去抓臭蟲。這幅畫面被一位元醒來的員工看到，傳開之後，大家都深受感動，工作積極性空前高漲，再無人抱怨惡劣的環境。這種為公司、為員工「勞而不怨」的態度是島井信治郎將公司員工團結在自己周圍的重要原因之一。

有一位名為作田的員工，他的父親去世時，他沒有說出來，不願意驚動太多的人。但在舉行葬禮那一天，他卻驚訝地發現，島井信治郎率領公司員工來為他的父親舉辦葬禮，島井信治郎本人還站在簽到簿前，親自向各位來賓鞠躬致謝。這一點讓作田不由得熱淚盈眶，暗中發誓要永遠效忠于桑得利公司。不擺架子，與員工共歡喜、同悲愁，將自己視為員工中的一員，真心地想其所想，這也是信治郎的領導魅力所在。

島井信治郎對待員工從不苛刻，而是一有功勞便給予獎勵。員工就算是犯錯誤，改正後也會受到他的獎勵。信治郎不光關心愛護自己的員工，同時也注意到員工背後的家人。在他給員工發獎金的時候，往往會給員工一份意外的驚喜——一份給員工母親的禮物，有家室者還會得到一份給孩子的禮物。這些看起來不起眼的禮物充滿濃濃愛意，又怎能讓員工不感動呢？這正可謂「惠而不費」，小小的禮物讓員工感受到自己的存在及重要性，充分激發員工的貢獻意識，穩固提升其對公司的忠誠度，以最小的經濟投入換回最大的利潤回報。

總之，基於對員工細心周到的照顧、無微不至的關心、事無巨細一視同仁的體貼、恩威並施公私分明的態度，島井信治郎將桑得利公司管理得井井有條，從最初的名不見經傳到今日的企業界翹楚。

✲解析

人都有七情六欲，人心都是肉長的，人同此心……這些話都充分表明人與人之間感情的相通性。員工也是人，要讓不同的人甘願為同一個目標而共同努力奮鬥，如何才能做到？雖說二十一世紀最重要的是人才，可如果挖到人才卻留不住，或者不能讓其盡心盡力地為公司工作，那又有什麼意義呢？在這方面，桑得利公司老闆島井信治郎的做法值得我們借鑒。

梅考克善待老人

善待百姓的君主贏得天下，善待下屬的領導贏得市場。梅考克善待老人，善待員工，以「管理是一種嚴肅的愛」的態度經營企業，使得他的事業通過重重考驗，走向光明大道。

梅考克是美國國際農機商用公司的董事長，歷經幾十年的商海沉浮，最終站穩腳跟，並保持公司業績蒸蒸日上，他有一句名言：管理是一種嚴肅的愛。

首先，對員工的管理是基於愛心。員工不是單純的創造利潤的機器，他們同樣是情感豐富的血肉之軀。抱著愛人之心去管理，真正想員工之所想，才是真正的管理者。其次，愛心並不是一味的無條件的愛心，而是有原則的。對違反公司制度層面的事件決不姑息，這樣才能處理好公司整體利益和員工個人利益之間的關係，使兩者處在同一軌道上前進。

舉個例子來說。梅考克的公司有一條規定，不准員工酗酒鬧事、遲到早退，情節嚴重者予以開除。有一次，一個老工人觸犯這條規定。這個老工人在梅考特創業之始就呆在公司，在公司負債累累、連續幾個月發不下工資的困難時期，堅持沒有離開，而是與梅考特患難與共。立下汗馬功勞或者是即使沒有功勞也有苦勞的老員工違反公司制度，而且只是這麼一點

「小小的」錯誤，如何處理？是否能網開一面？梅考特在管理人員遞交的對老工人的開除決定上毫不猶豫地簽上字。老工人當然忿忿不平。在事後，梅考克經過調查得知，這個老工人是在家庭發生變故之時，借酒以澆心中塊壘，才會違反公司的規定。於是就找到他，親自交給他一筆錢，囑咐他安心照料自己的家庭，不用擔心自己的未來。老工人還以為梅考克要撤除對自己的處分、恢復自己的原職呢，可是梅考克並不打算這樣做。老工人也瞭解公司的規定與梅考克的為人，就諒解梅考克並泰然接受對自己的處分。後來，梅考克又將其安排到自己的牧場裡做管家。

在這件事情的處理上有兩個要點。一是如何處理員工利益與公司制度的衝突問題，梅考克的觀點很明確：不管過去功勞如何，只要違反現在的規定，就要按規定進行處罰。一是如何面對員工犯錯背後的深層原因，梅考克也處理得很好，那就是給予私人幫助，但仍然不能和公事攪合在一起。這種公私分明但又合乎人情倫理的管理藝術是梅考克管理公司的得力武器。

✯解析

作為一家公司的領導人，肩上的擔子不可謂不重，既要顧及公司的發展，又要顧及公司眾多員工的利益。在處理每一件事情的時候，領導者都要認真權衡，「允執厥中」，做到公正公平，可這才只是做好管理的第一步。好的管理者在此基礎上會考慮到各方面利益，努力做到盡善盡美，像梅考克這樣，既堅持公司的原則，又照顧到自己員工的利益，自然成為企業界尊崇、效仿的榜樣。

國家圖書館預行編目資料

學校沒教過的孔子智慧/凌永放　編著–初版.—
臺北縣新店市:好優文化, 2008.09
　　面;　公分 (好好讀 01)
　ISBN 978-986-6557-01-9 (平裝)
1.　論語　2.　研究考訂

121.227　　　　　　　　　　97013179

好好讀 **01**

學校沒教過的孔子智慧

作　　者／凌永放
封面設計／彭子馨
內頁設計／楊鎖竹
主　　編／于筱芬

出　　版／好優文化
發 行 部／台北縣新店市中興路二段 218 巷 10 號 4 樓
電　　話／(02) 2911-9906
傳　　真／(02) 8919-3501

製版印刷／皇甫彩藝印刷股份有限公司

出版日期／2008 年 9 月一版一刷
定　　價／350 元